JN246304

日本の保育の歴史

子ども観と保育の歴史150年

汐見稔幸・松本園子・髙田文子・矢治夕起・森川敬子

萌文書林
Houbunshorin

序にかえて——用語の定義と本書の概要

保育とは何か

本書の目的は、日本の保育の歴史を整理し描くことである。では、「保育」とは何か。この言葉は、多様な意味で使用されているが、本書が対象とするのは、幼稚園や保育所でおこなわれてきた保育——すなわち乳幼児の社会的保護と教育の歴史である。

明治期の幼稚園誕生以来、幼稚園でおこなわれる幼児への働きかけが「保育」と呼ばれた。幼稚園以外の乳幼児施設における行為も同じく「保育」と呼ばれた。乳幼児教育、幼児教育といってもよいが、対象の特性による内容と方法の違いから、小学校以降の教育との違いを明確にするために「保育」ということばがつくられたといえる。現行の学校教育法、児童福祉法においても、幼稚園、保育所は、ともに「保育」を目的とすることが規定されている。

しかし、保育を狭い意味で使う——すなわち幼稚園における働きかけを「幼児教育」とし、保育所におけるそれを「保育」として、「保育」を保育所保育に特化する用法もある。その一方、「保育」をより広い意味で、乳幼児を育てる営み全般を指す用法もある。さらに、小学生を対象とする「学童保育」というものがある。また、児童福祉施設全般の高齢児の処遇についても「保育」を用いているものも見受けられる。

本書では、基本的に冒頭に示した意味で「保育」を用いるが、引用資料などではそれとは異なるさまざまな意味で用いられているものもある。

保育施設の種別・名称

保育をおこなう場が「保育施設」である。日本の保育の歴史の特異性は「幼保二元体制」といわれるように「幼稚園」と「保育所」という2つのタイプの保育施設が別々の制度のもとで普及・発展してきたことである。幼稚園はもっぱら幼児の遊びと教育的働きかけを目的とし、保育所は乳幼児の遊び・生活・教育的働きかけとともに、その家庭への支援をおこなうことを目的とする。

「保育所」は、第二次世界大戦後、児童福祉法により制度化された施設であるが、それ以前にも明治以来、託児所、託児場、保育所、保育園、あるいは幼稚園、とさまざまな呼称の保育所的保育施設が存在した。大正期以降、おもに公立施設の名称として「託児所」が多く使われ、そのためか「託児所」を戦前期の保育所的保育施設の総称として用いている文献などが多い。

しかし、明治末以来の内務省救済事業、その後の社会事業における分類は一貫して「保育」あるいは「保育事業」であり、第8回社会事業統計要覧（1929年刊）になって「幼児保育（託児所）」と記されている。社会事業の助成について定めた社会事業法（1938年）の適用事業として「託児所」があげられているが、これは「託児所」が制度化されたことを意味するものではなく、その後の厚生省の文書でも戦前期においては「保育所」の使用が多い。また、社会事業関係者が提案した「託児所令案」(1930年)というものがあるが、これは3歳以上児の保育を一元化する方向で、3歳未満児のために「託児所」を別に制度化する構想であった(本書第4章第3節)。

戦前期の保育所的保育施設には、「保育」を大切にしたもの、「託児」さえすれば十分というものもあり、内容に幅があった。これらを「託児所」という呼称でひとくくりすることは、保育所および保育所的保育施設の歴史についての正しい理解のさまたげになることが危惧される。したがって、本書ではいささか煩雑ではあるが、幅をもたせて「保育所的保育施設」と表現し、個々の施設名称は実態に即して記す。

「保姆」と「保母」

「保姆」は、明治期の東京女子師範学校附属幼稚園規則以来、幼稚園令まで、戦前期の幼稚園保育者の名称であり、保育所的保育施設の保育者も「保姆」と呼ぶことが多かった。保姆の「姆」は、乳母、女の教師という字義をもち(『学研漢和大字典』)、「母」の旧字体ではなく別の文字である。「保姆」は「保育」を担当する女の先生という意味で造語されたのであろう。

戦後、学校教育法により幼稚園は学校の一種となり、保姆は「幼稚園教諭」となった。一方、保育所など児童福祉施設の専門職として、児童福祉法施行令により「保母」という資格が規定された。それまでの「保姆」を引き継いだ名称であったが、戦後の漢字制限により法令では「姆」が使用できず「母」という漢字が当てられた。「保母」ということばには、母のイメージと重なるあたたかさがあってよいという受け止め方もあったが、母親代わりで専門性不要の仕事という誤解を生みやすいという問題もあった。１９９８年の児童福祉法施行令改正で男女共通の専門職の名称として、保母に代わり「保育士」が採用された。

したがって本書では、時代・制度を問わぬ保育施設保育者の一般的な呼称としては「保育者」、制度に即した呼称としては、戦前期は「保姆」、戦後については「幼稚園教諭」と「保母」「保育士」を使用する。

保育成立の契機

さて、人類誕生以来、親や家族による子育ては、営々と続けられてきた。しかし、親以外の専門職による意図的な働きかけである「保育」は、人類の歴史のなかでは新しい近代社会の産物である。その成立の契機は、以下のような保育必要性の実態とその認識である。

第一に、親の育児への援助の必要性がひろがったこと。その背景に、工業化、家族の変容、地域の変貌、母親の労働のひろがりがある。

第二に、乳幼児期への注目、この時期の教育的働きかけ（保育）の必要性の認識。

第三に、保育の担い手が登場したこと。すなわち、保育の必要を意識し、それを実行に移す個人や団体が生まれ、国家もまた保育に注目し関与するようになったこと。

以上３点は、保育の誕生以来、今日までの保育の歴史にさまざまに姿・形を変えつつ影響をおよぼしている。

本書の概要

本書の各章の内容は、次のとおりである。

第1章では、保育の根底となる子ども観を歴史的視点から検討する。

第2章では、近代社会における「保育」の誕生について、まず先行するヨーロッパの保育施設の誕生について述べ、次いで江戸期日本における保育施設構想の存在についてふれる。

第3章では、明治維新を経て近代国家が成立した日本において幼稚園がいち早く制度化され、一方、さまざまなタイプの保育施設が誕生したことを述べる。

第4章では、日清・日露戦争を経て〝列強〟の一員となった日本において、産業の発展と社会矛盾の拡大を背景に、保育が定着し普及していった経緯を述べる。とりあげるのは、明治末期から大正、昭和初期までの時代である。

第5章では、昭和初期から第二次世界大戦終結まで、いわゆる「15年戦争」のもとで、保育に期待された社会的役割と戦時末期の保育の崩壊について、一方、この時期に「保育運動」という新しい動きが誕生したことについて述べる。

第6章では、戦後復興期から高度経済成長期、安定成長期における、日本国憲法のもとでの現行保育制度の確立と展開について述べる。

第7章は、1990年代以降から今日までの状況である。保育についても、社会全体についても、私たちは今〝転換期〟のただなかにある。それを歴史として描くのは難しいが、得られる情報を歴史の流れのなかに位置づけて記しておきたい。

従来の日本の保育の通史の著作では、明治、大正、昭和という元号を基本として時期区分がなされ、それぞれの時期の保育の動向を記述するという方法が採られている。これに対し、本書では保育自体の生成、変化、発展の歴史をとらえる時期区分を試み、上記の章立てとした。ただし、記述上の便宜から、事柄によっては時期区分を越えて、ひとつの章でその事柄の全体をとりあげている場合もある。

巻末には「年表」を掲載した。本文とあわせて活用していただきたい。

【凡例】

・引用資料の表記は、原資料どおりを基本とする。ただし、漢字の旧字体は固有名詞以外は新字体に改めた。句読点を補うなど原資料に変更を加えているものがあるが、その場合は資料ごとにそのことを断っている。

・引用資料のうち判読不明の文字がある場合は、□□を用いてそのことを記した。

・固有名詞の旧字体は、本文においても原則としてそのままとする。ただし、戦前期から継続している施設で、後継者・施設が新字を使用していることから、戦前期についての記述も新字で表記している場合がある（例：第3章の赤沢〈澤〉保育園）。

日本の保育の歴史◇もくじ

第7章　戦後保育体制転換の胎動　失われた20年のもとで「子ども・子育て支援新制度」へ

第1章

子ども観

――保育の根底にあるもの――

本章では、本書の課題である日本の保育の歴史を検討する前提として、保育の根底となる「子ども観」について歴史的な検討をおこなう。

なぜ、子ども観を問題とするのだろうか。第1節で示すように、子ども観の多くは、かくかくの子ども観という形で明示されるものではなく、実際の育児や保育・教育のうしろに隠れた形で、その育児や保育・教育に一定の形や特徴を与えるものとして存在する。子ども観を明確にし、分析・議論することにより、保育や教育の根拠を鮮明にし、保育や教育の特質を自覚することにつながる。

第2節では、近代ヨーロッパにおける子ども観をめぐる議論をとりあげ、フィリップ・アリエスの提起とその意義、アリエス説の検証と批判について述べる。

第3節では、日本における子ども観の変遷をとりあげる。子宝思想の一方で、多くの庶民の幼い子どもが貧困のなかで犠牲になったこと、中世から近世・近代にかけての子ども期に関する実証的研究が近年すすんでいることを述べる。

第4節では、現代の子ども観として、守られる存在から権利を主張する存在へという「子どもの権利条約（外務省などの表記では「児童の権利に関する条約」だが、本書では「子どもの権利条約」と訳す）」をとりあげたい。近代社会のなかで成熟してきた子ども観を、次の段階へすすめる可能性をもったものであり、保育・教育にかかわるものは、こうした議論に照らしあわせて、自らの子ども観を吟味し続けたい。

第1節

子ども観がなぜ問題になるのか

(1) 子ども観とは何か

私たちは、しばしば「あの保育は子ども観が違うのよね」とか「日本人の子ども観は昔から……」などという言い方で「子ども観」という言葉を使う。では、あらためて「子ども観」とは何か、どういう意味か、と問われると、それを日常用語のレベルで定義することは意外と難しいことに気がつく。子ども観という言葉は、かしこまって議論するときや、学問的な理論を構築するときにはよく使われるが、日常の世間話や親たちの会話に出てくる言葉ではない。保育・教育関係者だけが使う専門用語であり、学術用語なのである。

子ども観とは、子どもという存在を、どういう存在ととらえるかということについての一定の体系的な考え方と字義どおりに解釈しておこう。これは人間観、世界観、社会観、科学観などと同じように、それをどういうものと解釈するかということについて、さまざまな考え方がありうる対象に対して、その意義づけや解釈をどうおこなうかについての、それなりの体系をもった、しかし直観的で価値づけを含んだ把握の枠づけのようなことを指している。子ども観とは、子どもという存在の意義づけや解釈についての、直観的で一定の価値づけを含んだ、しかしそれなりの体系のある解釈の仕方を指している。

「観」という接尾語に近い語がつく言葉に特徴的な性格は、その内容が、明示的、顕示的に示されているとは限らないということであろう。観という語は、何か特定の対象を指示するのではなく、認識の枠組みを指し示す語だからである。人は自分の認識を規定している枠組みを自覚しているとは限らないがゆえに、子ども観もそれを有している人自身が、自己の子ども観の内容を自覚しているとは限らないことが多い。

具体的に考えてみよう。

『フランスの子どもは夜泣きをしない　―パリ発「子育て」の秘密―』[1]というタイトルの本がある。子どもを育てるとき、0歳のある時期から、夜、子どもが泣くことが多くなり、そのたびに起きて対応していると母親が疲れ果ててしまう。それで仕事を辞めてしまう女性が、アメリカにはたくさん存在しているという。この本は実際にアメリカ人で、結婚してフランスで子育てしたパメラ・ドラッカーマンという女性が、わが子の夜泣きに参ってしまったということから始まった顚末記だ。

彼女は、知人のフランス人女性たちに相談するのだが、誰に相談しても「?」と、どういうことかわからないという返事。みな、子どもの夜泣きで苦労などしたことがないというのだ。しかも、とくに泣かないように工夫していることもないという。このアメリカ人女性は信じられないということで、あれこれ調べだす。

その結果、フランス人女性はみな、子どもが夜泣きを始めても、そのときに抱っこしたりおっぱいを飲ませたりということはまずしないということがわかった。泣いても、大人のレム睡眠と同じで、睡眠が浅くなっているときだからと、そのままかたわらで見ておく。するとしばらくしたら赤ちゃんはまた寝てしまう。これをくり返していると、やがて夜泣くことはなくなるというのだ。かのアメリカ人女性は、それが信じられなかったが、生後10か月になったわが子に対して泣いているのに放っておくという方法を試すと、初日こそ30分以上泣かれたが、2日目、3日目と泣く時間が減っていって、1週間後には泣かなくなったという体験をする。やはりこの方法は正しかったのだ。

この本は、フランスの子どもはレストランでも走り回ったり騒いだりしないのはなぜか、なども追っているのだが、そこにも赤ちゃんのときからの育て方が反映している。

概してフランス人は、子どもが泣くのも子ども自身の（無意識的で生理的な）意思で、夜続けて寝ることを欲しているはずだから、放っておくのが正しい、と考えるという。あるいは泣いたらおっぱいを飲ませるようにしないで、授乳の時刻もはじめから1日に何時と何時などと決めておいて、その時間以外は原則飲ませないようにすれば、食のリズムが早くからでき、食事が出されても親の許可なく勝手に食べようとしなくなるという。勝手に食べようとするときは禁止する。すると食事は親と同じリズムでするものという感覚が早くから身につき、外でも食事を親と一緒に楽しむようになるという。

これはフランス人の育児の仕方を示しているのだが、その育児の仕方はフランス人の、子ども（赤ちゃん）という存在の行動の特徴についての理解を反映している。ここでは、子どもはほんの赤ちゃんでも自分の意思で自分の利益を得るように行動するのだから、必要なとき以外は子ども自身に任せればよい、という子どもの行動についての理解が前提になっている。食という本能的欲求についても、人間は赤ちゃんのときから外から栄養をとるにはリズムが大切（それを身体が求めている）という理解を前提に、ほんの幼いころから食にリズムをつくることが子どもの本能に合致しているという理解が前提になっている。

いずれも子どもも大人と同じように自己の意思で生きているという理解、あるいは子どもも本能的な欲求に基づいて生きているのだから、その意思や本能に沿うように扱うことが大事という育児原則になっている。ここで、「赤ちゃんも大人と同じように自己の意思で生きている」という考え、あるいは「子どもは本能的な欲求に基づいて生きている」という理解、あるいは子どもは子どもなりの理性をもっていてそれを信頼して育てれば親を困らせるようなことはしない、という判断などが、多くのフランス人の子ども観の一部をなしている。

このように、子ども観の多くは、具体的でかくかくの子ども観という形で明示的、顕示的に表れるのではなく、実際の育児や教育のうしろに隠れた形で、その育児や教育に一定の形や特徴を与えるものとして存在している。つまり育児や保育・教育に一定の形を与えているのが子ども観なのである。

もちろん、育児や保育・教育の実際の形に影響を与えるのは子ども観だけではない。経済的条件や環境条件、個人的な人間的傾向・資質、保育者・教師の経験など多様なファクターが考えられ、それらが層をなして実際の保育観、教育観に影響を与えている。そのなかで子ども観といわれているものが、自覚はしにくいかもしれないが、格段に大きな影響を実際の保育・教育に与えていると考えられる。[*1]

（2）子ども観と保育・教育の特質の明確化、そして構想

もう一つ例をあげよう。

『おむつなし育児　―あなたにもできる赤ちゃんとのナチュラル・コミュニケーション―』〔2〕という本がある。アメリカ生まれで韓国人の両親をもつグロスローという女性が書いた本である。彼女はアメリカ生まれだが、アメリカ文化とかなり異なった韓国文化の家庭で育った。長じて文化の違いに興味をもった彼女は、日本の文化を学ぼうと日本に留学した。

岐阜県の田舎の家に滞在してその文化を調べているとき、彼女は、その家のおばあさんが赤ちゃんをおまる

のところに連れて行き、シーコイコイと声をかけながら排尿、排便を待つ姿に興味をもった。生後間もないときからであった。何をしているのか聞くと、赤ちゃんはこういう姿勢になったら排尿するということをいわば学ばせているのだという。そうすればおむつを早く卒業するという日本の昔からのトイレットトレーニングだと聞いて、おどろくと同時に感心した。

そしてその考えをアメリカにもち帰り、友人たちと「おむつなし育児」を広げる運動を開始した。おむつをしないというよりも、赤ちゃんが排尿をしたいと求めているときに親が感じ取ることができれば、おむつに長く頼らないで育児ができるという運動だ。親子の関係性をていねいにつくっていく運動といってもよい。

ここにも日本人は、赤ちゃんは排尿をおむつでやるよりは、外に出す形でしたいという欲求をもっていると考えているという子ども観が隠れている。今では「考えていた」といったほうがいいかもしれないが。戦前の育児の文章には「赤ちゃんにおむつはしてはいけません」ということが強調されていたこともわかっていて、日本人はある時期から赤ちゃんがおむつに排尿しても、気持ち悪いと思っていないというような子ども観に変わった可能性がある。そのきっかけは、紙おむつの登場であったと思われる。

グロスローは、そのあとしばらく日本で育児をする。そのときにアメリカ人は食事をするときに子どもの好きなものを探して、それをあれこれ料理して食べさせようとするが、日本人は、できるだけいろいろなものを食べさせて好き嫌いのない子にしようとするという違いを発見する。調べてみると国によって、好きなものを中心に食べさせようとする国と、そうでない国があり、好きなものを中心に食べさせようとする国にも、偏食

＊1　カレン・ル・ビロン（石塚由香子訳）『フランスの子どもはなんでも食べる ―好き嫌いしない、よく食べる子どもが育つ10のルール―』ＷＡＶＥ出版、２０１５もフランスと日本の子ども観の違いを知るのに参考になる。

はいけないということを同時に考えている国とそうでない国があることがわかったという。

これらは、普段は意識されにくい隠れた育児文化でありその違いであるが、ここにも子どもは幼いころに好きなものを見つけてそれにこだわって育てていくことが大事という子ども観と、子どもは幼いころから多様なものに適応していくことが必要で、上手にその練習をすることが大事という子ども観の違いが浮かび出ている。[*2]

このように、子ども観は、そのままの形で言説化できるような考え方や思想として存在しているのではなく、実際の育児や保育・教育の形のうしろに隠れて存在し、その育児や保育・教育を枠づけ方向づける機能として存在していることが大部分である。子ども観は実際の保育・教育を分析することによって、それを枠づけ方向づけるものとして浮かびあがってくるものであり、そのままで把握することは難しいのである。しかし、浮かびあがった子ども観を子ども観として理論化し、そこにどういう特質があるかを分析すれば、それが求める保育や教育の特徴を明確にしたり、保育や教育をある程度首尾一貫したものとできる、ということが子ども観を議論するメリットとなる。子ども観を明確にし、子ども観自体を分析・議論するのは、保育や教育の根拠を鮮明にしその保育や教育の特質を自覚するためであって、それをふまえて、その保育・教育を首尾一貫したものとするためなのである。

保育の特質を分析すれば子ども観が浮かびあがり、子ども観を議論すればそれが要求する保育や教育が形となってくる。保育を実践し、反省する人間が、子ども観を自覚し意識することが大切な理由はここにある。

子ども観は、保育が援用している心理学や発達論のうしろにも隠れている。心理学や発達理論は、たとえば、ある特徴をもった保育をしている保育所があったとき、それが保育学的に見て妥当かどうかを判断する際に、その発達理論を援用して、その実践が発達論に即してどうか、という形が使われることが多い。これは、大事な活用の仕方であり、長い歴史を通じて人類が得た智恵であるが、実はその心理学的な発達理論もまた、一定の子ども観が前提となっている。心理学あるいは発達論は単色ではなく、さまざまな理論があり、その違いのうしろにそれぞれが前提としている子ども観の違いが存在している。その意味でも、子ども観そのものを議論することは、発達についての理論の隠れた前提をも明るみにし、保育や教育実践の評価という大事な営為に深みのある知見を提供することにつながる。

そうしたことを念頭におきながら次節では、歴史的に子ども観がどう変遷してきたかを、西洋と日本に区別しながら概観することにしたい。

第2節 近代ヨーロッパにおける子ども観をめぐる議論

(1) フィリップ・アリエスの提起

教育史や保育史の子ども観をめぐる議論のなかで著名なのは、フランスの民間歴史家フィリップ・アリエス(Philippe Ariès 1914-1984)であろう。多くの人にはもう知れ渡っているかもしれないが、彼の書いた『〈子供〉

*2 なお、三砂ちづる編『赤ちゃんにおむつはいらない』勁草書房、2009は、このことについての研究書である。参考にされたい。

の誕生 ―アンシャン・レジーム期の子供と家族生活―』[3] ほど、子ども観や家族観について論究される書物はない。

この書物がよく読まれている最大の理由は、先に述べたような子ども観そのものは社会で明示的に示されていないで、実際の子どもの生活や育児、育ちぶりのなかに隠されていることを説得的に示したこと、それもある意味ショッキングな形で明らかにしようとしたことである。私たちが現在の社会で通常もっているような子ども観は、実は歴史的なもので、少し前まで人々は、子どもという存在について異なった観念をもっていたというのが、彼の主張なのである。この本は1960年に出されたが、それ以降、私たちが抱いている子どもについての観念は、歴史的、相対的なもので、子どもはかわいらしく癒やされるといった感覚なども、ごく最近のものにすぎない、ということがあちこちでいわれるようになった。が、この議論に対する批判も膨大で、そのことはもう少し正確に理解しておく必要がある。

この本は大きく2部からなっている。前半は子ども期という観念の発生について論じ、後半は学校教育の発展と家族の変容によって子どもの処遇のされ方が大きく変容していく様を論じている。ともあれ、その主張の核心部分にまずふれてみよう。本の前半の最後の節に彼の主張を要約する次の有名な文章がある。

私たちが出発点として取りあげている中世の社会では、子供期という観念は存在していなかった[4]。

これが話題になった文言である。ヨーロッパ中世には「子供期（childhood）」という観念はなかったというのである。それは子どもたちが見捨てられていたというようなことをいっているのではなく「子供に固有な性格、すなわち本質的に子供を大人ばかりか少年からも区別するあの特殊性」が意識されたことがなかったということを意味している、とアリエスは強調している[5]。私たちの社会で「子どもってかわいいわね」「子ども前ではそんなことといわないで」などのように、子どもを大人とは異なる処遇、対応をしなければならない存在としてはみていなかったというのである。

アリエスはその理由を、子どもたちは乳母や子守役から離れるとすぐに「大人の社会に属して大人とは区別されなく」なっていったからといっている。中世社会ではある段階をすぎると、たとえば、今日の日本で小学校に入るような年齢になると、地域の社会集団に放り込まれるので、今日のように家族の一員として大事にされるという体験をすることはなかったというのが含意である。もちろん「子供」という言葉はあった。しかし、それは「日常的な表現で『あいつ』(gars)といわれるような感覚で」使われていたのだろうと、アリエスは想像している[6]。

アリエスの「中世の社会では、子供期という観念は存在していなかった」というのは、このように地域社会のなかでの家族のあり方が、中世と近世、そして近代では根本的に違ってきたという論理の文脈での主張である、ということはよく理解しておく必要がある。「中世において、また近世初頭には、下層階級のもとではさらに長期にわたって、子供たちは、母親ないしは乳母の介助が要らないと見なされるとただちに、すなわち…(中略)…七歳くらいになるとすぐ大人たちと一緒にされていた。この時から、子供たちは一挙に成人の大共同体の中に入り、老若の友人たちと共に、日々の仕事や遊戯を共有していたのである。」[7]

それが17世紀を境に、大きく変わってくる。17世紀になると子どもは、親に対してひとつの地位を獲得するようになり、子どもは「家庭に戻った」[8]という。そしてさらに「世間から切り離され」「孤立した親子からなる集団」としての「近代家族」が18世紀になって生まれてくると、子どもの扱い方、かわいがり方、愛情の注ぎ方などがもっと変わっていく。どうしてなのか。「健康と教育、これこそこの後の親たちの主要な心配事となるものである。」[9]

つまり、富農やブルジョアジーたちは、社会の変化が中世よりも早くなっていき、わが子に教養や教育がないと新しい社会に適応できなくなる新たな現実にいち早く適応して、7歳以降の子どもをわが手に取り戻して意識的に学校を舞台に育てようとし始めたこと、自分の掌で育てようとしたこと、これが子どもに対する観念を大きく変えていったということである。

もちろん、そうした子どもに対する処遇の変化は、当初は富農やブルジョアジーだけであった。「こうして、中世的家族が十七世紀的家族へ、そして近代的家族へと進化していくといっても、それは長いあいだ、貴族やブルジョワ、富裕な職人、富裕な勤労者に限られていた。十九世紀においてもなお、人口の大部分を占める最も貧しく最も人数の多い層は、中世的家族のような暮しをしていたのであり、子供たちが親元に留まることはなかった。家とか『自宅』、家庭といった意識は、こうした人びとには存在しなかったのである。」[10]

「中世の社会では、子供期という観念は存在していなかった」というのは、このように、われわれにとってなじみの近代家族という器、あるいは制度が、近代になって明確な形を取ってくるのに応じて、それと相応する形で子どもへの期待や子どもという存在の扱い方、したがって子どもとはそもそもどういう存在であるかという観念などが変化してきたということを指している。正確には、アリエスは中世には、近代的な意味での子ども期という観念はなかったといっているのである。中世には中世なりの子どもへの扱い方はあったであろうし、子どもという存在についての観念はあった可能性はある。それをも否定しているわけでないと思われる。

では、アリエスは、そうして狭く孤立した近代家族に子どもが囲われていく様を、肯定的に考えていたのであろうか。実はそうではない。結論の部分で、彼はこうに述べる。

「家庭と学校とは一緒になって、大人たちの世界から子供をひきあげさせた。かつては自由奔放であった学校は、子供たちをしだいに厳格になっていく規律の体制のうちに閉じこめ、この傾向は十八世紀・十九世紀には寄宿生として完全に幽閉してしまうに至る。…（中略）…かつては大人たちのあいだで子供が享受していた自由を、子供から奪ってしまった。」〔11〕

これは、主としてブルジョア階級の人間のことを指しているが、それが次第に下層にも広がっていくのが近代社会である。その結果、近代社会は、子どもだけでなく「大人たちの大部分の時間と関心をも、共同の社会生活からひき戻していった」〔12〕と特徴づけることになる。要するにアリエスの問題関心は、こうした角度からの近代社会の検討であり批判だったわけである。子どもを社会に戻していく発想、扱いは、新教育運動など、一部の教育によって多様に試みられているが、そのことをある方向でより自覚的に進めようとしたのが、子どもの権利条約締結の運動であった。この点は、後の節でもう少しふれることにする。

ともあれこのように、アリエスは、家族と教育の変容という視点から、かつての中世社会での子どもの処遇の仕方と17世紀を境とする近世、近代のそれとの間に大きな区切りを入れて子ども観の変化を説明した。彼は文献だけでなく、ヨーロッパの図像、絵画での子どもの描かれ方などを資料にして、こうした変化を読み解いていったのだが、その過程で、現在のわれわれが知らない、興味深い子どもの扱い方があったことを、さまざまに紹介している。たとえば、性と子どもの関係について。性について、現在のように子どもの前ではそうした話をしたり行為をすることは避けるという発想が、ある時期、ある階層にはそもそもなかったという。

「現代のモラルの、最大の厳格さと畏敬の払われている不文律の一つに、大人が子供を前にして性に関係したあらゆるほのめかし、ことに猥談を口にすることを強くいましめることがある。この感覚はまさしく旧社会のあずかりしらぬものであった。」[13]

こう述べて、アリエスは、とくに貴族社会の性にかかわる習慣を、おもしろおかしくとりあげている。

当時、貴族社会では、生後1年目から、小さな子どものおちんちんを大人がいじったり触ったりすることはあたり前で、幼児の勃起をみんなで楽しんでいたという。「王妃は手をかれ（注：王妃の子どものこと、引用者）の局部に置いて、〈いい子ね、あなたのくちばしをつかみましたよ〉と言う」「かれと公女（姉）は服を脱ぎ、国王陛下と一緒に裸で寝台にのせられる。二人は互いに接吻しあったり片言でお喋りをして、国王陛下を大いに喜ばせる。国王陛下が、かれに質問する。〈おまえ、（スペイン）王女のお嫁入り道具はどこだね？〉かれはそれを示して答える。〈骨がないよ、パパ〉次いでいくらかたてて〈今はある。時々はあるんだ〉」[14]などと楽しんでいたというのだ。

実際の性教育は、4歳にはおこなわれるが、5、6歳になると、そうした性器をもてあそぶような大人のおふざけはやめられるという。そして、7歳になると、今度は打って変わって言葉や所作の礼儀を教えられるようになり、その関係で子ども自身の性的おふざけも抑制・禁止される。いわゆる少年、少女期にはいると、それまでのような淫らな言葉や仕草は慎むように指示されるのである。やがて10歳代中ごろになると結婚がまっている。結婚年齢は、今より相当早かったという。性については、現在とかなり異なった扱いをされていたことがわかる。

「子供の性器を素材にしてたわむれるこうした風潮は、ごく広汎に見られる伝統的なものと考えられるのであり、今日でもなお回教徒の社会には現存しているのである。」[15]

子どもに性の世界とどう向き合わせるのかということは人類にとって大きな問題なのだが、かつては今とはかなり異なった向き合わせ方をしていたことをうかがわせる記述である。このことは、わが国の歴史のなかでももっと調べられなければならないことだが、残念ながら十分な研究はない。柳田國男らの民俗学研究も、周到にこの問題を避けているように見える。

(2) アリエス説の検証と批判

さて、このようにアリエスの提起は具体的で、ある種の実証性をともなっていたので、各国で大きな話題となった。「近代家族」という言い方などは定着した観がある。

しかし、同時に、相当多くの研究者が、その後、アリエス批判をおこなうことになることも知っておく必要がある。

まず、はじめて体系的にアリエスの研究を批判したL・A・ポロクの『忘れられた子どもたち』[16]は知っておきたい本である。この本は、ポロクの博士論文を基にしたものであるが、イギリスの重要な教育賞を受賞した研究である。ふるくからの日記などを丹念に読みあさり、そこから、中世当時もその後も、わが子に対する細やかな愛情を、親はそれぞれみな示していたことを実証しようとした精緻な研究である。

彼女は、アリエスが「中世の社会では、子供期という観念は存在していなかった」というときに、0歳から7歳までの乳幼児も含んでいると解釈したうえで、「アリエスの主張するように、子どもが七年という長い年月の間まったく社会の関心をひかずにいたり、七歳まで離乳していなかったなどとは信じられない。もし親が幼い子どもを完全に無視したとするなら、子どもは死んだであろう。乳児が大人の養育と保護に依存していることは、自明の理である」[17]と、アリエスの説を根本から批判しようとしている。

また彼女は、アリエス以外の多くの子ども史、家族史の研究を比較検討して、みな近代初期に子ども観に重大な変化が起こったというのだが、その時期が研究ごとにずれていることを指摘して、そのことが子ども重視の傾向は一貫してあったことを反証しているとした。そして中世には、子ども期という観念がなかったという説に対して、それは現代の西洋社会をモデルとした子ども期概念を過去に見つけ出そうとしたからにすぎず、子どもを思う親の態度に歴史的にそんなに大きな変化はなかったという。アリエスは、説明に絵画資料を多く用い、そこで描かれている子どもが子どもの顔をしていないなどということから、子ども期という観念の欠如を論じているけれども、それがなぜかを深く吟味していないし、当時の日記などを丹念に調べていないという方法批判もおこなっている。

アリエスは、確かに中世には子ども期という観念はなかったといっているのだが、それは乳幼児を含んでそうだと論じているわけではないので、ポロクの批判にはいいすぎのところもある。しかし、彼女の丹念な資料探索と女性らしい視点で日記を共感的に読み解く姿勢には説得性がある。

ポロク以外にも、アリエスを強く意識してその問題点を指摘しようとした研究や、アリエスとは異なった角度から子ども観の変化を論じた研究は多くある。たとえば、ニール・ポストマンの『子どもはもういない』[18]は、メディアの急速な発展によって子どもと大人の区別が消滅していると論じたものである。

彼は、子ども期という観念は、印刷術の発展とともに生まれたものだとする。文字が誰にも手に届くものになると、それを習得する時間が必要になる。場所は学校だが、その過程で忍耐力や精緻さ、見通し力などが訓練され、その訓練期間として子ども期が生じる。しかし、メディアの発展は、子どもであっても世界の情報を自在に届け、性についての情報も大人・子どもを区別しないで発信する。その結果、将来のためにガマンすること、精緻さを訓練するというようなことは必要なくなり、子ども期と大人の区別が次第になくなっていくというのである。本には、「The Adult-Child」という章もある。大人子どもというカテゴリーが必要になっているというのである。この説はさほど広がっていないが、それなりの説得力があるのではなかろうか。

ヒュー・カニンガムの『概説子ども観の社会史 ―ヨーロッパとアメリカにみる教育・福祉・国家―』[19]は、訳者の北本が「概説」と名づけているように、歴史的研究でありながらこれまでの子ども期研究を相当ていねいにサーベイしているものである。これ1冊を読むだけでもヨーロッパ、アメリカの子ども研究、子ども期研究の流れがよくわかる。しかも、カニンガムは、各論者の説をできるだけ公平に紹介しながら自説を述べているので概説書を超えた面ももっている。

この本のなかでカニンガムは、アリエス批判の中心的研究者の一人としてシュラミス・シャハールを紹介している。シャハールは、中世の子どもと育児の研究者として、中世には妊娠、出産、授乳、育児などについての一群の理論と習俗がすでにあったことを紹介しているという（シャハール『中世の子どもたち』訳書なし）。たとえば、「子どもには冷水浴より温水浴が好ましい」とか「赤ん坊が子宮から容易にでるための条件として、暗くした部屋で出産するべきである」などは、18世紀から19世紀にかけての啓蒙期の出産・育児理論よりも優れていると述べているという[20]。

カニンガムは、「シャハールと研究者たちは、中世社会が人生の最初の七年間である『幼児期（インファンティア）』を特別な人生段階と認識していたことは、疑う余地がないとして、この年齢段階がアリエスがほのめかしたよりも、はるかに重視されていたことについて意見の一致を見ている」とまとめている[21]。こうしてシャハールを紹介しながら、カニンガムは、アリエスの論は実際には人々は人生の最初の7年間を特別な時期として重視していたのに、それを無視しているという意見に同意している。

しかし、同時にカニンガムは、シャハールの研究は、①中世には大きな変化があったにもかかわらず、それを示していない、②中世と現代をつなげて議論したいという願望のため、中世の生活が現代と違うということを見過ごしている、③中世についてはまだわからないことがたくさんあるということを十全に意識していない、という弱点があるともいう。彼は「『中世社会には子ども期という観念はなかった』というアリエスの軽率な主張が支持できないことは明白である」[22]といいながら、シャハールの研究でも、まだ十分な中世研究はできていないことを自覚すべきといっているのである。

断っておきたいが、カニンガムはアリエスの提起に意味はなかったといっているのではない。アリエスの提起によって子どもの歴史、子ども期の歴史の研究は急速に進んだことは疑いないことで、アリエスの提起のなかには必ずしも実証できていないことがあったとしても、それでアリエスの提起の意義が薄れることはないという立場である。問題は、おそらく、シャハールやポロクの研究が日誌などの私的な領域のデータを多く使ったいわば子どもの実際の研究であるのに対して、アリエスは宗教画などの公的な意味をもつものをデータにした研究で、公的な領域の研究となっていることであろう。公的な領域の子ども研究は、のちには政治的な救済など、子ども期という時期の生活や人権保障の問題として表れ、私的な領域で課題となっていることをとりあげるので、私的な領域でのマスとしての子どもの実際とは異なっている可能性がある。このふたつは、元来相関するものとなるはずで、双方の研究のバランスによって子ども研究、子ども期研究のリアリティが増すのだと思われる。実際にカニンガムもこの本の結論部分でそうしたことを論じている。

それはともかく、カニンガムはこの本で、その他、たとえば、アリエスが中世には子どもの絵は大人の顔に描かれているとして、だから子ども期という観念がなかったといっているが、宗教画が多いこの時代にはイエスの顔を子どもとして描くことはそもそもあり得ないという考えがあったという研究など、多様な批判的研究を紹介している。

もうひとつ、アリエスたちもあまりとりあげていないが保育・教育関係者には、もっともなじみの深いルソーについてカニンガムがどう述べているかを紹介しておこう。

周知のようにルソーは、『エミール』のなかで、彼が考えていた理想の教育を述べている。そのなかには自然による教育など、興味深い視点がたくさん提起されている。ルソーの時代の支配的な教育・子育てには、子どもを幼いころから彼らの欲求にできるだけ沿って育てるべきという思想はあまりなかった。宗教改革以降、キリスト教の教理に沿って原罪を背負っている子どもを厳しく育てていることをルソーは批判し、人々は子どものことをあまりに知らないと述べている。子どもの行動には、大人から見たら無駄に思えることでも、彼らにとってはそうする理由がきちんとある、それを大事にしないと子どもは市民としてきちんと育たない、ということを随所で示している。

子どもは、原罪を背負って生きているので厳しく育てるべきだ、それが神の意思に沿うことになる、という論理に対して、ルソーの議論は、その意味でキリスト教的な育てへの批判になっていた。それだけでなく市民宗教のような考え方をも提起していたので、『エミール』は直ちにカトリック教会によって糾弾された。しかし、この本の影響は、当時の教育と育てに疑問を感じていた人々に徐々に浸透していった。子どもにある種のロマンを求めていた人には強い共感を呼び起こしたのである。現在の教育理論家のなかには、『エミール』を「子どもの発見の書」という人もいる。子ども観の転換を大きく進めたという評価である。

しかし、カニンガムは自身の書物で、こうしたルソーの影響は確実に広がったことを認めてはいるが、一般にいわれているほど高い位置を与えていない。

「この書物が最も直接的な影響を及ぼしたのは、母親による母乳育とスウォドリングの扱い方であり、ごくわずかな目新しい部分も、基本的にはほかの書物から剽窃し、あとから書き加えたものであった。ルソーは、母性を取り巻く新しい感性を高めることに貢献するとともに、それを世間に広めた。ルネッサンス時代から啓蒙時代まで支配していた思考のパターンでは、子どもの養育で鍵となる重要な役割を演じたのは父親であった。母親は、ロマン主義とともにかつて中世で手にしていた優越性を再び獲得した。すなわち、育児は女性の仕事になり、今度は父親が下位に追いやられたのである。」[23]

ヨーロッパ中世では育児は母親の重要な仕事であったが、ルネサンス期から啓蒙時代になると、その仕事は父親のものとなったというのは意外に聞こえるかもしれない。しかし、たとえば宗教改革を起こした一人であるルターは、キリスト教の厳しい教えに沿って子どもを育てるのは父親の仕事として、育児の書も書いているし、そこでは現在でいう体罰も認められている。カトリックのほうでも反宗教改革の運動を起こし、イエズス会などを組織してキリスト教の原理に基づく育てをあちこちで広めていた。そこでは、母親の位置が相対的に低下していたのである。

以上、何人かの研究者の研究を紹介する形で、西洋の社会で子どもがどう扱われ、子ども期がどう意味づけられていたかを検討してきた。アリエスの提起は新鮮であったが、一般に理解されているほど、その議論は単純ではない。研究はさらに続くと思うが、生産の様式、社会構成の原理、宗教などによる意味づけ、メディア環境、そして家族のあり方、などなどの子どもを取り巻く大小の環境要因の変化によって、子どもの扱われ方、大人からの期待、したがって子ども観の内実が変化してきたことだけは確認できるだろう。私たちも、現在の社会のどうした要因が現在の子ども観を規定する要因になっているのかということを、より冷静に考える目をもつべきだろう。

第3節 日本における子ども観の変遷 —子宝思想は普遍的か—

(1) 憶良、梁塵秘抄、子宝思想

さて、では日本における子ども観の変化は、どう研究されているのだろうか。

日本における子ども史や子ども期にかかわる研究は、ヨーロッパ、アメリカに比してまだ十分ではないが、今急速に進みつつある。研究者の数はさほど多いわけではないが、熱心に研究している人もある程度いて、その成果には目を見張るものがある。ここでは、その成果の一端を紹介する形で、日本における子ども観の変遷をたどってみたい。

さて、一般には、日本はヨーロッパに比して、子どもを大事にする考えがふるくからあったといわれている。よく例に出されるのが、万葉集に出てくる山上憶良の短歌である。憶良は仏教、儒教に深く帰依した人物で、7世紀前半、筑前国守の時代に子どもや貧しい人々を歌った歌をつくっている。代表的な歌を紹介しよう。

子等を思う歌

瓜食めば　子ども思ほゆ　栗食めば　まして偲はゆ
　いづくより　来たりしものぞ　眼交に　もとなかかりて
　　安眠し寝さぬ（万葉集巻802）

反歌

銀も金も玉の何せむに
　まされる宝子にしかめやも（803）

これは筑前、今の福岡県に派遣される旅の途上での歌とされている。食事をしているとき、出された瓜を食べていると、国に残してきた子どものことが思い出されて気になる。栗を食べると一層そう思う。子どもって不思議だ、一体どこからやってきたのだろう。眠ろうと思ってもまぶたに子どもの姿が焼きついて、なかなか眠ることもできない。

およそこういう趣旨の歌で、反歌はその気持ちをずばっといったものである。憶良には子どものことを思って歌った歌がほかにもあるが、奈良時代に、こうも率直にわが子のことをいとおしく思い、その気持ちを素直に表現したものはないといわれていて、とても有名になっている。

この歌を根拠に、日本では昔から、子どもを愛し、大事に思う気持ちは誰もがもっていたのではないかといわれるようになった。それがのちに、子は宝という思想、いわゆる子宝思想を生み出したとされている。日本人には根強く、子を宝と思う感性が存在しているということである。

それから400年以上経った12世紀末、後白河法皇が編んだ『梁塵秘抄（りょうじんひしょう）』という流行歌を集めた作品が、日本人の子ども観にかかわって有名である。後白河法皇は子どものころから今様といわれる当時の庶民が歌っていた歌、つまり流行歌が好きで、住まいに呼んで歌わせたといわれている。法皇になったあと、その歌が消えてしまうことを怖れて自らそれらを編纂したものである。梁塵秘抄という言葉は、梁に著名な歌い手がいてその人が歌うと塵も動いたという故事からきたもので、優れた歌のことを指すとされている。梁塵秘抄とは、優れた歌集という意味である。

今は一部しか残っていないが、多くは仏教にかかわる歌である。そのなかに次の歌があり、有名になった。

遊びをせんとや生まれけむ
　戯れせんとや生まれけん
　　遊ぶ子供の声きけば
　　　我が身さえこそ動（ゆる）がるれ

子どもの遊びへの素直な欲求をそのまま認め、それができない大人の身を嘆く。昔の人も似た感性をもっていたのだと思える内容である、

このような歌を、子どもの本性を遊ぶこととみていた当時の庶民の感性を歌ったものとみれば、これが平安末期という時代の日本人の子ども観を反映していたものだといえよう。ただし、これは白拍子など遊女の歌で、私はこうして「遊ぶ」ために生まれてきたのだろうかという人生の辛さ、恨みを歌ったものではないかという解釈もある。

いずれであったとしても、子どもの遊び心を称賛していることは違いなく、日本人は昔から子宝思想、童心、遊び心の称賛という子ども観があったのではないかと一般にいわれている。

(2) 理念と実態の乖離

けれども、古代から中世の時代、日本の庶民の暮らしは、現代では想像できないほど大変であった可能性は、十分に考慮しておく必要がある。貧困のなかで、まず犠牲になるのは幼い子どもなのである。

そのことは、歴史研究者である柴田純も『日本幼児史　―子どもへのまなざし―』[24]のなかで、とりあげて強調している。織田信長の安土桃山時代に、日本で活躍した宣教師の一人にルイス・フロイスがいる。彼が当時の日本について書きまとめた記録が『日本史』(平凡社東洋文庫、中公文庫)というタイトルで訳されているのだが、そこに当時の日本の育児や子どものことをフロイスはどうとらえていたか、この本の四巻の「キリシタン伝来の頃」の項を柴田は引用して紹介している。

「婦人たちが堕胎を行なうということは、日本ではきわめて頻繁なことである。或る者は貧困が原因で、或る者は大勢の娘にうんざりして、或る者は自分が仕える身であって、そうでもしなければよく勤めを続けることができないために、またその他いろいろな理由から〈それを行っている〉。…（中略）…或る人たちは、誕生後、その頸(くび)に足をのせ、窒息させて、子供を殺し、また或る人たちは堕胎を誘致する因となるある薬草を飲む。…（中略）…堺の町は大きくて人口が多いので、朝、岸辺や堀端を歩いて行くと、そこに投げ捨てられた子供たちを見ることが度たびある。母親が誕生後投げ捨てようと思っている子供に対して、幾分でも人情味を示そうと思う場合は、子供たちを海岸に置き、潮満ちて彼等を完全に殺すか、或いは壕の中へ投げ捨てる。すると、普通は犬が来て彼等を喰ってしまう。」[25]

今見た子宝思想とはかなり趣の異なる実態が当時の日本にあったことを予想させる文章である。柴田は、当時の『日本霊異記』や『今昔物語』などの文献を探り、そのなかに捨て子の話がかなり出てくることを紹介し、しかもそれが記録に載っていないことを示して、「つまり、捨子は当時の人々にとって珍しいことではなく、日常茶飯事のありふれた光景であり、人々に何らかの関心や感動を生む出来事ではなかったのだろう。それ故、一般の捨子が記録にとどめられることはなかったのである」[26]と推測している。

引用したフロイスは、先にあげた本で子を捨てる理由をさまざま紹介しているが、もっとも大きかったのは貧困で、子どもを多く生んでも育てられる経済的余裕がなかったことが想像される。また、柴田は主張していないが、室町時代には、結婚することができない地位の人たちが多くいて、それで妊娠、出産した場合に捨てざるを得なかったということも考えられる。あるいは、戦国時代、人を殺すということが日常的におこなわれていたので、子どもの死についても、強くそれを悲しむ風習がなくなっていたことも予想される。当時の乳児死亡率は、現在では想像できないくらい高かったので、赤子の死についても私たちと異なった感覚をもっていたのかもしれない。そのあたりは今後の研究を待ちたいが、いずれにしても、憶良の時代に萌芽的でも見られた子をいとおしく思う子宝という感性は、その後も一部の層の人たちには存在していたかもしれないが、戦(いくさ)が相次ぐ時代の庶民には、現実的な子ども観とはいえなくなっていた可能性がある。

しかし、こうした捨て子の習慣は、江戸時代に入る前あたりから大きく転換する。

村制度の歴史研究によると、わが国は15世紀に入るころから固有の家名をもち、家業・家産を有する有力な農民が現れるようになる。これらの農民は父系直系となり、代々「家」を形成していく。さらに近世に入ると検地や兵農分離が進み、有力農民の家に従属していた小農民が自立して、それぞれの小さな「家」を営み始める。徳川の江戸時代になると、こうした農民も結婚することが広がり、夫婦と直系の親族からなる小農民の「家」が広く成立してくる。こうした「家」が集まって近世的な村共同体が形成されるようになる。

こうして生産と生活の場が安定していくのが近世初期であるが、こうした変化は、わが子への教育に対する関心を強めるという大きな変化を生み出していく。すでに16世紀には、京都、近畿を中心に、旅の僧を泊めてわが子に読み書きを教えてもらうという慣行が広がったことは知られているが、これがやがて寺院における寺子の教育へと発展する。同じニーズに応えるために、没落した武士らによる手習い塾が広がるのが江戸時代の後期である。

こうした変化の背景には、おそらく生活の安定による生活活動の発展によって、読み書きの能力の必要性が高まってきたことがある。たとえば、借金などの契約的な関係が必要になっても、名前を書き、文章を読むことができないと、その契約関係に参加できないからである。大人の生活ニーズの変化が、わが子への教育欲求の変化に結実していくわけである。

近世初期は、その意味で、わが国の歴史のなかで、子どもへの教育関心が急速に高まった時期ということができよう。

そのなかで、子どもを宝と考える思想があらためて生まれてくる。有名なところでは、江戸時代の初期に養生の大切さを訴えた貝原益軒が、81歳になってまとめたわが国で初期に属する体系的な育児書である『和俗童子訓』には、「およそひとのおやとなる者は、わが子にまさるたからなしとおもへど…（後略）」という文言が出てくる[27]。このころから文献には、「子たから」ということばがよく出てくることが知られていて、近世初期に「子宝思想」が庶民にも広がっていったということが予測される。

わが国の子ども観は、このように、近世初期に捨て子された子どもに対しても配慮しない人が多かったような状況（したがって捨てられた子どもは死ぬしかなかった）から、子どもの育ちに対して強い関心を示す人が増えていくという、大きな変化を体験する。[*3]

＊3　このことについては、引用した柴田の研究のほか、太田素子の一連の研究、とくに『子宝と子返し』藤原書店、2007が参考になる。太田は、同書の序章を「家と村の人間形成への問い」と名づけて、近代の「子どもの発見」以前に、近世初期の農民に「もう一つの子どもの発見」のプロセスがあったことを明確にすることが課題であると宣言している。同書には、近世初期に「家」と「村」が成立してくるプロセスが簡潔に描かれて、そこから子宝思想が発生していることが論じられているが、同時にその「家」の性格をめぐって議論があることを紹介している。本書は入門的な性格の本なので、このことについて詳述はしないが、太田の序章は、このあたりの論考の紹介と論争点が要領よくまとめられているので参照願いたい。

（3）近世における子ども観の変化

ともあれ、江戸時代の初期、17世紀後半あたりから、体系的な教育書が出版されるようになり、意識的な子育てや教育への情熱が急速に高まったことが予想されるのであるが、では、捨て子のような悲しい行為はなくなったのかというと実際はそうではない。

現在でも、子どもを意識的に教育する家族と、虐待気味に扱う家族が共存しているように、江戸時代にも育児を担えないで捨て子してしまう親はあとを絶たなかったようである。このことを詳しく調べている研究者が最近多くなっているのだが、そのなかで沢山美果子は、熱心に捨て子研究を進めてきたということで知られている。沢山は、女性学の立場から出産・育児の歴史を詳しく研究してきた人であるが、捨て子について調べているうちに、捨てた子の懐に拾ってくれる人を指定して、そこに望みを書いた文を見つける。その人のことを想像するうちに捨て子についてもっと調べたくなったとして研究を進めてきている。その成果の一部は『江戸の捨て子たち　―その肖像―』[28]にまとめられている。

同書は、捨て子の事例を一つひとつを追う形で叙述されていて、一種の読み物の形を取っているが、なかに書かれていることは、子どもの処遇が江戸時代にどういう経緯で変わっていったかが、リアルにわかる研究書になっている。たとえば、捨て子の理由は貧困、窮乏だけとは限らないという三木えり子の研究によりながら『母親と離別のため』『母親が病気のため』『乳が少ないため』『父親と離別のため』『両親が離別のため』といった、さまざまな理由がみられる」[29]ことを紹介している。

われわれにとって意外なのは、乳が出ないというだけで捨てるということがあったことだろう。このことに沢山も興味をもち、実際にどうであったかを独自に調べていく。そして乳が出ないことを理由に捨ててしまうことは案外多かったことを発見し、あちこちの調査をまとめて『江戸の乳と子ども　―いのちをつなぐ―』〔30〕という本にして出版している。この本にも江戸時代には、「母乳」という言葉が使われていなかったこと、それがどうして明治期に母乳に変わっていくのかということの究明をはじめ、乳という視点から当時の育児の実際、女性の置かれていた生活の実際を解明しようとしている。

こうした沢山の研究でも、江戸時代の元禄期を境に、捨て子を禁止する風潮が強まること、それを機に捨てるという行為の倫理性のようなものに変化が起こってくることが強調されている。元禄時代には幕府も、捨て子防止を念頭において、出生した子について、名主に届けるようにお触れを出したりしている。捨て子を禁止するお触れも実際に出している。捨てるほうも衣類を着せて捨てるようなケースも出てきて、同じ捨てる場合にもそれまでと異なった姿勢がうかがえるようになってくる。これらのことを総合して、このころに日本人の子ども観に大きな変化が生じたのではないかということが、現在では定説になっている。

先の柴田は元禄の生類憐れみ令を機に、捨て子、病人の遺棄を禁じるようになったことを指摘したあと、加賀藩のように捨て子をする者に厳罰で臨み、捨て子防止に力点をおいた藩と、捨て子のそのあとの養育に力を注いだ藩に分かれることを指摘している。藩によって対応に違いがあり、それらは大きくふたつに分かれたことは事実のようだが、それが何を根拠・基準にしていたかは、今後の研究のテーマであろう。

このように、藩ごとに違いはあったとしても、江戸時代の中後期になると、幕府も各藩も、捨て子など子どもの遺棄に対して厳しい姿勢を取るように変わっていった。その背後に、近世初期からの「家」制度の確立とその庶民化、家の安定、わが子への教育ニーズの発生、さまざまな養生論、育児論（教育論）の登場、実際の寺子への教育慣行の発生、などの事実があったことは明らかで、それは、ある意味で新たな安定した社会の社会政策のなかに捨て子、遺棄問題が組み込まれるようになったことを示唆している。そして、そうした変化は子どもという存在に対する社会の感性も変えていった。何らかの理由で育てられないと判断しても、仕方ないとしないで、子どもに対するある種の罪の意識や尊厳を感じつつ捨てるようになったということであろう。

こうした変化は、やがて子どもを育てられないから殺すという方法以外の方法、すなわち捨てるから拾って育ててもらうへ、あるいは堕胎するへ、という対応の変化を生み出していったということは予想しやすい。

先の太田素子は、「長く続いた平和と、十七〜十八世紀に達成した乳幼児死亡率の一定の改善の中で、嬰児殺しは殺人に外ならないという教諭は次第に現実的な説得力を増したように見える。…（中略）…つまり、嬰児殺しよりは堕胎へ、捨子は〈捨て殺し〉から拾って育ててもらうことを期待する習俗へ変化し、『殺すより売る』という選択に基づく貰子の習俗や、さらには避妊の試行錯誤まで、近世中後期日本農村は多産や多子養育を避けたいという経済的な配慮と、子どもの生命に対する近代的な感性やモラルの成長の狭間で多様な試みを生み出していた」[31]とそのことを説明している。ここに太田は、「もう一つの子どもの発見」を見ているのである。

こうした子ども観と子どもへの対応の変化が、この時期に起こるということは、細かなことを除けば近世史研究者間での一致を見ているところである。江戸時代の中後期になってやっと、私たちの感性に近い子どもに対する感じ方、子ども観が広がってきたのである。

ところで太田は、こうした捨て子、堕胎などに対して奥会津地方では「子返し」と呼ばれることが多く、それが出生制限の習俗となっていたことを見いだしている。「間引き」というのは、明治になってからの用語で、当時は「子返し」といわれていたという。そこから太田は、江戸時代の間引きや捨て子などの子殺しを広義の出生制限の試みと考えて、広くこれらを「子返し」と呼んでいる。

太田がこうした発想をすることの背景には、柳田國男がかつてある地方の言い伝えとして伝えていた「七歳までは神のうち」ということが念頭にあるようである。子どもが数え年七歳までに亡くなっても、また神様の世界の戻っただけと考えて、その寂しさ、辛さを克服していたという考え方を指すが、これが全国に共通の一般的な言い方であったかどうかについては議論がある。太田は、先の本の終章で「民俗学は『七歳までは神のうち』という常民の子ども観に注目し、喪われやすい生命だからこそ、聖性と匿名性を兼ね備えた観念が与えられたと解釈した」[32]と述べているが、先にあげた柴田は、それに対して、前掲書で、そうした言い方はわが国には存在しなかったといい、それを歴史的にていねいに実証せずに安易に一般化することに厳しい警告を発している。この点は興味深い論点で、今後の論議を待ちたいが、いずれにしても、わが国でも、ようやく最近になって中世から近世、近代にかけての子どもの扱われ方の変化を、実証的にていねいに調べるという学的努力が始まったということは、よく知っていてほしいことである。

以上、アリエスの提起に触発された子ども期の研究は、わが国でも熱心におこなわれていることを紹介しつつ、わが国の場合も近世初期に子どもが捨てられた場合へのそれまでの無関心を克服し、「家」を起点に子どもの育ちと育てへの強い関心が発生してくること、この時期に体系的な子育て論が書かれるようになること、そしてこの時期に子宝思想が自覚されてくること、にもかかわらず子捨ての習慣は簡単にはなくならなかったこと、そして近世中後期になって、子捨てを禁止したり罰するような政治が生まれてきて、子どもに対する接し方が、このころからようやくいわば近代化していくことを見てきた。子どもは大人によって守られ、教育されなければならない存在として自覚的にとらえる発想が、明治期の近代化と重なる形で一般化されてきたのである。

第4節 守られる存在から権利を主張する存在へ ―子どもの権利条約―

近代社会は、こうして子ども観を大きく変え、子どもを家庭において守り育てるべき存在としてとらえる発想を広げていく。保護される存在、教育を受けることを期待される存在としてとらえられるようになったわけである。家庭の役割の基本は、生産的なことから解放され、わが子をより価値ある存在へと高めるために、ていねいに教育することに特化されていく。そのため、子どもをどういう存在と見るか（子ども観）ということの基本は、ここから、つまり教育対象としての子どもということから派生していく。

大人（親）が、わが子の教育を親の希望通りに進めようとするなら、子どもは私（大人）のいうことをできるだけ無条件に聞く存在であることが望ましい。そこで、幼いころから厳しく接して、親のいうことを無条件に聞くように、いわば飼い慣らしていくか、愛情を深く注いで、親の愛を感じ取るがゆえに、親のいうことを積極的に聞こうと自ら思うようになるように育てるか、いずれかになる。

19世紀は、このうち厳しく接していうことを聞かせようとする発想が世界的に強かった。多くの国で、子どもの教育には体罰が用いられた。それを告発し、子どもの世界から子どもへの暴力をなくそうと訴えたのはスウェーデンのエレン・ケイ（Ellen Key　1849-1926）であった。彼女の書いた『子どもの世紀』（“Barnets arhundrade”）という本は、世界的ベストセラーになったが、そこには19世紀のスウェーデンの学校における暴力が激しい口調で批判されていた。子どもは暴力や大人の恣意から守られなければならない存在だと訴えられたのである。

この子ども観は、20世紀を通じて徐々に広がった。そして暴力を受けないこと、不安のない環境で好ましい教育を受けること、ひもじさから解放されることなどは、「子どもの権利」だと表現されるようになった。それらは教育を受ける権利、最低限の生活を保障される権利、人間としての尊厳を守られる権利などとして明文化されるようになった。20世紀は、このように守られるべき存在としての子どもの固有の権利を明らかにしていった世紀であった。それは子どもにそれ以前の時代に比して間違いなく大きな至福をもたらした。

しかし、世界規模で貧富の格差が広がり、ひもじさから餓死する子どもが、1日に3万人も4万人もでてくる問題、あるいはストリートチルドレンがあとを絶たない現状など、深刻な問題群をどう克服していくかといった課題の認識の深まりのなかで、子どもたちを守るには、これまでのような「保護される存在」というとらえ方だけでは不十分ではないかという議論が起こるようになっていった。とくにそれは、１９７９年の国連の「国際子ども年」を機に起こった「子どもの権利条約」の制定への機運の高まりのなかで鮮明になっていった。

たとえば、子どもを保護される存在とだけ見ると、保護しなければならない大人のほうがもし保護されていないときには、そもそも子どもの保護ということが生じない、ということが起こりうる。その場合は、子どもの保護といっても条件つきの保護になってしまう。さらには、保護という名でたとえば厳しい教育や体罰がおこなわれたとしても、これまでの子どもの権利論は、それを批判・克服する論理が十全に内在していない。下手をすると、大人の恣意を許してしまうことになる。子ども自身が発言する場がない権利論になっているのではないか、などなどの問題があり、それを克服する原理を新たに創造することが必要ではないかという議論がおこなわれたのである。

子どもの権利というときは、単に保護されるだけでなく、子ども自身が自分の意見や要望を、大人や社会に主張することができ、それを大人や社会が尊重するような慣行が成立しないと、子どもはいつまでも大人の恣意から抜け出せないのではないか。

こうした議論、検討が積み重ねられ、10年の月日を経て1989年11月20日に国連で採択されたのが、「子どもの権利条約」であった。この条約は、それまでの子どもの権利論で一般的であった保護される権利を当然含みつつも、それを超える権利、たとえば社会に参加する権利、自己の意見を主張する権利、あるいは大人と同じような社会権を有すること、などがていねいに記述されている。たとえば、12条は次のような内容である。

第12条

1　締約国は、自己の意見を形成する能力のある児童がその児童に影響を及ぼすすべての事項について自由に自己の意見を表明する権利を確保する。この場合において、児童の意見は、その児童の年齢及び成熟度に従って相応に考慮されるものとする。

2　このため、児童は、特に、自己に影響を及ぼすあらゆる司法上及び行政上の手続において、国内法の手続規則に合致する方法により直接に又は代理人若しくは適当な団体を通じて聴取される機会を与えられる。

この条項は、「子どもの意見表明権」といわれているものであるが、その趣旨は、これまでの子どもの権利内容を超えるものとなっている。子どもたちは、何歳であっても、自分に関係のあることに対して、自分の意見（view）を述べることができる、大人はその意見を尊重してことを進めねばならない、とされている。たとえば、幼稚園や保育所で行事をどう進めるか、何を運動会でやるか、当番をどうするか、部屋の改造をどうするか……など、ほとんどすべてのことが子どもたちの利害に関係してくる。この第12条の精神を生かすと、それについてすべて子どもたちに意見を聞かなければならないことになる。意見といっても、英語では"view"であり、思い、つもりなども入る。2、3歳児でも、「いい」とか「いや」とか表明することが大事だといっているのである。こうしたことがきっちりとおこなわれていくと、子どもたちは次第に公共的なことに関心をもって、それに自分の意見をいうことが当然という感性が育ち、市民としての力を養っていくことが予想される。その意味で子どもの権利条約は、市民が社会の主人公になる新たな公共＝市民社会の創造を念頭につくられているといってもよいだろう。

第14条、第15条は、こうなっている。

第14条

1　締約国は、思想、良心及び宗教の自由についての児童の権利を尊重する。

2　締約国は、児童が1の権利を行使するに当たり、父母及び場合により法定保護者が児童に対しその発達しつつある能力に適合する方法で指示を与える権利及び義務を尊重する。

3　宗教又は信念を表明する自由については、法律で定める制限であって公共の安全、公の秩序、公衆の健康若しくは道徳又は他の者の基本的な権利及び自由を保護するために必要なもののみを課することができる。

第15条

1　締約国は、結社の自由及び平和的な集会の自由についての児童の権利を認める。

2　1の権利の行使については、法律で定める制限であって国の安全若しくは公共の安全、公の秩序、公衆の健康若しくは道徳の保護又は他の者の権利及び自由の保護のため民主的社会において必要なもの以外のいかなる制限も課することができない。

近代的な市民権、とくに思想、信条、宗教の自由、結社や表現の自由を、子どもにも保障しようという趣旨である。これは、フランス人権宣言などにみられる近代の人権が、当初、成人で税金を納めている男性のみのものであったのが、次第に女性にも適用され、最近は少数民族、障害者などにも適用される方向へと変遷してきた流れを受けたものと見ることができる。

興味深い条項もいくつかある。たとえば、31条は、

第31条

1　締約国は、休息及び余暇についての児童の権利並びに児童がその年齢に適した遊び及びレクリエーションの活動を行い並びに文化的な生活及び芸術に自由に参加する権利を認める。

2　締約国は、児童が文化的及び芸術的な生活に十分に参加する権利を尊重しかつ促進するものとし、

文化的及び芸術的な活動並びにレクリエーション及び余暇の活動のための適当かつ平等な機会の提供を奨励する。

となっている。芸術への参加権は当然だろうが、余暇、遊びとレクリエーションへの参加権は、深めがいのあるものといえよう。ホイジンガの『ホモ・ルーデンス』のように、遊びは人間が宗教や法など文化を創造してきた源にあったものという考えもあり、今後の人間形成を考えると、遊びという活動は不可欠に思える。子どもの権利のなかに遊びへの参加権、自己を再創造する活動としてのレクリエーション（re-creation）への参加権が含まれているということは、子どもの権利をより人間の根底からとらえたもののひとつといえるように思う。

子どもの権利条約は、これまでの近代的な子ども観を乗り越え、その権利を市民となる訓練を生活のなかで体験する権利を含む形で提案された。当然、まだ発達途上にあるわけであるから、その判断をそのまま認めてことを進めることができるわけではない。しかし、これまでの子ども観では、子どもは自らの利害にかかわることについて、己の考え、要望などを大人に向けて、あるいは社会に向けて表現することが権利であるということは含まれていなかった。あくまでも大人によって守られる存在であるのが子ども、という子ども観であった。

その意味で、子どもの権利条約の子ども観は、近代社会のなかで成熟してきた子ども観を、次の段階へと進める可能性をもったものといえよう。それは、アリエスが近代の子ども観を批判的に見ていた、あの指摘を考慮すれば、近代を超えるものを内包しているともいえるものである。もう一度アリエスが話題となった本の最後でいっていたことを思いだそう。くり返しになるが、次に記す。

「家庭と学校は一緒になって、大人たちの世界から子供をひきあげさせた。かつては自由奔放であった学校は、子供たちをしだいに厳格になっていく規律の体制のうちに閉じこめ、この傾向は十八世紀、十九世紀には寄宿生として完全に幽閉してしまうに至る。……(中略)……かつて大人たちのあいだで子供が享受していた自由を、子供から奪ってしまった。」[33]

アリエスは、子どもを愛すべき存在、教育すべき存在と見ることで、子ども期という観念を社会のなかで普遍化していったあの変化が、子どもにとって必ずしも幸福なことではなかったと強調している。実際に学校は、20世紀になり、こうしたアリエスのような批判を意識した改革を進めた。その試みは、現在もなお続いている。しかしそれによって、子どもたちは大人たちの間でかつて有していた自由をとり戻しているかどうか、依然、ラディカルに問われるであろう。子どもの権利条約は、その視点から見ると、子どもを大人の恣意の世界に囲い込むのではなく、もう一度大人を含めた社会のなかで自己実現できるように保障しようという試みとも読める。子ども観をめぐる議論は、これからも続くであろう。保育や教育にいそしむ者は、自らの子ども観を、こうした議論に照らし合わせて吟味し続けることを課題として与えられている。

❖引用文献

[1] パメラ・ドラッカーマン(鹿田昌美訳)『フランスの子どもは夜泣きをしない ―パリ発「子育て」の秘密―』集英社、2014
[2] クリスティン・グロスロー(和田知代訳)『おむつなし育児 ―あなたにもできる赤ちゃんとのナチュラル・コミュニケーション―』柏書房、2009

［3］フィリップ・アリエス（杉山光信・杉山恵美子訳）『〈子供〉の誕生 ―アンシャン・レジーム期の子供と家族生活―』みすず書房、１９８０
［4］前掲書［3］、１２２頁
［5］前掲書［3］、１２２頁
［6］前掲書［3］、１２２頁
［7］前掲書［3］、３８４頁
［8］前掲書［3］、３７９頁
［9］前掲書［3］、３７８頁
［10］前掲書［3］、３７９頁
［11］前掲書［3］、３８６頁
［12］前掲書［3］、３８６頁
［13］前掲書［3］、96頁
［14］前掲書［3］、97頁
［15］前掲書［3］、99頁
［16］L・A・ポロク（中地克子訳）『忘れられた子どもたち』勁草書房、１９８８（原書は１９８３年刊）
［17］前掲書［16］、70頁
［18］ニール・ポストマン（小柴一訳）『子どもはもういない』新樹社、１９９５（原題は「子ども期の消滅〔The disappearance of childhood〕」）
［19］ヒュー・カニンガム（北本正章訳）『概説子ども観の社会史 ―ヨーロッパとアメリカにみる教育・福祉・国家―』新曜社、２０１３（原題は「１５００年からの西洋社会における子どもと子ども期」）
［20］前掲書［19］、43～44頁
［21］前掲書［19］、45頁
［22］前掲書［19］、52頁

[23] 前掲書[19]、94頁
[24] 柴田純『日本幼児史 ―子どもへのまなざし―』吉川弘文館、２０１３
[25] 前掲書[24]、98～99頁
[26] 前掲書[24]、98頁
[27] 貝原益軒『養生訓・和俗童子訓』岩波文庫、２１２頁
[28] 沢山美果子『江戸の捨て子たち ―その肖像―』吉川弘文館、２００８
[29] 前掲書[28]、１１２頁
[30] 沢山美果子『江戸の乳と子ども ―いのちをつなぐ―』吉川弘文館、２０１７
[31] 太田素子『子宝と子返し』藤原書店、２００７、38頁
[32] 前掲書[31]、４２１頁
[33] 前掲書[3]、３８６頁

第2章

保育のさきがけ

18世紀末から19世紀前半にかけて、欧米各国において産業革命が進行し、新たな貧困が創出され、婦人労働や児童労働が一般化した。このような状況のなかで、親以外の個人や組織による乳幼児のためのさまざまな保育施設が誕生した。親の育児への社会的援助の必要を背景に、幼児への教育的働きかけの意義が認識され、それらを担い推進する主体が登場したのである。

本章では、この時期にヨーロッパにおいて誕生したさまざまな保育施設のうち、オーベルランの〝編み物学校〟(1770年フランス)、オーエンの幼児学校(1816年イギリス)、フレーベルの幼稚園(1840年ドイツ)をとりあげる。また同じ時代、社会矛盾が拡大した幕末の日本において、学者佐藤信淵(さとうのぶひろ)が保育施設の構想を著していたことにもふれておきたい。

❖

第1節

ヨーロッパにおける保育施設の誕生

(1) オーベルランの〝編み物学校〟

プロテスタント派牧師オーベルラン[*1](Johann Friedrich Oberlin 1740-1826)は、1767年、フランスのアルザス・ロレーヌ地方[*2]バン・ド・ラ・ロッシュに赴任し、貧困に苦しむこの地域の経済的、社会的、教育的改革を指導した。そのひとつとして１７７０年〝編み物学校〟(école á tricoter) と呼ばれた幼児の保育施設をつくった。この施設は、当時生まれつつあった多くの保育施設のひとつにすぎなかったが、通常の幼児教育史においては、今日の幼児保育施設の歴史的発端として扱われている［1］。

オーベルランは、農業の改善事業をすすめ、道路や橋など交通機関の整備により近代的な工場の誘致に尽力し産業的、経済的改革をすすめた。文化の振興と教育の改革に努め、成人教育講座を開き、小図書館を設立した。また、学校の改革と整備をおこない、各村に学校を設けるとともに、「初等学校」「中間学校」「成人学校」という7歳から16歳までの学校制度を整備した。

こうしたなかで、彼は幼児の保護と教育の施設をつくった。ラスク『幼児教育史』には、その様子を伝える以下の資料（シムズ「オベルリンの追憶抄」）が紹介されている。

かれは、両親が農業や商業に従事している間に、小さい子どもたちが危険にさらされ、小さいうちに怠惰や非行などの習慣を身につけてしまうのではないかと心配した。そこで、かれは、コンダクトリセスと呼ばれるやさしく愛情の深い婦人たちの監督下で、子どもたちが楽しく遊び、教授されるようにと、部屋

＊1　日本語表記としては、ほかにオーベルリーン、オベルリン、オーバリンなど。

＊2　アルザス＝ロレーヌ地方はフランスとドイツの国境にあり、歴史的に両国の係争の地であった。オーベルランの時代は、フランス領であった。その後、ドイツ統治下におかれ、１９１９年ドイツが第一次世界大戦で敗れるとフランス領に、第二次世界大戦下１９４０年ナチス・ドイツに編入、１９４４年フランスが再び領有した。

を借りることにしたのである。コンダクトリセスの任務は、次のようなものであった。子どもたちに、粗野な方言ではなく、フランス語を使わせること。年長児に裁縫、糸紡ぎ、編物、歌を教えること。地理のカードと博物学や宗教史のプリントを説明してやること。遊び時間に、危険やけががないように注意すること［2］。

この保育施設設立の直接のきっかけは、家政婦のバンゼットが近所の子どもたちを集めて編み物を教えていたのに出会ったことである。着任以来、放任された子どもたちに心を痛めていたオーベルランは、バンゼットを保育者に雇い、広い部屋を借り、保育施設を始めたのである。当時はまだめずらしかった編み物も教えていたので、編み物学校と呼ばれた［3］。バンゼットの早世（1774年）後、農家の娘シュプレルがあとをつぎ、オーベルランの協力者として、45年間保育者を務めた［4］。

なお、日本でのオーベルラン紹介は、大正なかばのことだと思われる。生江孝之は大正12年刊の『社会事業綱要』に「保育所の起源」という項を設け、次のように書いている。対象年齢など疑問があるが、「仏国一農村の牧師」はオーベルランをさすものだろう。

保育所の起源は、一八四四年巴里に於てフルマン・マルボーと称する一小学校教員が、其の必要性を痛感して市内の工場内に設置したるを嚆矢と称せられて居ったが、最近の新たなる調査に依れば仏国一農村の牧師が、一七六九年其の住居内に生後十五日以上三歳以下の幼児を一女子に託して保育せしめたのが濫觴であると云ふに一致して居る［5］。

（2）オーエンの性格形成学院と幼児学校

ロバート・オーエン[*3]（Robert Owen 1771-1858）は、イギリス産業革命の時代に、若くして工場経営者として成功した人物である。10歳で家を出て織物商の店員として働き始め、18歳から工場経営にかかわった。１７９８年、のちに義父となるデビッド・デールが経営するニュー・ラナークの工場を購入し、１８００年よりニュー・ラナークに移り住み、人間の性格は環境により形成されるという自らの信念に基づく経営に着手した[6]。

ニュー・ラナークはスコットランドの山間部にあり、川を利用した水力紡績工場と労働者住宅の村[*4]であり、「一家を構えて村に居住している約千三百人と、教区からえた四百から五百の貧しい子供たち」[7]により成り立っていた。

労働者は掻き集められた貧困者であり、村には飲酒、怠惰、不道徳、犯罪が横行していた。子どもたちは救貧法の「教区徒弟」[*5]として働く7～12歳の貧困児である。衣食住が与えられ、１日の労働のあとには読み書きが教えられていたが、教育は疲れ切った子どもを苦しめるだけで効果がなかった。幼いときからのびのびと遊ぶこともなく働かされた子どもたちは、身体は小さくて弱く、健全に成長できなかった。オーエンは教区徒弟

＊3　日本語表記としては、ほかにロバアト・オウエン、オーウェンも多い。

＊4　ニュー・ラナークは、２００１年にユネスコの世界遺産に登録され、デールとオーエンがつくった建物群が保存・公開されている。

＊5　エリザベス救貧法（１６０１）では、救貧行政の区域である教区が、両親が扶養できない子どもを徒弟に出すことが定められていた（金子光一『社会福祉のあゆみ』有斐閣、２００６、17～18頁）。

の雇傭をやめ、新たな家族を迎えるために新しい住宅を建てることとした[8]。

オーエンは労働者の処遇を改善し、合理的経営によって生産を拡大して、労働者の信望をえた。1813年には、持論をまとめ『新社会観――または人間の性格形成の原理とその実践への適用についての試論』[9]として出版した。1816年にそれを実践する「性格形成学院」をニュー・ラナークに開設した。

開設にあたって、住民に学院の趣旨と内容について講演し、これまで「みなさんを侵している害悪の原因を冷静に研究」した結果、「無知という究極原因につきあたる」ことがわかったという。そして、これまで自分は「悲惨の直接的原因となったものをとりのぞく」ことにとりくみ「より善良な外面的習慣ができて今日に至って」いる。性格形成学院の目標はさらに「当村全住民の外面的性格とともに内面的性格をも、完全且つ徹底的に改良」することだという[10]。学院は、幼児から成人までのいわば生涯教育機関であったが、のちに「幼児学校」(infant school)と呼ばれた「準備学校」(preparatory school)は次のようなものであった。


当学院は、こういう目標のもとに、あなたたちの子どもさんを大体歩けるようになると、つまりごく幼い年頃から収容する施設として案出されたものであります。これによって、多くのみなさん、またお宅のお母さんたちは、自分の子どもたちのよりよき保護者と扶養者を得られることになるでしょう。あなたたちは、子どもたちに対する世話と気遣いを減らすことができるようになります。他方、子どもたちはさまざまな悪習慣を獲得しないようにまもられ、しだいに最良の習慣を身につける下地がつくられるでしょう。

この階下中央の部屋は子どもたちの使用にあてられます。子どもがこの部屋でやる主な仕事は、お天気の悪いときに遊んだり楽しんだりすることです。お天気のよいときは、この建物の前方にある柵でかこまれた地帯をつかわせます。なぜそうするかといえば、子どもたちの身体を頑丈にするには、かれらをできるだけ野外におらせたほうがいいからです。子どもたちがしだいに大きくなると、かれらはその右方と左方の部屋に収容され、そこで規則的に一般学習の初歩を教えられます。かれらは六歳になるまで、すぐれた方法によってこういう教育をうけるわけであります。

このふたつの課程を第一第二の準備学校と呼んでよろしいでしょう。あなたたちの子どもがこれらの課程を終えますと、この場所（これはまた講堂として使用されますが）に容れます。この部屋と隣室とは、読み方・書き方・算術・裁縫・編物を授業する一般教室になるのです。さて、これらすべての教科は子どもが十歳になるまでに、相当の程度まで仕込まれることになっています。そして、その年齢に達しないうちは、どの子どもも工場にやって働かせることはゆるされないのです。…（後略）〔11〕

オーエンは晩年の自叙伝で、幼児学校の状況とそこでの保育が大変効果をあげたことについて述べている。親との関係については、「親たちは最初は私がその小さい子供らを二歳でどうかしようとする真意をつかめなかった。しかし実際にでてきた結果をみては、彼らはその幼児を満一歳で学校へやろうと努めだし、もっと幼い者をいれられぬかどうか私に尋ねた」というエピソードを語り、また彼は「それを貧民学校と考えさせまいとして、親たちから月三ペンスすなわち一年三シルを子供らのために出さし」「もちろん彼らはこの上なく喜んで出した」という。「小児らは罰とか罰へのおそれなど全くぬきで訓育され、学校にいる間はかつて見たこともないほど実に最も幸福な人間」であったし、「見えるもの――すなわち実物――模型や絵――によって、またうちとけた話によって、教えられるかたわら、二歳以上になると日々ダンスと音楽を教えこまれ」、親たちは「子供たちがしている学科や体育は何によらず参観にくるのをすすめられた」[12]。

保育者には子ども好きの村人ジェームズ・ブキャナンと紡績工場の若い女工モリー・ヤングが採用された。オーエンが彼らに教えたのは「どんな訳があろうと子供を決して打つな、どんな言葉、どんなしぐさででもおどすな、罵言を使うな。いつも愉快な顔で、親切に、言葉も優しく小児と話せ。また幼児小児にいえ、全力をあげてしょっちゅう遊び仲間を幸福にするようにしなくてはならぬ。——年かさの四歳から六歳までのものは年下の者を特別に世話し、また力を合せてお互いが幸福になるように教えよ」、また「小児を書物でいじめるな。身のまわりにころがっている物の使い方や本性・性質を教えるものだ、小児の好奇心が刺激され、それらについて質問するようになった時に、うちとけた言葉で」ということであった[13]。これらは、今日の視点からみれば保育の基本的態度として当然肯定されるべきものであるが、鞭による教え込みがあたりまえであった当時のヨーロッパでは特異な教育方針であった。

ブキャナンはロンドンに新設された幼児学校の校長に招かれ、オーエンのもとを去った。またブキャナンの幼児学校から学び、オーエンにも教えを請うたウイルダースピンという人物も幼児学校を開設した。ウイルダースピンは、階段教室、助教制度、さまざまな教具を考案し、多数の幼児に知識を教える方法として幼児学校が普及した[14]。しかしそれはまさしく〝学校〟であり、保育の源流のひとつとしてのオーエンの幼児学校とは目的・内容を異にするものであった。

一方、オーエンは、ニュー・ラナーク経営のかたわら児童労働の制限などを内容とする工場法の制定を議会に働きかけた。またナポレオン戦争（１８０３〜１８１５年）終結後の不況下で拡大した貧困問題について、その解決策を１８１７年に議会の貧民法委員会に提出した。貧困者の生産、生活、教育の共同体をつくることにより、長期的には救貧の費用を減らし、貧困者の性格を改善し根本的な解決となる、というものであったが、そのプランは為政者からは一顧だにされなかった[15]。

オーエンは、イギリスで日の目をみなかった共同社会の実現をめざし、1825年アメリカ・インディアナ州の土地を買収し「ニュー・ハーモニー平等村」の事業に着手した。ここでは、幼児の保育についても共同体の一部として新しい取り組みがおこなわれるはずであったが、事業は数年で破綻してしまった。イギリスに帰ったオーエンは、その後も社会改革をめざす活発な執筆・啓蒙活動をおこなったが、保育の実際に携わることはなかった[16]。

明治期末以降の救済事業をリードした内務官僚井上友一は、著書『救済制度要義』でヨーロッパの救済制度の歴史についてふれている。そのなかでオーエンについて「夙に能く大工業勃興の裏面に於ける社会の弊害を知れり」[17]とし、オーエンのとりくみについて次のように述べている。オーエンの幼児学校について、これが日本における早い紹介であろう。

彼は遂に蘇国クライデ河に沿へるニュラナルクの地に於て其経理せる紡績業に共同自助の新組織を適用せり。彼は節酒の規約を定め家庭の娯楽を改良し夜学と図書館とを創立せり。尚之を以て足れりとせす、彼は人生陶冶の源をは必すや稚児の裡に求むへしとの説を立て自ら英国幼稚園の始祖と為れり[18]。

(3) フレーベルの幼稚園

フリードリッヒ・フレーベル（Friedrich Fröbel 1782-1852）は、1840年、ドイツ南東部の町ブランケンブルグで幼稚園（Kindergarten）という新しいタイプの保育施設を創始した。幼稚園は短期間のうちに欧米各地に伝えられ、3章で述べるように、日本でも1876（明治9）年、東京女子師範学校附属幼稚園が設立された。この幼稚園が富裕層を対象として出発したことが、その後の日本の幼稚園の性格を決することとなったが、フレーベルの幼稚園は果たしてどのようなものであったのだろうか。

フレーベルはドイツ中部チューリンゲンの村で生まれたが、母親は彼の誕生後まもなく病気となり亡くなった。牧師の父は忙しく、継母との関係は冷たく、さびしい孤独な子ども時代を過ごした[19]。この経験が、彼に幼児期の環境の重要性を意識させた。

フレーベルは14歳で村の学校を卒業し、さまざまな仕事や学業を経て、1805年23歳のときフランクフルトでペスタロッチ主義の学校の教師となる。天職をみつけた彼は、以後教育者としての道を歩み始めた。1816年、甥たち5人を生徒とする「教育舎」を開設、翌年カイルハウに移転し、生徒も増えカイルハウ学園として知られる独自の教育活動を展開した。ここでの経験を土台に、1826年に主著『人間の教育』を出版している。ここには、のちに創設する「幼稚園」の基礎となる子ども観、教育観が明確に述べられている。

まず、人間の本質を神的なものとし、人間の教育を「意識し、思惟し、認識する存在としての人間を刺激し、指導して、その内的な法則を、その神的なものを、意識的に、また自己の決定をもって、純粋かつ完全に表現させるようにすること、およびそのための方法や手段を提示すること」[20]と定義する。それゆえ教育の方法は「受動的、追随的（たんに防御的、保護的）であるべきで、決して命令的、規定的、干渉的であってはならない」[21]と、受動的教育の原則を示す。

発達については「少年が少年となり、青年が青年となるのは、その年齢に達したからではなく、かれが、そこで、幼年期を、さらに少年期を、かれの精神や心情や身体の諸要求に忠実に従って、生き抜いてきたからである。同様に、成人が成人になるのは、成人の年齢に達したからではなく、ひとえに、かれの幼年期や少年期や青年期の諸要求が、かれによって、忠実に叶えられてきたからに他ならない」[22]と連続的発達観を示す。

そして、人間の最初の段階である幼児期の要求は遊戯であると、その重要性を述べる。「遊戯することないし遊戯は、幼児の発達つまりこの時期の人間の発達の最高の段階である。というのは、遊戯とは、すでにその言葉自身も示していることだが、内なるものの自由な表現、すなわち内なるものそのものの必要と要求に基づくところの内なるものの表現にほかならないからである。遊戯は、この段階の人間のもっとも純粋な精神的所産であり、同時に人間の生命全体の、人間およびすべての事物のなかに潜むところの内的なものや、秘められた自然の生命の、原型であり、模写である」と。そして、力いっぱい、根気よく遊ぶ子どもは、「逞しい、寡黙な、忍耐づよい、他人の幸福と自分の幸福のために、献身的に尽すような人間になるであろう」[23]と。

フレーベルは長年の教育実践と研究を土台に、いよいよ乳幼児期に焦点をしぼった活動に取り組む決意をかため、1836年から準備を始めた。新しい事業の場はカイルハウにほど近いブランケンブルグであり、1837年「遊具と作業具」製造販売の事業所を開設した。1839年6月に幼児の指導者養成コースを開講し、同時に「遊戯と作業の施設」を開設した。そして、1840年5月、フレーベルはキンダーガルテンの設立を呼びかける文書をブランケンブルグの婦人たちに送付した。こうして1840年6月28日に、ブランケンブルグ市庁舎に賛同者が集まり「一般ドイツ・キンダーガルテン」創設の式典がおこなわれた[24]。

呼びかけ文の表題は「とくに子どもたちの活動衝動の保育をつうじてのかれらの生活のすべての方面にわたる配慮を普及させるための一般的施設たる幼稚園の設立および実施のための計画案——印刷術発明四百年記念祝典のそれにふさわしい行事のための事業としてドイツの婦人たちおよび女子青年たちの検討と協同のために提示」であり、フレーベルはまず「生活は、その多様な発展においてまたその多面的な形成において…（略）…幼児と婦人たちの生活、女性と子供たちの生活とのあいだに不自然なる分離をもうけた」[25]と、当時母親の労働のために子どもの育児困難が生じている状況を示唆している。そして「今日の生活の要求にしたがって、母親の愛と子どもの必要とのあいだに、それをつうじて母親の愛がたとえ間接的ではあれ弱められずに、いな一層明瞭にかつ一層決定的に子どもの必要をうけいれるようになる第三者」[26]として幼稚園を提案し、次のように呼びかける。

われわれは、…（略）…すべてのドイツの婦人たちおよび女子青年たちが学齢までの子どもたちの生命を全側面にわたって保育するための一般的施設の共同の設立と実施に参加するよう招請する。われわれはドイツ的精神を持って、かの女たちがドイツ幼稚園の共同の設立と実施に参加するよう、要請する。なぜならば、神の保護と経験のゆたかな、洞察のすぐれた園丁の配慮のもとにある庭においては植物が自然性との一致において育てられるように、ここでは、人間というもっとも高貴なる植物、すなわち人類の萌芽でありかつ一員である子どもたちが、自己、神および自然との一致において教育されるはずであり、かつかかる教育のための道が一般的にしめされかつ開始されるはずであるからである[27]。

以上のように、フレーベルの幼稚園は資本主義的工業生産の拡大を背景とする、母親の労働と育児の矛盾に対応する施設として考えられていた。しかし、その後の幼稚園は、主として有産階級の子どもを対象として普及していった。ドイツにおける民衆幼稚園、アメリカの無料幼稚園、3章でとりあげる日本の二葉幼稚園などの貧民幼稚園といったものも存在したが、幼稚園の主流とはならなかった。

「キンダーガルテン」の命名については、次のようなエピソードがある。フレーベルが構想していた施設は、幼児に知識を教える幼児学校でもなく、保護のための単なる託児施設でもない。遊びを育て、子どもたちの生命への全面的な配慮をおこなう大人たちのもとで子どもたちが育つ、今までにない新しい施設であるが、それにふさわしい名称がみつからなかった。ある日（1840年の早春）、彼が協力者とともに山道をブランケンブルグに向かって歩いていたとき、樹木の隙間にブランケンブルグの町を見おろすところに来て、しばりつけられたように立ち止まり「施設をキンダーガルテンと呼ぶべきだ！」と喜びに満ちて叫んだという。妨げられることなく伸びやかに茂る自然の樹木が、「遊戯と作業の施設」の幼児たちの将来に重なってみえたのかもしれない[28]。

「フレーベル・オリジナルなキンダーガルテン実践」（フレーベルが生前に共同事業者や教え子たちとつくりあげた実践）の教育課程は、誕生から6、7歳ごろまでにわたる子どもを対象とした「遊戯と作業による教育課程」であり、「遊戯」には、ガーベ（恩物）という遊具を用いた遊び、作業具を用いた作業遊戯、運動遊戯、自然物の収集などがあり、「作業」には、作業具を用いて有用な物をつくる作業、庭での栽培活動があった[29]。

フレーベル没後、19世紀後半におけるドイツ、アメリカ、日本などでのキンダーガルテンの普及はめざましいものであった。しかし、フレーベル・オリジナルな教育実践はその真髄が伝えられないままに変容していった。哲学的な議論はあまり理解されず、マニュアルによる道具の扱い方が主に伝わった。その結果、乳幼児の発達にみあわない遊具・作業具の固定化、幼児の自発的な自己活動に基づくべき「遊び」の形骸化などがすすんだ[30]。これらが、恩物主義として大正期日本において厳しく批判されることについては4章で述べる。

第2節 佐藤信淵の保育施設構想

前節で述べたように、ヨーロッパでは、産業革命を背景に18世紀後半以降、さまざまな保育施設が生まれた。このころ江戸時代の日本では、鎖国政策のもとで問題を含みつつ内外の平和と安定が保たれ、経済、文化の独自の発展がみられた。子育てについても、子どもの生理・心理の発達に即したしつけと教育のあり方を示す子育て書が数多く出版された[31]。

ただ、これらに述べられるのは、家族内の子育て（乳母や子守も含めて）のあり方であり、家族外での専門家による「保育」への言及はない。寺子屋に幼児が通う例はあったが、幼児の発達に即した教育が考えられたわけではない。

永井堂亀友（ながいどうきゆう）作の浮世草子『小児養育気質（しょうにそだてかたぎ）』（1773〔安永2〕年）[32]に、京都の子ども好きの商人が隠居して、毎日数十人の子どもを集めて、玩具を用意し、菓子を供し遊ばせているという話がある。これについて先行研究で「幼児のために特に設けられた保育施設」[33]としてとりあげている。しかし、浮世草子は小説であり、ルポルタージュではない。モデルとなるような事例はあったかもしれないが、実際にこのような保育施設が存在したことを確認できる史料は示されていない。

日本において保育施設が実際に設立されたのは明治期以降であるが、江戸時代後期に農政学者佐藤信淵（1769－1850）による保育施設構想が存在したことに注目しておきたい。それは農村の貧困問題を解決する、社会改良策の一環としての提案であった。信淵の著書『垂統秘録（すいとうひろく）』では地域に「小学校」という役所をおき、このもとに災害や飢饉の際に人々の救済にあたる「広済館」、病人に薬を与え看護する「療病館」、万民教化のための「教育所」とともに「慈育館」「遊児廠」という乳幼児を対象とする施設をおくとしている。

「慈育館」は「貧民の赤子を養育する官署」で、塀や垣で囲ったなかに長屋を建て各部屋7、8人から10人の小児を収容し、世話人は力仕事が無理となった村の老人をあてる。出生から18か月ごろまでは牛乳に甘味や栄養分を加えて飲ませ、その後は粥や菓子を与える。父母はいつでも来てよいし、家に引き取ることも自由である。4、5歳になると「遊児廠」に移る。ここでは、慈育館から移って来た子どもだけでなく、父母の家で暮らし昼間だけ通う子どももいる。

資料　垂統秘録（抜）

慈育館第三

慈育館は貧民の赤子を養育する官署なり。都下にもこれを建つべく、偏土は大抵高一万石ばかりの土地には三箇所も立て置きて、小児を養育するなり。その制四方に塀或いは垣を構え、その内に長屋を幾棟も建て、またその長屋を仕切り番付を為して、部屋に七、八人より十人ばかりまでの小児を置くも佳なり。世話人にはその近傍諸村農家等の老男夫、或いは老婦人の未だ極老衰弱に至らざる者、及び柔弱にして家業に疎き者等を集めてこれを用う。且つその館内の官署には、三台より保護の下官各一人ずつ出役、同直して慈育の事を司り、凡そ村々の教育所より名札を添えて送り来る赤子を受け取り、即ち一番・二番何れの部屋にてもこれを置いて養育させ、その児の居る部屋の表にその名札を掛け置くなり。故にその児の父母を始め親族たる者は、毎日その部屋に行って、菓子或いは玩び物等を与うるも自在ならしめ、後またその児を家に呼び返さんことを欲してその官署に訴えるときは、これもまた願いに任するなり。およそ右小児の衣食は悉く官府よりこれを給するなり。

且つまた右小児を哺育する乳汁は、牛乳に山慈姑（むぎくわい）の細末と水飴とを調和して製したる者にして、小児を養うに甚だ利益あるの良法なり。凡そ乳汁を飲ましむることは、出生してより大抵十八箇月にて宜しき者なり。然れども虚弱なる小児には、二十五箇月も用うることあり。その後は糜粥（かゆ）と菓子とを用いて養うべし。而してまた小児をこの館にて養うは、出生より四、五年の間なり。既に四、五歳に至るときは、これを遊児廠に遣わして遊戯せしむるを例とするなり。

遊児廠第四

遊児廠は、小児を遊楽せしむるの堂なり。都下にもこれを建つべし。偏土にては凡そ高一万石許りの土地には二十箇所もあるを宜しとす。その造方は四方に垣を構え、その中の一方に五、六間四面なる家を造りて小児の寝所とし、慈育館に斉しく、老人及び力作することの叶わざる柔弱者等を役して保護せしめ、衣類・食物は皆悉く官よりこれを賜う。この堂に遊ぶ小児は、慈育館より来るのみならず、その父母の家にて養わるる小児も、また昼の間はこの所に遣わして遊ばしむべし。然らざる時は大いに父母の業を営為する障害を作すを以ての故なり。またこの堂に小児を遊ばしむることは、四、五歳より七歳迄を限りとし、八歳に及べる者は、皆その村の教育所に引き渡すべし。

※山住正己・中江和恵編『子育ての書』3所収（『佐藤信淵家学全集』を底本とし、難しい漢字を仮名にするなど読みやすくしている）

慈育館は入所型の「乳児院」のような施設、遊児廠は入所と通所を兼ねた、幼児の養護施設と保育所をあわせたような施設といえようか。それまでにも存在した棄児や孤児の救済施設とは異なり、一般乳幼児を対象とし手のかかる時期のみ家族から引き取り養育し、子の育ちと父母の労働を社会的に支援するという新しい発想があった。

信淵の保育施設構想については、西洋の考え方や経験とのかかわりはなく「信淵の卓越した思索から生じた貴重な意見」[34]であるというのが定説である。これに対して、太田は、信淵に対する西洋情報の影響について詳細な検討をおこない、「彼が西欧の保育施設から何らかのヒントを得ていることは確か」だが、具体的にどの点で影響を受けているかについては断定できないとする[35]。

また、湯川によれば、信淵は1820年代の『経済要略』から1830年代の『垂統秘録』にいたるまで、多くの著作で一貫して保育施設についてとりあげている[36]。そして信淵のほかにも、江戸時代中期以降から幕末までの間に、大原左金吾の構想（『北地危言』1797〔寛政9〕年において貧児施設を提唱）、津山藩における「育子院」計画（1840年代）などの類似の提唱・立案が数多くなされていた。湯川は、これらに翻訳洋書やロシアから帰還した漂流民からの情報による西洋の貧児救済施設「幼院」の影響がみられることを指摘している[37]。

『垂統秘録』は信淵が子佐藤信昭と門人に口述し記録させたものである。この書に添えられた信昭の言（1857（安政4）年）によれば、信淵が「昔日曽て工夫自得せられ」たものとあり、家学として家の門弟子に伝えるもので「軽々しく他人に看せしむる事勿れ」と結ばれている。長年の思索の集大成であり、原本は5篇からなる大部の著作であったらしいが、残されているのは「六府篇」と「小学校篇」のみである[38]。湯川の推定[39]によれば、本書の成立は1833（天保4）年ごろであるが、1878（明治11）年、織田完之によりはじめて公刊された。信淵が自身の保育施設構想の実現を果たしてどの程度考えていたのか、同時代の人々にどのように広まったか、受け止められたのか、外国からの影響の有無や内容など保育の歴史研究としてさらに検討すべきことが多い。

なお、前にふれた井上友一『救済制度要義』は、日本の救済制度の歴史を述べるなかで「我邦農学の鼻祖を以て称せらる、佐藤信淵の如きも、亦夙に意を細民救済の事に注げり」と佐藤の構想にふれる。すなわち「信淵は『療病館』、『慈育館』、『遊児廠』、『教育所』を始め慈恵事業に関して独創の意見を立て、其設備の順序を説明すること懇篤到らざるなし」とし、慈育館は「今日の育児院」であり、遊児廠は「今日の『幼児保育所』なるもの是なり」とする。そして「信淵の意見は不幸にして当時多く実施を見るに至らさりしと雖も、彼か経世の達識は固より其の一班を窺ふに余ありといふへし」と佐藤の〝達識〟を評価している[40]。

❖引用文献

[1] 梅根悟監修、世界教育史研究会編『世界教育史大系21／幼児教育史Ⅰ』講談社、１９７４、78～79頁

[2] ラスク（田口仁久訳）『幼児教育史』学芸図書、１９７１（原著１９３３）、98頁

[3] 利島知可子「オベルリンの幼児保護施設」荘司雅子編『幼児教育の源流』明治図書、１９７６、１０５～１０６頁

[4] 古沢常雄「フランスの幼児保育者養成史」岩崎次男編『幼児保育制度の発展と保育者養成』玉川大学出版部、１９９５、99頁

[5] 生江孝之『社会事業綱要』厳松堂書店、１９２３、３４０頁

[6] オーエン（五島茂訳）『オウエン自叙伝』岩波文庫、１９６１（原著１８５７）、１～４章

[7] 前掲書[6]、１１６頁

[8] 前掲書[6]、１１７頁

[9] オーエン（斉藤新治訳）『性格形成論』明治図書、１９７４

[10] 「ニュー・ラナーク住民への講演――性格形成学院の開院にさいし１８１６年１月１日ニュー・ラナークでの講述」オーエン（渡辺義晴訳）『社会変革と教育』明治図書、１９６５、14～16頁

[11] 前掲書[10]、16～17頁

[12] 前掲書[6]、２４２～２４３頁

[13] 前掲書[6]、２５０頁

[14] 前掲書[1]、１０５～１２１頁

[15] 『オウエン自叙伝』第７章「工場立法の創唱と戦後不況打開策」、『社会変革と教育』四「貧民労働者救済委員会への報告」

[16] 上田千秋『オウエンとニュー・ハーモニー』ミネルヴァ書房、１９８４

[17] 井上友一『救済制度要義』博文館、１９０９、41頁

〔18〕前掲書〔17〕、42頁
〔19〕フレーベル（長田新訳）『フレーベル自伝』岩波文庫、1949、7〜8頁
〔20〕フレーベル（荒井武訳）『人間の教育（上）』岩波文庫、1964、13頁
〔21〕前掲書〔20〕、18頁
〔22〕前掲書〔20〕、46〜47頁
〔23〕前掲書〔20〕、71頁
〔24〕白川蓉子『フレーベルのキンダーガルテン実践に関する研究』風間書房、2014、91〜104頁
〔25〕フレーベル（岩崎次男訳）『幼児教育論』明治図書、1972、92頁
〔26〕前掲書〔25〕、96頁
〔27〕前掲書〔25〕、96〜97頁
〔28〕前掲書〔24〕、104〜105頁
〔29〕前掲書〔24〕、170頁
〔30〕前掲書〔24〕、345頁
〔31〕『子育ての書（1〜3）』山住正己・中江和恵編注、東洋文庫、平凡社、1976参照
〔32〕『子育ての書（2）』所収
〔33〕村山貞雄「江戸時代の幼児保育の概観」11頁、「江戸時代にあったと思われる保育施設（江戸中期）」『日本幼児保育史（第1巻）』フレーベル館、1968
〔34〕村山貞雄「江戸時代における保育施設の提唱（嘉永二年）」『日本幼児保育史（第1巻）』30頁
〔35〕太田素子「間引き・子守奉公と集団保育の構想——近世後半期農村社会の子育てと佐藤信淵の保育思想」『保育の研究』5、1984、39頁
〔36〕湯川嘉津美『日本幼稚園成立史の研究』風間書房、2001、21〜24頁
〔37〕前掲書〔36〕、12頁
〔38〕滝本誠一編『佐藤信淵家学全集（中巻）』岩波書店、1926、443頁

〔39〕前掲書〔36〕、24頁
〔40〕前掲書〔17〕、79～82頁

第3章

近代国家の成立と保育施設のはじまり

本章は、明治維新を経て成立した新政府が、富国強兵を進め、教育制度を確立し、憲法制定、議会開設により近代国家として形を整え、日露戦争の「勝利」により列強の一員になるまでの約40年を対象とする。

1853（嘉永6）年7月8日、アメリカ合衆国東インド艦隊のペリー提督が、4隻の黒船で浦賀に来航し、開国を求める大統領国書をもたらした。これが二百数十年続いた幕藩体制の動揺・崩壊の端緒となった。1854年2月にペリーが再来航、3月に「日米和親条約」が調印され、同様の条約がイギリス、ロシア、オランダとも結ばれ、いわゆる「鎖国」体制は終わった。さらに、1858（安政5）年7月「日米修好通商条約」が調印され、同様の条約がオランダ、ロシア、イギリス、フランスとも、次々に結ばれる。

国内では、幕府の開国政策への批判を封じる「安政の大獄」と呼ばれる大弾圧が始まり、その反発が大老井伊直弼の暗殺（桜田門外の変）につながる。薩長土肥の西南雄藩や朝廷のさまざまな動きが倒幕の方向を強め、1867（慶応3）年10月、第15代将軍徳川慶喜は大政奉還上表を朝廷に提出する。1868年1月3日「王政復古の大号令」が出され、新政府が動き始めるが、旧幕府軍と新政府軍の戦い（戊辰戦争）は、翌年6月の五稜郭開城による箱館戦争終結まで続く。1868年4月6日「五箇条のご誓文」が出され、10月23日には「明治」と改元し、一世一元の制を定める。1869（明治2）年7月25日、版籍奉還され、1871（明治4）年8月29日、廃藩置県の詔書で3府302県ができる。1873（明治6）年7月28日、地租改正条例布告。1876（明治9）年8月5日、金禄公債証書発行条例（秩禄処分）により、武士は消滅する。

このような幕末の倒幕から明治政府による天皇制体制への転換の一連の動きが明治維新であり、これによって近代日本がスタートした。明治維新は小説やドラマに数多くとりあげられ、誰もが知っている史実である。しかし、なぜこのような大変革が実現したのか、必ずしも明らかになっていない。短期間にめざましい「近代化」を遂げた世界に類例のない明治維新という革命を、何ら特定の「原因」なしに多くの要素の相互作用だけで大きな変化が生じる「複雑系」ととらえて研究することを提案する歴史家もある［1］。

日本における保育施設は、このようにして生まれた近代社会において始まった。幼稚園がいち早く国家の仕事として着手され普及し、保育所的保育施設がさまざまなかたちで民の側から生まれた。この時期の保育施設の誕生のあり方は、幼保二元体制など、その後今日までの日本の保育の歴史に影響をおよぼしている。

日本の保育の歴史を評価するためには、保育施設のはじまりについて諸外国のそれがどうであったか、比較保育史のアプローチが必要となろう。本章ではその前提として、日本の保育施設のはじまりの事実をできるかぎり明らかにすることに努めたい。

第1節　幼稚園の誕生

江戸時代の養育施設は、大原左金吾の「養育の館」構想、佐藤信淵の「慈育館」構想、津山藩の「育子院」計画などの記録が残っているが、幼稚園などの近代的保育施設に関する西洋情報は受容されていなかった。

(1) 幼稚園の嚆矢

日本の近代的教育は、1872（明治5）年、学制の布告によって始まる。その第22章にはフランスの「育児院」を模して「幼稚小学」が盛り込まれたが、実態化をみなかった。

京都ではそれに先んじて1869（明治2）年5月21日に、日本で最初の小学校として上京第二十七番組小学校（のちの柳池小学校）が開校した。[*1] 竈金制度や篤志家の醵金によって寺子屋に替わる新しい学校を創設するなど、[*2] 地域の人材を育成することに高い意識をもっていた地域的基盤を背景に、1875（明治8）年、幼児の保育機関設置の議が起こる。そして、同年12月に柳池小学校舎東棟の一部に「幼稚遊嬉場」が設置される。

この情報はどこから受容されたものなのだろうか。文部省刊行の『文部省雑誌』[*3] において1876年から79年にかけて東京女子師範学校附属幼稚園の創設とかかわって海外の幼稚園情報が数多く紹介されている。そのなかで1875年までに掲載されているものは、「幼稚園ノ説」（1874年第27号、12月28日）と「幼稚園、児童看護舎、幼稚学舎、改良舎、右四舎ノ略記」（1875年第3号、2月14日）の2点のみであり、前者は「日本で最初の本格的なフレーベル主義幼稚園の紹介として、また「幼稚園」という言葉を用いた最初の事例として注目されるものである」〔2〕という。

さらに、後者は「原典は不明だがドイツ教育書の適訳とされるもの」で、「フレーベルの発明になる「幼稚園」、貧民の幼児を対象とする保育所（「児童看護舎」）、イギリスなどで数多く設置されている幼児学校（「幼稚学舎」）、児童矯正施設としての「改良舎」が紹介されている」〔3〕という。

「幼稚遊嬉場概則」によると、ここで紹介された「幼稚園」ではなく、ゲルマン地方に複数存在する学齢未満児を対象とした「幼稚遊嬉場」[*4]という名称を用いており、幼児が「遊嬉中」において「英才ヲ養」うという

＊1　明治に入ると京都は上京・下京のそれぞれに番組（学区）という行政区画が新たに定められその番組ごとに小学校が創設されたため、番組小学校と呼ばれた。第二十七番組小学校の設立趣旨および間取り図によると、学校を単に教育を施す場所というだけでなく、組内自治の中心として、民衆の集会の場所、消防（学校火消し）や町を警邏する見廻組の屯所にも充てて、自治会所の機能を兼ね備えた機関としてとらえていたことがみえてくる。地元の目の届くなかで子どもたちは学校生活を送っていたのである（『柳池校七十年史』京都市柳池国民学校京都市柳池町内会連合会、1942）。その後、1872（明治5）年5月に上京三十校と改称、翌年9月28日には新校舎に移転し、所在地が柳馬場御池だったため「柳池校」（雅号）と名づけられた。

＊2　「禁門の変」後に京都再生のために恣意的に編成された町組であったが、民官一体かつ民意を鼓舞した策、すべての家から平等に資金を集める仕組み（竈金制度）を導入することで、64校もの番組小学校を創設、自主運営した。福澤諭吉も「理想とする学校づくりが町衆の力で行われている」と絶賛している（『京都学校の記』）

＊3　1873年から刊行された教育情報誌。1876年より『教育雑誌』に誌名変更。

＊4　概則の文中表記では「数所ノ遊戯場アリテ」とされているが、概則表題の「遊嬉場」を用いた。

特徴をとらえて呼称化したものとなっている。

資料　幼穉遊嬉場概則　上京第三十区

側ニ聞、五洲中文運隆盛ヲ以、称セラル、日耳曼地方ニハ大小庚ノ外、数所ノ遊戯場アリテ学齢未満ノ稚児ヲ出シ、遊嬉娯楽ノ中ニ於テ発明ノ能カヲ誘導シ、他年就学ノ基ヲ立テ、女師ヲシテ之レヲ教育セシムト。其方法ノ善良ナル未悉サスト雖モ、洵ニ羨思スル所ナリ。而我柳池校ノ若キ維新以還、本邦小学ノ嚆矢ニシテ、其設ケ府下六十有余校ニ先チ、従テ成業ノ徒モ多ク、嘗テ府庁ノ恩賞ヲ蒙リ区内ノ栄トスル所ナレバ、猶注意ヲ加ヘサルヘケンヤ。彼我制ヲ異ニスル所アリ。教育ノ方法未ダ備ラサレトモ、其一端ヲ挙ゲ以他日ノ大成ヲ俟ツ。概則左ノ如シ。

一、下等小学教育方ノ大概ヲ知リ得タル老実ノ婦人一名ヲ傭ヒ教師トス。

一、校内ノ一隅ヲ以テ嬉戯場トナシ稚児ノ学齢ニ至サル者ハ年齢ヲ問ハス、陌頭街上ノ遊ビニカエ、此ニ入　シ或ハ兄弟或ハ姉妹乳母モ保伝モ共ニ来テ随意ニ遊戯シ、然シテ教師ノ指揮ニ従フベシ。

一、稚児教育ノ法ニ於テ其宜ヲ得ル極メテ難シ。課業ヲ設クレバ厭苦倦却ス。旦稚児ノ性タル、定意ナク多時一所ニ居ルヲ欲セズ。故ニ課業ヲ設ケズ。勤情ヲ問ハズ、進退出欠モ亦之ヲ制セズ。

一、稚児ノ発オヲ誘導スルハ玩具ニアルノミ。有益ノ具ヲ弄セシメ、而教師之指示シ、日何、日何ト稚児ヲシテ聲ニ応ゼシメ、随ヒ示シ随ヒ応ジ、数回之レヲ行ヒ記得スルニ至テ亦他品ニ遷ル。其齢ノ漸ク進ムニ従テ、少ク言語ヲ解セバ品物ノ功用ト性分トヲ講釈シ、児ノ見聞ヲ宏ニス。

一、場中布置スベキ玩具之レヲ大ニ備ント欲セバ、天造ト人工トノ種類タダ数百品ノミナラズ。之ヲ少ニセバ教育ノ功鮮シ。於是聊斟酌ヲ加ヘ給与スル所如左

一　立方形小片木幾百箇
　家屋城楼等ヲ模造シ発オヲ試ルノ具トス

一　平方形ノ小木牌幾百箇
　単語図ノ如キ草木鳥獣ヨリ食物器財ニ至マデ一枚一図ヲ画シ五十音図モ有ベシ云何ヲ諭スノ具トス

一　賢人名媛ノ行跡ヲ図画セル絵本又小学入門ノ如キ、品物ノ形似ヲ知ルベキ絵本幾十冊
　稚児ハ絵ニ就テ目ヲ怡バシメ教師傍釈ヲ加ヘテ実事ヲ知ラシムルノ具トス

右斉整ニアラズト雖モ群児ノ街頭ニ瓢遊シ、鄙野ノ悪弊ヲ被ムルナク所謂遊嬉中ニ於テ英才ヲ養ヒ、庶幾クハ他日勉学ノ基トナランカ。尚之ヲ実際ニ施シ而後欠漏ヲ補フベシ。

明治八年十二月　　　　　　　　　　柳　池　校

（傍線部筆者）

「群児ノ街頭ニ瓢遊シ鄙野ノ悪弊ヲ被ムル」（子どもたちが街にたむろすることで低俗な文化にさらされる）ことのないように「遊嬉中ニ於テ英才ヲ養ヒ庶幾クハ他日勉学ノ基」（遊びを通して知識を養い後の勉学の基礎）をつ

くりたいと考えていたということである。これは、「小学ノ嚆矢」（小学のさきがけ）である柳池小学校の存在への誇りと、そこへの階梯としての幼稚遊嬉場という一貫した構想とみてとれる。

また、「稚児ノ性」として幼児期の特性をとらえた上で、「稚児ノ発才ヲ誘導スルハ玩具ニアルノミ」と玩具を用いた遊戯によって誘導しようとしたことに着目したい。配置するべき玩具としてあげられた「立方形小片木幾百箇」は、草創期の東京女子師範学校附属幼稚園において「建方」（積木）として扱われていた恩物である。当時、京都府には外国人教師としてドイツ人ルドルフ・レーマン（Lehmann, R.）が雇用されており、京都府はレーマンとの間に「学校用書籍並小児遊戯器具」をドイツから取り寄せる旨の結約書を交わし、1877年にはドイツの玩具をもとに「児童教育上有益ノ玩具」の製造・販売をおこなうことになったという。レーマンは、「日耳曼地方」のフレーベルの幼稚園についての情報をアメリカ経由ではなく直接的にもたらしたのかもしれない。

「幼稚遊嬉場」は、1878（明治11）年ころには廃止に至ったが、次に述べるような官立という形態ではなく、一定の教育的目的をもって、しかも民衆のなかから生み出された幼稚園が存在した意味は大きいといえよう。

図1　柳池幼稚園の記念碑（京都市中京区御池中学校敷地内）

（2014年9月4日撮影）

（2）官立の幼稚園誕生

日本の幼稚園史において正史として最初に開設されたのは、東京女子師範学校附属幼稚園である。単に歴史的に存続しただけでなく、その存在がもたらした意味をも含めて幼稚園史の端緒を切り開いたといえる。

１８７１（明治４）年に岩倉使節団として派遣された欧米教育視察において、幼児教育に強い関心をもった文部大輔（たいふ）田中不二麿は、１８７３（明治６）年３月に帰国したのち、小学校就学の基礎としての幼稚園設立に尽力した。田中が１８７５年７月に太政大臣三条実美宛に提出した「幼稚園開設之儀伺」は、小学校教育を進めるための「就学ノ階梯」「教育ノ基礎」として幼稚園を創設したいというものであったが、これは聞き入れられず同年８月25日に「幼稚園開設ノ儀再応伺」を提出した。それは、「教師ヲシテ専ラ扶育誘導セシメ」（教師が導き育て）、「遊戯中不知々々就学ノ階梯ニ就カシムルモノニシテ」（遊戯のうちに知らず知らずに就学につながるものであり）と幼稚園創設の意義を主張するものとなっている。

また、「女子師範学校内建家兼用致シ当分ノ内費用等概校補助金ヲ以弁償可致候」として、建物も費用も女子師範学校内で賄うことによって、文部省からの支出を要さないことを強調している。この結果９月13日に設立許可が下り、文部省によって同月15日に東京女子師範学校附属幼稚園の開設は布達されたのである。

かくして１８７６（明治９）年11月16日に東京女子師範学校附属幼稚園は初代監事（園長）を関信三[*5（85ページ）]（1843-1879）、主席保姆をドイツ人松野クララ（1853-1941）として開園するはこびとなった。初代保姆は、豊田芙雄[*6（85ページ）]と近藤浜であった。豊田と近藤らは、関の通訳によって松野の教えを受けながら保育の精神を学んだ。11月16日付で、東京府学務課から文部省に以下の照会があった。

本年第五号ヲ以御布達有之候幼稚園開設之義ニ付テハ、兼テ御当府モ目論見中ニ有之候間、為参考規則書一部御下府相成度此段及御照会候也

これに対し、11月28日に文部省学務課より回答があり、別紙「仮定之規則及時間割表」をまだ不十分な仮の段階であることを認めた上で了承している。[*7]

これによると、幼稚園の目的として「天賦ノ知覚ヲ発達シ固有ノ良心ヲ啓発セシムル、身体ヲ自由ニ運動シ強固健全ナラシムル、慈母教保ノ及ヒ難キ所ヲ補綴シ不良ノ慣習ニ浸染セシメザル」という3要旨を規定しており、対象年齢は「満3年以上満6年以下」、保育料は「一ケ月一人ニ付金弐拾五銭」(「貧窮ニシテ納金スル能ハザルモノハ其旨申出ベシ」)、在園時限は「一日凡六時間トス」とされている。保育内容は「遊戯、運動、談話、唱歌、開誘」とされているが、この「開誘」について、豊田芙雄は、「その時は幼稚(当時は幼児のことを幼稚という)は教育とは云わず、教育という心にならず保育に専ら心を用いたのです。教導もしないで開誘すると云いました。これを精神に入れて皆様とお互いに保育開誘一方でやったわけでございます」[4]と開設当初を回想している。「開誘」という概念が、まさにその後の「保育」を想起させるかのようである。

その後1877(明治10)年6月に改正された「附属幼稚園規則」は、目的をさらに修正して以下のように5つ併記している(数字は筆者)。

①天賦ノ知覚ヲ開達シ　②固有ノ心思ヲ啓発シ　③身体ノ健全ヲ滋補シ　④交際ノ情誼ヲ暁知シ　⑤善良ノ言行ヲ慣熟セシムルニ在リ(第1条)

また、保育内容は、「仮定乃規則」の5科目から、「物品科」「美麗科」「知識科」の3科目となり、[*8] 子目に「五彩球ノ遊ヒ、三形物ノ理解、貝ノ遊ヒ、鎖ノ連接、環ノ置キ方、粘土細工、木片ノ組ミ方、紙片ノ組ミ方」などの25項目があげられている。恩物が具体的に整ってきたことがわかる。

その後、1878年2月の改正では、保育料が1か月25銭から50銭にあげられ（第8条）、当初あった貧困家庭に対する保育料の免除措置も廃止された。1か月50銭の保育料は、当時の公立小学校授業料の最高額に匹敵するもので、入園者を上流層の子女に限定することになったのである。

＊5 ドウアイ（A. Douai）『幼稚園記』全3巻（1876年）と「付録」（1877年）の翻訳出版をはじめとする外国文献の翻訳、『幼稚園創立法』や『幼稚園法二十遊嬉』の執筆などを含め、はじめての幼稚園運営に尽くしながらも志半ばの36歳に病死。湯川嘉津美『日本幼稚園成立史の研究』風間書房、2001に詳しい。また、国吉栄『幼稚園誕生の物語「諜者」関信三とその時代』平凡社、2011においては、諜者としての関信三と幼稚園黎明期にもたらした彼の功績について記述されている。

＊6 豊田芙雄（1845-1941）は、1875年東京女子師範学校設立にともない四等訓導「読書教員」として採用された。翌年、同附属幼稚園開設のため保姆として鹿児島女子師範学校附属幼稚園の開設（1879年）にあたり着任して尽力した。豊田については前村晃、高橋清賀子、野里房代、清水陽子『豊田芙雄と草創期の幼稚園教育』建帛社、2010、第8章に詳しい。

＊7 『東京都教育史第1巻』167頁。1876年「仮定之規則及時間割表」については、『東京教育史資料体系』第3巻、127～128頁。

＊8 保育内容3科目「物品科」「美麗科」「知識科」は、フレーベルの恩物による表現の三形式を踏まえたもの。湯川前掲書、221頁。

（3）幼稚園普及の低迷と簡易な幼稚園

東京女子師範学校附属幼稚園の創設の後、1879（明治12）年2月に鹿児島女子師範学校附属幼稚園が、同年5月には大阪府立模範幼稚園が、6月には宮城県仙台区木町通小学校附属幼稚園が設立された。このうち、木町通小学校附属幼稚園は、同校の教員ら有志の寄付金によって設置にいたったが、いずれも東京女子師範学校附属幼稚園に倣って設立された。全国的に幼稚園の創設やそれにむけての動きはみられたものの、その普及はままならなかった。

このころの社会において「幼稚園」なるものが理解されるのは容易ではなかった。大阪市に開設された町立愛珠幼稚園の開設（1880年3月15日）のころの様子をみると、幼児72人で24人を一組として3人の保姆で保育を始めたところが、1週間ほどの間に願書を返せと、つぎつぎ退園したため、理由をたずねると唱歌を讃美歌と勘違いし、耶蘇教（キリスト教）であるとの誤解によるものであったこと、保姆たちは誤解を解くために一軒一軒説明してまわったことが記されている[5]。

幼稚園の普及がままならないことから、文部卿代理九鬼隆一は、各府県学務課長および学校長宛の示諭（1882年）において、「富家ノ子ニアラサレハ之ニ入ルコト能ハサルノ感アラシム然レトモ幼稚園ニハ又別種ノモノアリ」とし、「別種ノモノ」の説明として以下のように述べている。

都鄙ヲ論セス均シク之ヲ設置シ貧民力役者等ノ児童ニシテ父母其養育ヲ顧ミルニ暇アラサルモノ皆之ニ入ルコトヲ得ヘキモノトス此種ノ幼稚園ニ在リテハ編成ヲ簡易ニシ唯善ク幼児ヲ看護保育スルニ堪フル保

姆ヲ得テ平穏ノ遊嬉ヲナサシムルヲ得ハ即チ可ナリ〔6〕

つまり、簡易な幼稚園（貧民幼稚園）の普及をうながすことによって、富裕層対象のイメージが強い幼稚園を「貧民」や労働者層の子どもにまで広げようとしたのである。しかし、小学校の整備が大目的であったこともあり、どの市町村でも「貧民幼稚園」としての簡易な幼稚園の設置への動きはみられなかった。

示諭に示された貧困層を対象とした簡易幼稚園の要請に応えたのは、女子高等師範学校附属幼稚園分室（1892年9月開設）である。この「分室」は、日本ではじめて「貧民力役者等の児童」のためにつくられた保育料無償の公立幼稚園である。[*9] 「分室」の意義について、宍戸は以下のように述べている。

「分室」においては、それまで「知識学校」を象徴していた恩物は「手細工」とされ、その保育時間割に占めた比重を縮小させるとともに、代わって「随意遊戯」がその地位を占めるようになった。「随意遊戯」が重視されるようになってきたのは、日本の幼児教育がようやく、日本の子どもの生活に根をおろしはじめた証拠ではあるが、それは同時に道徳主義の傾向をもたせられるという危険を含むものであった。

*9 「分室」の設立については湯川前掲書に、保育実践については宍戸健夫『日本における保育園の誕生』新読書社、2014（83~123頁）に詳しい。幼稚園門内にある供待所を改修して保育室とし、保育時数は週33時間以上43時間以下、異年齢混合学級。簡易幼稚園の模範となった（お茶の水女子大学附属幼稚園編『お茶の水女子大学附属幼稚園創立140周年記念誌』2016、25頁）。

「随意遊戯」において「長ハ幼ヲ愛シ幼ハ長ニ従イ秩序整然トシテ情意自ラ和」す状態が期待されたのである[7]。

一方で、文部省は1884（明治17）年2月15日の達（第3号）において、学齢未満児の小学校就学を禁じたため、小学校内に保育科を設置する形態の簡易幼稚園が各地で普及した。その内実は、施設・設備のようなものではなく、恩物や遊嬉に読み書き算を加えた、小学校の課程を簡易にしたプレスクールのようなものであった。つまり、示諭によって示された簡易な幼稚園は、学齢未満児の就学者対策という、九鬼の思惑とは別の観点からその設置が検討されることになったのである。

文部省内でも、九鬼のような貧困層にむけた子守児童の就学促進対策というとらえ方がある一方で、文部大輔田中不二麿のような「就学ノ階梯」として、つまり小学校への就学準備教育の場としてのとらえ方まで、認識の幅は広かったのである。

（4）「幼稚園保育及設備規程」制定の意味

1886（明治19）年の小学校令のなかには、幼稚園についての規定は盛り込まれなかったが、1890（明治23）年の第二次小学校令では、市町村は幼稚園を設置できることのほか、設置義務、就学義務以外は小学校令を幼稚園に適用できることが定められた。それにともない、保姆の資格や養成についての法的整備も進められていった。

大阪府の公立幼稚園数は、1892（明治25）年には新設も含めて38園となり、全国的にみてもっとも公立幼稚園の多い地域となった。1890年代には全国的に幼稚園の設置が進んだが、[*10]日本に幼稚園が創設されてから20年経過した1896（明治29）年において全国の幼稚園数は223園[*11]であり、大阪府41園、東京府40園、京都府26園、岡山県10園など増設の早かった一部を除くと、各県の園数はまだ普及の勢いではなかった。

東京女子高等師範学校がおこなった全国の幼稚園調査によると、1892年現在、公立幼稚園のほとんどが小学校附属として設置されていたこと、1か月の保育料は東京では50銭から1円程度と高いが、15銭から25銭、5銭という園もあるように差があること、1週あたりの保育時数は多い園で31時、少ない園で14時であるが、おおむね20時前後であること、幼児の在園年限は1年から2年未満が大半であったこと、家長の職業としては官吏と商業が圧倒的に多く、農業や力役者の数はわずかであったことなどが見えてくるという。[*12]このように当時の幼稚園の実態は、就学への準備教育を担うことを主たる目的としながらも、きわめて多様であったといえよう。

そのような状況のなかで、1899（明治32）年6月文部省令第32号「幼稚園保育及設備規程」が公布され

---

*10　1890年公布の第二次小学校令施行後、1892年のみ前年度より減じているのは、小学校令の施行にともなって小学校整備の影響をうけて小学校付設の幼稚園あるいは保育科が整理廃止されたためである（湯川嘉津美『日本幼稚園成立史の研究』風間書房、2001、346頁）。

*11　223園の内訳は、官立1園、公立163園、私立59園。

*12　東京女子高等師範学校が全国の120あまりの幼稚園に調査票を送付、回答は47園（湯川嘉津美前掲書、347頁）。

た。幼稚園の目的、編成、組織、保育内容、施設設備について総合的に規定したものとしては、これが日本で最初の総合的な法規[*13]である。この規程公布の背景として、保育研究団体の結成や建議などの活発な幼稚園制度改善の要求運動があったことは大きな誘因となった。１８９６年４月には全国的な組織としてフレーベル会が、翌年には京阪神聯合保育会が設立された。[*14]フレーベル会を筆頭に全国各地の保育会から「幼稚園制度ニ関スル建議書」が文部大臣に提出され、幼稚園に関する規程の制定要求が高まっていった。

資料　幼稚園保育及設備規程（文部省令第32号）（抄）

第一条　幼稚園ハ満三年ヨリ小学校ニ就学スルマテノ幼児ヲ保育スル所トス
第二条　保育ノ時数（食事時間ヲ含ム）ハ一日五時以内トス
第三条　保姆一人ノ保育スル幼児ノ数ハ四十人以内トス
第四条　一幼稚園ノ幼児数ハ百人以内トス特別ノ事情アルトキハ百五十人マテ増加スルコトヲ得
第五条　保育ノ要旨ハ左ノ如シ
一　幼児ヲ保育スルニハ其心身ヲシテ健全ナル発育ヲ遂ケ善良ナル習慣ヲ得シメ以テ家庭教育ヲ補ハンコトヲ要ス
（略）
第六条　幼児保育ノ項目ハ遊嬉、唱歌、談話及手技トシ左ノ諸項ニ依ルヘシ
一　遊嬉

遊嬉ハ随意遊嬉、共同遊嬉ノ二トシ随意遊嬉ハ幼児ヲシテ各自ニ運動セシメ共同遊嬉ハ歌曲ニ合ヘル諸種ノ運動等ヲナサシメ心情ヲ快活ニシ身体ヲ健全ナラシム

二 唱歌

唱歌ハ平易ナル歌曲ヲ歌ハシメ聴器、発声器及呼吸器ヲ練習シテ其発育ヲ助ケ心情ヲ快活純美ナラシメ徳性涵養ノ資トス

三 談話

談話ハ有益ニシテ興味アル事実及寓言、通常ノ天然物及人工物等ニ就キテ之ヲナシ徳性ヲ涵養シ観察注意ノ力ヲ養ヒ兼テ発音ヲ正シクシ言語ヲ練習セシム

四 手技

手技ハ幼稚園恩物ヲ用ヒ手及眼ヲ練習シ心意発育ノ資トス

（以下略）

文部省は、前述したように多様な幼稚園が設置されている実情から、弊害のない有益な施設としての基準を示したのである。つまり、「心身の健全なる発育と善良なる習慣を身につける」ことによって「家庭教育を補

＊13　府県によって幼稚園の設置、廃止を規定する規則があり、1891年11月17日文部省令第18号では幼稚園に関する規則も制定された（「幼稚園図書館盲唖学校其他小学校ニ類スル各種学校及私立小学校等ニ関スル規則」）。地方により情況が異なる幼稚園を同一の規定で律することは難しいとの理由が述べられている（規則理由書）。

＊14　1889（明治22）年には全国に先駆けて京都市保育会が組織された。

うこと」を保育目的（第5条）とし、保育方法としては「幼児の心身の発達に適応しにくいものやことを無理やりさせず」（第5条）、「満3歳から小学校就学まで」（第1条）の対象年齢の幼児を「食事時間を含む5時間以内」（第2条）で保育すること。その保育内容は、「遊嬉、唱歌、談話、手技の4項目」（第6条）であること。さらには、クラス規模として「保姆一人の受け持つ幼児数は40人以内」（第3条）とし、幼稚園の「規模は原則100人以内」（第4条）、建物は「平屋造として保育室、遊嬉室、職員室等を置く」（第7条）こと、保育室は「幼児4人について3・3平方メートル以上」（第7条）であり、保育設備として「恩物、絵画、遊嬉道具、楽器、黒板、机、腰掛時計、寒暖計、暖房器具等を備えること」（第7条）などの条件があげられた。これらのうち、目的規定、対象年齢、クラス規模は、のちの幼稚園令にも受け継がれていく。

この「幼稚園保育及設備規程」制定は、幼稚園が簡易な幼稚園（貧民幼稚園）を排除して教育施設であることを制度化したものであり、中上流層に適合する幼児教育機関であることを示すとともに、その後の幼稚園と託児所（保育所）が二元化する岐路となった。

一方で、この「規程」は幼稚園の発展の追い風をめざすものでもなかったと評価されている。文部省普通学務局長沢柳政太郎は、この「規程」制定の推進者であったが、「…幼稚園の設備は如何にする、人数を制限する、時間を規定するといふことで寧ろ、濫設を防ぐという消極的の方面に関する事項であった」と、そのねらいが濫設を防ぐための取り締まりに過ぎないことを表明している。このように、幼稚園奨励については国の消極姿勢が見える一方で、「規程」の制定によってその後の幼稚園の基本的性格が示されることになったのである[8]。その結果、幼稚園は、「東京女子師範学校附属幼稚園にならって開設される各府県の師範学校付属幼稚園を範とし、園制の比較的整った公立小学校付設幼稚園という形」[9]で次第に開設されていった。

明治後半期に幼稚園が漸増していくなかで[*15]、幼稚園教育独自の意義はどのように考えられていたのだろうか。1913（大正2）年の『婦人と子ども』誌上で、東京女子高等師範学校教授槇山栄次と同附属小学校主事日田権一による論争がおこなわれている。これによると、20世紀初頭、集団保育の独自の意義に目をむけられるようになったものの、家庭教育と幼稚園教育とは概念的に未分化の状態にあり、両者の発展は統一的に理解されていたといえよう。それゆえに幼稚園の保育目的も、「家庭を補う」という表現が用いられていたのである。

第2節 保育所的保育施設

前節で述べたように「幼稚園」は、明治初期に「官」の主導で始まり普及した。一方、労働の必要や貧困のゆえに、十分な育児ができない家庭の乳幼児を対象とする施設が、さまざまなかたちで、主として民間の力で誕生した。これらの一部は「幼稚園」として設置されたが、大部分は、制度上の根拠のないものであった。これらは、児童福祉法（1947年）により制度化された「保育所」の源流といえる。名称はさまざまであったが、本書ではこれらを「保育所的保育施設」と呼ぶ。

明治期に誕生した保育所的保育施設には、子守学校に付設された施設、工場託児所、貧困家庭児を対象とす

*15 とくに私立の増設により、1890年くらいまでは公立が私立の3倍ほどの比率であったものが、1909（明治42）年には私立（234園）が公立（208園）を凌駕する。

る幼稚園、農繁期託児所、戦時保育施設、とさまざまなタイプのものがあった。本節では、これらについて述べていきたい。

（1）キリスト教宣教師の初期の活動

横浜開港（1859〔安政6〕年）にあたり、幕府は外国人相手の公娼（ラシャメンと呼ばれた）を用意した。このラシャメンと外国人の間に生まれた混血児の問題への対応のために、1871（明治4）年に開設されたのが「亜米利加婦人教授所（The Woman's Union Home）」である。

当時、アメリカ合衆国では社会問題解決のための幼稚園運動が展開され始めていた。横浜在留の宣教師から混血児問題の実情が本国に訴えられ、本国から3人の婦人宣教師が派遣され、幼児の保護と教育を目的としてこの施設が開設された。ただ、実際にはじめてみると混血児問題はそれほど大きな問題ではないこと、当時にあっては幼児を集めることも難しいといった事情により、翌年の末には、宣教師の活動は女子教育の道に進んだ（横浜共立女学校設立）。このように保育施設としては短命ではあったが、早い時期のとりくみとして注目しておきたい〔10〕。

（2）子守学校と付設の保育施設

1872年の学制の公布により、各地に小学校が設立された。しかし、男女の就学率の差は大きく、187

3年の就学率は男子が39・9%、女子は15・1%で、10年後の1883(明治16)年でも男子の69・3%に対し女子は35・5%にとどまった[11]。

要因の一つとして、貧困家庭の子どもは6、7歳ごろから、弟妹や、よその家庭の乳幼児の子守をしているため、学校に来られないという事情があった。このため、子守自身の教育をめざした「子守学校」の開設の動きが各地で出てくる。『文部省年報』には、1875年に堺県(現在の堺市)で、1876年に大阪府で、1879(明治12)年に山形県で子守学校開設のとりくみが報告されている[12]。また、1874(明治7)年に長野県伊那郡で、1876年に新潟県南魚沼郡でも開設されていたという指摘もある[13]。どのような学校だったのか、具体的な内容は明らかでないが、子守学校は明治7、8年ごろに全国各地で設立が始まり、明治20年代には58校、明治30年代には全国30県以上で145校が開校した[14]。

①渡辺嘉重の子守学校

茨城県猿島郡小山村(現在の坂東市)に1883年、小学校教員だった渡辺嘉重(わたなべよししげ)(1858-1937)が設置した小山村子守学校については、渡辺自身が記した『子守教育法』によってその考え方を知ることができる。設立趣意のなかで渡辺は、子守は群れをなして野原や街中で遊びまわり、背中におぶった乳幼児を泣き止ませる以外の仕事がなく、本来は「人の萌芽」である乳幼児の成長や発育を助ける「園丁(庭師)」であるべきなのに、このままでは乳幼児の成長を害し発育を妨げかねないとして、子守を教育する学校を設立した、という趣旨のことを述べている(以下、読みやすいよう筆者が句点を打ちルビをふった)[15]。

図２　『子守教育法』趣意の冒頭

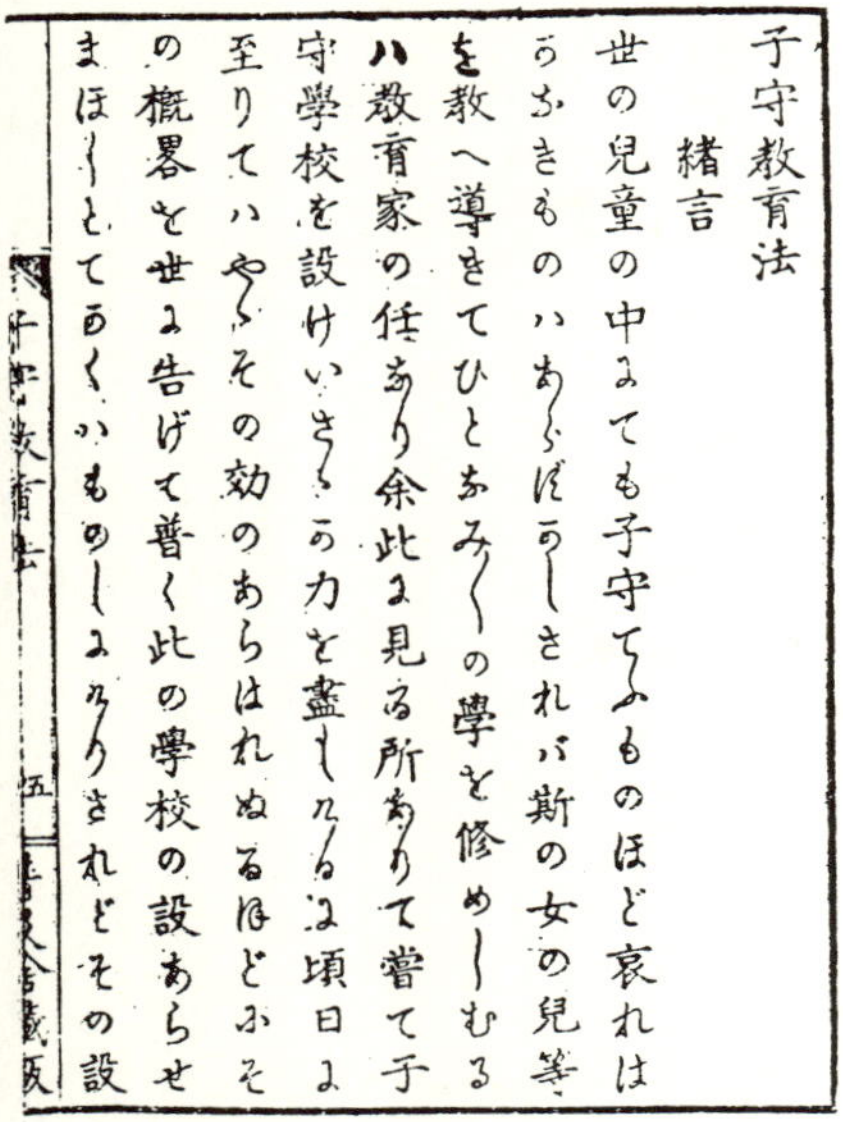

子守教育法

緒言

世の児童の中にても子守てふもののほど哀れはなきものはあらざりしされば斯の女の児等を教へ導きてひとかどの學を修めしむるは教育家の任なり余此に見る所ありて嘗て子守學校を設けいさゝかの力を盡したるに頃日に至りてはやうやうその効のあらはれぬるほどなそその概畧を世に告げて普く此の學校の設あらせまほしとてかくはものしになりされどその設

資料　子守教育法　渡邉嘉重著

第一章　子守学校を設くるの趣意

國家の民をして一人も不學の人なからしめ、之をして同等の自由と同等の幸福とを享けしむるは斯の教の精神なるに、未開人民の間には動もすれば教育のかくまでに必要のものたることを悟らざる輩ありて、殊に夫の「こもり」てふ者の如きは啻（ただ）に斯の愛たき教育を受けざるのみならず、朝より暮に至るまで三五群を成して、或は郊野に出、或は街頭に歩し、而して其の背上の嬰児の啼を止むるの外、別に為すべきの務なきより、漸く終る厭ふべく賤むべき悪き戯に日を終ふるの風をなし、その餘習漸く傳はりて跡を絶つの期なく、毒を社會に流すの源をなすあらんとす

請ふ想ひ見よ嬰児は人の萌芽にして成長の後、之をして大なる材とならしむると否とは一に此の期の培養如何に在り、而して保婢は則此の萌芽を護り、又其の培養の功を助くる園丁なり、夫園丁にして自園丁たるの藝術を修むるなくば焉ぞ萌芽の成長を害し、発育を妨ぐるなきを期すべけんや。之を余づ此の學校を設くるの趣意とす……（後略）

図3　子守学校の校舎の図

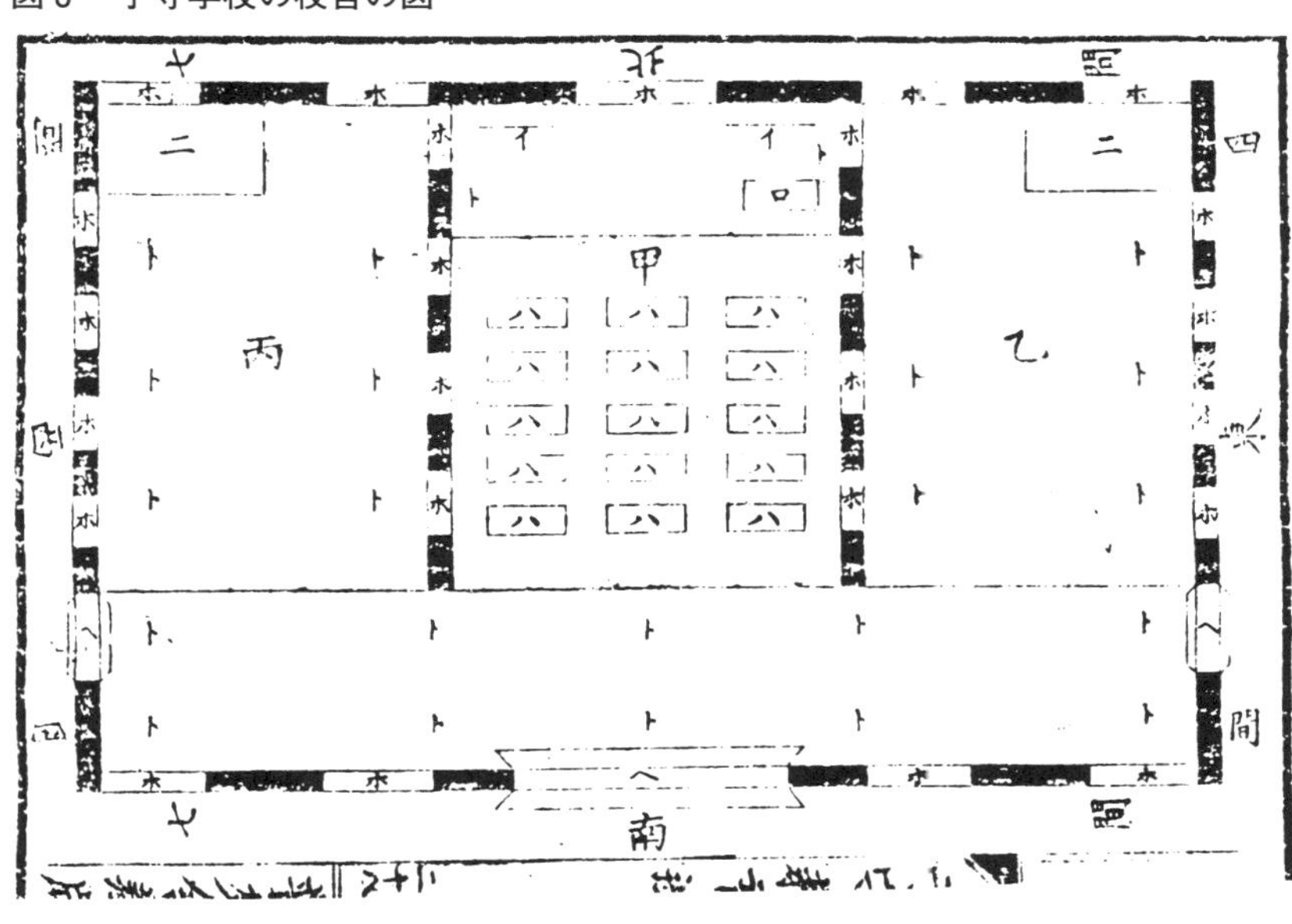

4、5人の子守を学校に集めて講話したところ、子守たちは感じ入り、その後毎日来るようになったことから、賛同者から寄付を集め、50人あまりの子守生徒を集めて子守学校を始めたという。ほかの学校と異なり、乳幼児を連れてくるため、「幼稚園を兼ねる」ものとし、学科も簡易な初歩を教えることとした。

渡辺は、子守学校の校舎の計画についても述べている。施設については実際にできたものではなく、理想を述べたものとの指摘もあるが[16]、中央に子守を教える「教場（甲）」があり、それをはさむように、2歳以上6歳未満の幼児が玩具で遊びながら過ごせる「遊戯室（乙）」と、2歳未満の乳児を眠らせる「鎮静室（丙）」を置いた。教場との間には窓があり、隣室の様子をうかがい知ることができる。専任の保育者がいるわけではないため、乳児が寝ている間や2歳以上児が玩具で遊んでいて手があいた子守を選び、教場で学科を教えるという想定だったようだ［17］。

子守学校は、明治40年代に減り始め、昭和期にはほとんどなくなった。理由として財政難や教員不足、渡辺のような熱心な個人がいなくなることなどがあげられる。小山村子守学校も、渡辺の転勤により、1年1か月で閉校になってしまった［18］。しかし、全国の子守学校の取り組みは、子守への教育だけでなく、乳幼児保育の先駆けということができ、この時期の保育施設の発達を促進したと評価することもできる［19］。

②赤沢鍾美による学校付設の保育施設

実際に、子守学校的な施設から保育園へ発展した事例がある。新潟市で教員をしていた赤沢鍾美（あかざわあつとみ）（1864-1937）が、私塾「新潟静修学校」に併設した保育施設だ。子守をしながら通う生徒が授業に集中できるよう、乳幼児を別室に集め、専任の女性保育者が保育を始めた。私塾を開設したのは1890年とされ、「新潟市静修学校内に於いて貧困者の幼児の保育を開始した」ことが、日本初の幼児保育事業だと、大正時代に発行された内務省の『本邦社会事業概要』に記述されており［20］、定説となっているが、実際に保育を始めた年は定かではない。*16

図4　赤沢鍾美夫妻

（赤沢美治『略年譜　守孤扶独幼稚児保護会』より転載）

筆者は新潟市に現存する赤沢保育園を2014年に訪ね、鍾美の孫で園長の赤沢美治に取材した［21］。美治によれば、鍾美は小学校の臨時教員だったが、学校に行けない貧しい子どもたちを夜間教える個人教授もやっており、臨時教員の給与が削減されたのを機に、自宅に私塾を開設したという。塾に通ってくるのは、生活が苦しい家庭の子どもたちで、幼い弟妹や、奉公先の幼い子どもをおぶって子守をしながらやってくる10歳前後の子どもが目についた。そこで、鍾美の妻ナカや親戚の女性たちが、別室で幼児の預かりを始めたらしい。残念なことに当時の資料類は、1964年の新潟地震で建物が被災し、ほとんどが失われてしまったという。

1891（明治24）年の新潟県の就学率は39・4％で、沖縄、鹿児島、青森に次いで低かった[22]。私立校は1882（明治15）年当時でも新潟県内に88校あったとされ[23]、公教育の不足分を、これらの私塾が補っていたとみられる。

静修学校の周辺は旧市街の中心地で、かつては長屋が立ち並ぶ繁華街だった。商業も盛んで、保育ニーズは高かったという。美治によると、静修学校は火事なども あり近辺を何度か移転したが、新しく校舎と保育室が建てられたことを機に、1907（明治40）年ごろ、鍾美は「守孤扶独幼稚児保護会（しゅこふどくようちじほごかい）」の名称を打ち出し、幼児保育に本格的に乗り出した。保育に欠ける環境の子ども（＝孤）を守り、独り親の幼稚児を扶（たす）け保護する会、という意味だそうだ。

子守が連れてくる乳幼児を保育するだけでなく、仕事や家庭の都合で子どもを預けたいという要望が次第に高まり、児童数は明治30年代には50人前後に達したという。こうして、ひとり親や工場労働、行商に出る保護者に代わって乳幼児を保育する施設へと転換し、ナカだけでは手がまわらず、「20歳以上の若い女性を雇い入

＊16 赤沢美治によれば、鍾美とナカが結婚したのは1895（明治28）年だといい、ナカが静修学校創立当時の1890年に保育を始めたとは考えられないという。

れた」と鍾美は記している[24]。

美治によれば、当時は「赤沢幼稚園」と称し、保育にあたったナカは幼稚園の教育を模した保育をしていたという。「赤沢保育園」の名称になったのは、戦後の児童福祉法施行後だそうだ。守孤扶独幼稚児保護会も社会福祉法人として今日まで存続し、１９３１（昭和６）年生まれの美治氏が５代目の園長を務める赤沢保育園は、今も新潟市の住宅街の一角に健在だ。

図５　『砂丘物語』より

（197頁の絵〔上〕、200頁の絵〔下〕）

――197頁の絵の説明：なかよしの女の子と登園する様子

――200頁の絵の説明：もめごとを起こし、赤沢園長に横抱きされて園舎からつまみ出される様子

表1　工場数と従業員者数（内地）

年次	工場数			職工		
	原動力使用する工場	原動力使用せざる工場	合計	男	女	合計
明治27	2,409	3,576	5,985	141,914	239,476	381,390
明治30	2,950	4,377	7,327	184,244	255,305	439,549
明治33	2,388	4,896	7,284	164,712	257,307	422,019
明治36	3,741	4,533	8,274	182,404	301,435	483,839
明治39	4,656	5,705	10,361	242,944	369,233	612,177
明治42	6,723	8,703	15,426	240,864	451,357	692,221
明治44	7,756	6,472	14,228	317,388	476,497	793,885

（『明治大正国勢総監』より筆者作成）

明治生まれで新潟育ちの画家、三芳悌吉（1910-2000）が幼いころの思い出を挿絵とともにつづった「砂丘物語」のなかに、赤沢幼稚園のことが出てくる。大正初期、少しだけ通ったそうだ。「赤沢園長は、いつも着物に幅広の白い兵児帯を尻のほうで蝶結びにしていた」「束髪で袴をつけた中年の保母さんが子どもの面倒を見、赤沢園長もときどきオルガンを弾きながら、遊戯の指導をした」[25]との記述がある。赤沢美治によれば、1919（大正8）年に一帯の火事で園舎は消失したとのことで、当時の園舎や街並みを知るうえで貴重な記録だという。

（3）工場託児所

①職工確保のために

近代化が幕を開けた明治時代初期、製糸、紡績といった繊維産業をはじめとする軽工業から産業が興った。1880（明治13）年に1028か所だった工場数は、1909（明治42）年には1万5千か所を超えた。女性の職工「女工」は、1894（明治27）年の23万9千人から1911（明治44）年には47万6千人と倍増している[26]。

なかでも、明治20年代から急速に増え始めた紡績工場は、職工のうち、女性が7、8割を占めていた。しかし、定着率は低かったようで、女工の逃亡や、工場間で女工争奪事件なども発生した[27]。

東京紡績は、1895(明治28)年1月と5月に計9回、翌年に7回、東京朝日新聞で募集広告を打っており、女工確保が課題だったことをうかがわせる。広告では「遠方にて通勤に不便なる方は工女寄宿所に入るべし」「裁縫習字算術読書の女教員あれば幼年子の教育は父兄に勝るべし」「家族のある方は手当を給す」「貸長屋あり志願の方は何の造作なくすぐに住居すべき便利あり」などの文言が見られ、女工をはじめとする職工を獲得するために、会社側が住居や教育施設を整備していたことがわかる。

工場託児所は、明治30年代ごろからつくられ始めたようだ。香川県高松市のマッチ工場の幼児保育所は初期のものとされ、夫婦共稼ぎの状態を子どもが生まれてからも続けさせるために保育所を設置したことがうかがわれる[28]。女工が多い紡績工場では、1894年に東京・深川の東京紡績、1902(明治35)年に東京の鐘淵紡績で開設されたのが先駆けとみられる。ほかに、1907(明治40)年に東京の富士瓦斯紡績小名木川工場保育所、1906(明治39)年に福岡県の三井田川鉱業所、1911年の山内鉱業所幼児預かり所、1912(明治45)年の三菱金田炭鉱託児所といった炭鉱などでも開設された[29]。

②鐘紡の福利厚生と保育所

1887(明治20)年に創業した紡績大手の鐘淵紡績(鐘紡)は、福利厚生の観点から早い時期に保育所を設置していた。鐘紡中興の祖ともいわれる武藤山治(むとうさんじ)(1867-1934)は、ほかの日本企業に先駆け、ドイツの製鋼会社を参考に共済組合を創立した人物だった。自伝的著書のなかで、普段考えていた従業員の幸福増進のためにいろいろ実行し始めたとし、そのなかに「明治三十五年五月六日乳呑児(ちのみご)を持つ女工手のため乳児傅育所(ふいくしょ)を設置した」ことをあげている[30]。同じ著書で「工場で人を使ふには、それ等多数の従業員が自然とよく働いてくれるように仕向けなければなりませぬ」「西洋で工場経営に成功した人は、職工優遇のために使ふ金はgood investment（よい投資）であると言ひます」と述べており、従業員の幸福増進に努めたと自負している[31]。

武藤山治は国会議員も務め、政界引退後の１９３２（昭和７）年に政治教育のための社団法人「國民會館」を設立した。それは現在も大阪市に公益社団法人國民會館として存続し、建物内には「武藤山治記念室」も設置されている。筆者は２０１５年に國民會館を訪ね、会長で武藤の孫の武藤治太を取材した。治太は、神戸市の兵庫県立舞子公園内にある旧武藤山治邸の広報誌執筆なども手がけており、明治・大正期の鐘紡の資料を多く管理している。

治太は「山治は温情主義といわれた。従業員の幸福を追求することは結果的に収益に結びつくという考えだった」と指摘する。福利厚生に力を入れ、日本初といわれる共済組合をはじめ、工場内には学校や病院、食堂や娯楽室などを設置した。妊娠や出産で働けない女工には一定期間、手当も出た。保育所もこれら福利厚生の一環だったとみることができる。

「鐘淵紡績株式会社従業員待遇法」の一節をみてみよう（読みやすいよう筆者が句点をふり、現代かなに改めた）。

図6　幼児保育舎

（『鐘淵紡績株式会社従業員待遇法』より転載）

第六、従業員の家族保護に関する施設
一、幼児保育舎
幼児ある女工手を保護し勤務を容易ならしめるため、会社は幼児保育舎を設け、従業時間中無料にてその子女を預かり、専属の保母をして保育の任にあたらしむ。もし幼児保育舎の設備なきか又は本人に特別の事情ある場合には、会社は一定の保育料を支給してほかに幼児を委託せしめ、出勤を容易ならしむるよう努めつつあり[32]。

「従業員待遇法」には、大正初期の幼児保育舎の園舎や遊具の写真も掲載されている。

また、幼児保育舎とは別に、幼稚園は1905（明治38）年に創立された[33]。従業員待遇法にはこう書かれている。

二、幼稚園
夜業に服する従業員に昼間十分なる安眠を得せしむる一手段として、会社は工場に幼稚園を設置し従業員の子女にして未だ学齢に達せざるものを収容し、経験ある保母を付し、専ら保護教導の任にあたらしむ。これに要する費用は一切会社において負担するはもちろんなり。

ここからは、幼稚園設置の目的は、夜勤明けの職工が昼間十分に眠れるようにすることだったと読み取れる。子どもの成長や学びを重視するというより、労働する保護者のための施設・制度であったといえそうだ。

図7　幼稚園の保育室（上）、運動場の様子（下）

（『鐘淵紡績株式会社従業員待遇法』より転載）

図8　『女子の友』

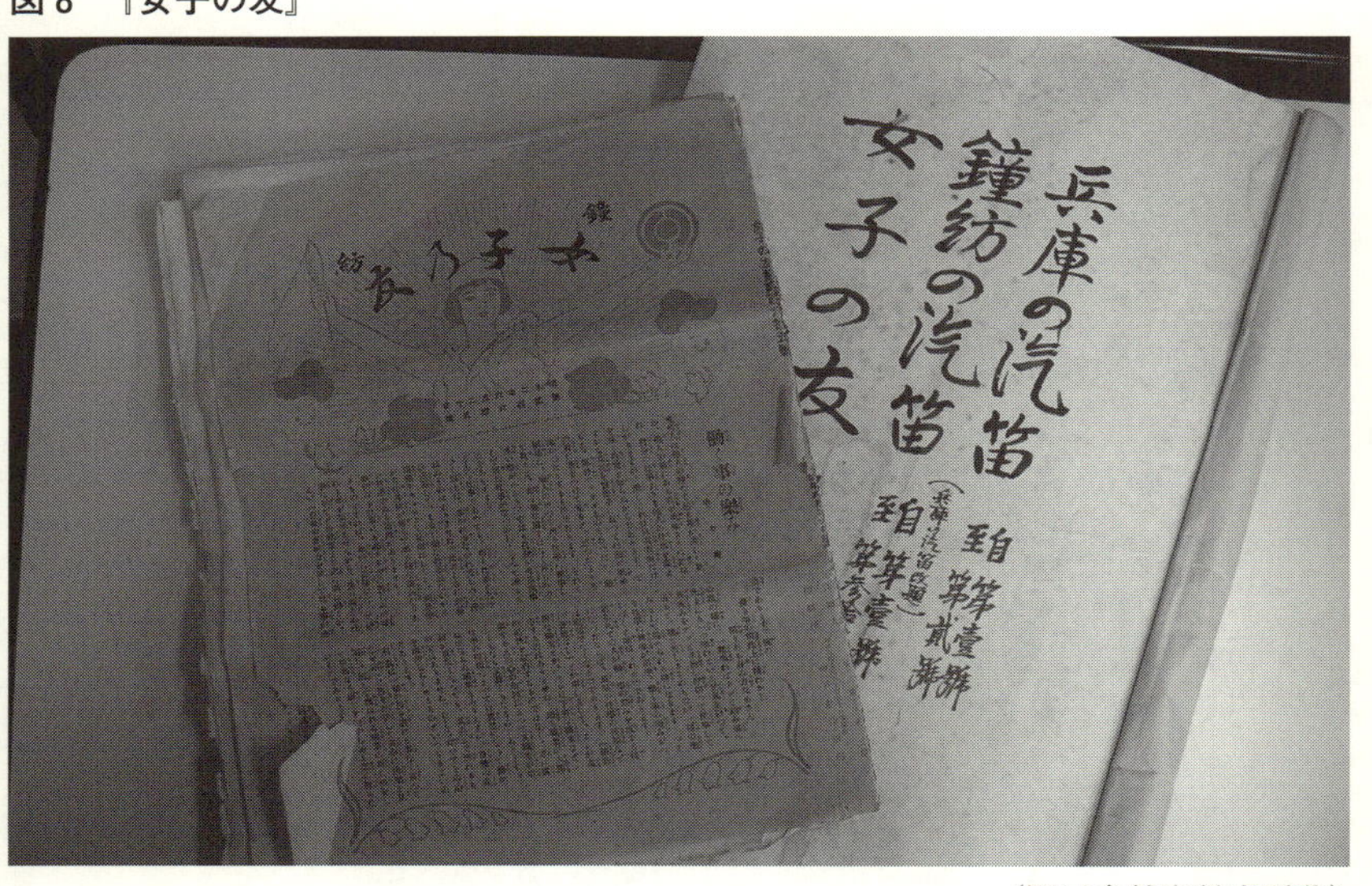

（國民會館資料室所蔵）

また、武藤山治は、社内報を日本ではじめて発行したとされている。國民會館の資料室には、１９０３（明治36）年から発行されている『兵庫の汽笛』『鐘紡の汽笛』『女子の友』が残されている。丹念に調べれば、当時の保育所や幼稚園、働く女性の支援策についての記述が見つかるかもしれない。

治太によれば、山治は倉敷紡績社長の大原孫三郎と仲がよく、「温情主義」で共通していたという。倉敷紡績でも、明治時代から、「乳幼児を持つ従業員が工場で安心して労働に専念できるよう」託児所を設けていた。大原孫三郎は、一般の保育事業にも関心をもち、１９２５（大正14）年に工場外にも保育所を開設している［34］。

③大正期に普及

東京府による１９２１（大正10）年の調査によれば、染織工業40の事業所のうち、保育所があるのは鐘淵紡績や富士瓦斯紡績のほか大日本製麻、東京モスリンなど7か所。染織工業以外で保育所を整備していたのは三田土ゴム1社のみだった。保育料は無料がほとんどだった。100人規模の施設をもつ工場もあり、東京キャリコ製織は1919(大正8)年に託児所を設置して、職員8人で乳児32人、幼児89人、計121人を保育していた。富士瓦斯紡績小名木川工場では「幼児100人を収容する施設」があり、児童66人に対し保母5人、専任係員1人がいて、哺乳児、匍匐児、歩行児の三部に分け、「歩行児に対しては幼稚児教育を施せり」とある。

保育所がなくても、「3歳以上児には保育料を補助」(千代田リボン製織)、「隣接する二葉保育園に委託」(日本紙器製造)といったケースもあった[35]。

紡績大手の東洋紡では、定期的に「東洋家庭時報」を発行していた。地方から働きに出てきた従業員の家族に読んでもらうことを想定していたとのことで、工場の日常がつづられている。

1928(昭和3)年、三重県宇治山田市の山田工場発の記事には「託児所の二時半頃　叔母様達には沙漠のオワシス」の題で、託児所訪問記が掲載されている。「叔母」とは保育者のことを指すと思われる。現代かなに改めて一部抜粋してみる。

元気者の勤ちゃん(男四歳)は寝起きのせいでもあろう。水谷の叔母さんにむずがっているその様子が真実の親子のように見えてうれしい。加島の叔母さんは三時のおちんが間近いからであろう。台所でしきりに湯をわかしている。

四畳半の日本間では、五つの栄子さん、まさちゃんが、四つの幹夫さんを真ん中に枕を並べて平和な夢路をたどっている。お地蔵様と弁天様とを思わせる。

図9　『東洋家庭時報』（昭和3年3月15日）

保育室の乳母車には二つになった今井のみよちゃんが目をぱちくりさせて、ゆったりとおさまっている。「みよちゃんよ、みよちゃんよ。」とあやしてみると、やっと芽を吹いた白い小さな二つの歯をかすかに見せて、嬉しそうにする。角の所にならべられた籐の寝台には豪傑の秀ちゃん（男四歳）、温厚な幸ちゃん（男四歳）、しっかりものの正ちゃん（女四歳）、かわいい盛りの田端のみよちゃん（女三歳）が、すやすやと眠っている。四人四色の尊い個性は眠りにおおわれて、ただその無邪気さと神々しさとが寝顔の上に漂っている。

託児所の一日では、午後一時過ぎから二時半頃までは、多くの子供が昼寝をするので、叔母様にとってはやれやれと疲れ切った体を休ませる貴い時間である[36]。

乳児から4、5歳児の混合保育だったようで、保育室のほか和室や台所があったことがうかがわれる。津工場発の家庭時報には「幼児園より」という記事が掲載され、保育の様子ではなく、「良き言葉を教えること」「子供との約束を違えないこと」「恐怖心を与えないこと」など、家庭教育における注意点を述べていた[37]。これら地方都市の工場を含め、労働力確保の一環として工場託児所が普及していたことがうかがわれる。

④過酷な女工の労働環境

ただ、現実に働く女性の労働状況は過酷だったようだ。

細井和喜蔵の『女工哀史』には「保育場」の記述があり、工場内に保育所を設置する理由について、休憩ごとに母親が授乳しなければならず、いちいち女工を出門させるわけにいかないから「やむなく場内に取り入れた」と書く。ちなみに、幼稚園は社宅に置く事例があり、その理由は、夜勤のとき昼間に子どもがわいわい騒ぐと主人夫婦を眠らせないことから、工場で居眠りしてしまうがなく、一策を案じだしたのが幼稚園なのだとも書いている。

『女工哀史』によれば、工場内の保育所は空気も悪く子どものためによくない傾向があるとし、壁一重で機械が大きな音を立てて運転しており、まわりには樹木も草花もない。子どもは「実に女工の子守歌の代わりに機械の騒音を聞き、母の懐で温かくねむる代わりに保育場の籠の中で泣き疲れて寝なければならない。豊かな情操を養うことは出来ないのである」。母親は「たった15分の休憩にお乳をくれるのだ。可愛い坊やがどんなに泣いたとて荒くれな汽笛は一秒も容赦せず、ほえたけって早く入れと急き立てる」[38]というように、厳しい労働環境を記述している。

また、女工哀史に触発され、鐘紡の工場に6年間勤めた者が、昭和5年に「鐘紡罪悪史」を出版し、鐘紡の

「温情主義」を批判している。そのなかで、日勤は朝6時から午後5時まで、夜勤は午後5時から午前4時までだったとされ、紡績部は1日11時間労働の二交代制で、休憩は11時半（夜勤は午後11時半）から30分と、午前9時（夜勤は午後9時）と午後3時（夜勤は午前3時）の前15分ずつであると記述されている。「夜業には此の十五分の休憩時に、アメ湯を茶飲茶碗に一パイづつ飲ませるのだが、これが実に不潔なのである」と書く。「三十分間の休憩時は、飯食ひ時であるが、フレッチャーのやうに、御丁寧な咀嚼法はトテモしておれない」「馬のやうに荒がみして出て行く。それかあらぬか、女工は大概胃腸病患者が多い」「それから、乳飲み児のある女工は、此の休憩時間に授乳するのであるが、夏夜業になると子守に背負わされた乳児が蚊軍に襲撃されながら、母親たる女工の出てくるのを待っている様は、地獄の一丁目のような気がして、トテモまともに見てはおれぬ」と書いている[39]。

工場託児所があったとしても、仕事と子育ての両立は困難だったに違いない。

⑤女性の就労支援へ

工場労働の現実が厳しかったとしても、鐘紡は紡績業界において、女性が働く環境整備のけん引役であった。小さな子どもをもつ職工が働きやすい環境をつくったことで、熟練職工の育成に成果をあげた。それは、労働時間や女性、子どもの労働を制限した工場法制定の動きを後押しした。1916（大正5）年の工場法施行後は、女性を雇用する多くの工場の経営者に、既婚女性の就労継続策は労務管理上の重要な課題と認識されるようになった[40]。

このように、工場託児所は、明治・大正期の工業が発展する過程で労働力が不足するなか、熟練工の育成、労働者の生産性向上、女性の就労支援、つまり仕事と家庭が両立できるような労働環境の整備の必要性から生まれてきたといえよう。子どもの視点というより、働く親や企業側、経営者の視点から発したものだった。

(4) 貧しい子どもたちの幼稚園

明治期、幼稚園に通ったのは上流・富裕家庭の子どもたちであった。このようななかで、文部省は1882年の教育行政全般に関する「示諭」のなかで、幼稚園については広く一般の幼児への保育の普及をはかるべく、「簡易幼稚園」を奨励した。しかし、状況にあまり変化はなかった。

一方、この時期、民間の人々により、貧しい家庭の子どもたちのための幼稚園がつくられた。それは次のようなものであった。

①横浜神奈川幼稚園:1893(明治26)年

横浜共立女学校で学んだ二宮わかが設立した幼稚園である。この施設は、現在一般幼稚園として存続している。設立当時の実態は明らかではないが、設立者二宮が、キリスト教徒として貧困層の教育、保育、医療の活動に生涯を尽くした人物であったことから、神奈川幼稚園は貧困幼児を対象とした幼稚園であったと推測してよいだろう[41]。

②善隣幼稚園：1895（明治28）年

神戸のスラム街で、アメリカ人宣教師タムスン夫妻により開設された。設立事情は、次のようなものであった。

> 創立当時の神戸は茶、貝ボタン、燐寸（マッチ）等の輸出港のため日々働く婦女子多く、子供等は路上で保護者なしに遊び、危険極りなく、学齢の子供も学校に通はず子守などし、或は港で働く者もあり。創立者なる米国宣教師ジ・アール・タムソン夫人は彼等の為に幼稚園を設立せんとし、米国より補助を得て明治廿八年二月漸く創立をなし、同時に夜間小学校に類するものをも併設された。当時は基督教に理解なく、且つ西洋婦人の出入りするを見て罵倒したが、周到なる親切により追々彼等に理解される様になった。最初の月謝は平均五銭であった（ルビ筆者）[42]。

③キングスレー館付設三崎町幼稚園：1898（明治31）年

労働運動家、社会主義者として国際的に活動した片山潜（1859-1933）の出発点は、キリスト者としての活動であり、1897（明治30）年、東京の神田三崎町にキリスト教主義のセツルメント「キングスレー館」を開設した。ここでは労働者への教育・啓蒙活動が展開されたが、付設事業として「三崎町幼稚園」を運営した。片山は明治30年12月20日に東京府に幼稚園設置願を提出したが、建物面積の問題で一度は不許可となり、修正提出で翌年4月27日に許可された。東京府に提出された設置願*17によれば、その内容は概略次のとおりであった。

所在地　東京市神田区三崎町三丁目壱番地
幼稚園設置の目的　当三崎町ノ地ニ於ケル益繁盛ニ赴クニ拘ハラズ人生教育ノ最大要素タル幼稚園ノ設ケ無之ハ真ニ遺憾トスル処ニ有之依テ今般私立三崎町幼稚園ヲ開設シ以テ児童ノ体育及ヒ智徳ノ教育ヲ充分発達セシメントスルニ有之候
保育規程
満三歳以上六歳以下の幼児を保育する
保育課目　会話　行儀　手技　唱歌　遊戯
保育時間　毎週18時、日曜を除き一日3時間
保育料　1ヶ月30銭から50銭
幼児定員　15名　保姆　1名
保姆　山崎とく（東京府教育会附属保姆伝習所卒）

片山は『自伝』[*18]で「キングスレー館」の幼稚園にふれて次のように述べている。

……直接表面の事業としては、幼稚園を設立した。之が為に一軒の家を三崎町三丁目に建てたが仲々設

＊17　東京都公文書館所蔵
＊18　片山潜『自伝』は、1922年改造社から刊行され、1931年改造文庫に入り、1954年岩波書店から復刻刊行されている。本書の引用は改造文庫版による。

立許可を得るに困難をした。日本程仕事を為すに面倒臭い所は無い。何でも之が許可を得るには小一年も費した。当時の東京府知事は岡部長職子で、子とは、エール大学校友会の関係から一面識があったから、直接会って話した。無論属官共が規則に依って為る事であるから、思ふ様に行かぬ事であった。併し待って待った揚句に許可になった。幼稚園を始めるには、教師を雇って願はねばならぬ……許可になるか？ならぬか解らないのに保姆さんの月給を払ったりなども為た、幼稚園としては狭いから建増をせぬと許可とならぬと云ふので、建増をした、愈よ開業した、処が、伊藤為吉氏の次男鼎君が一人で保姆さんと二人で半年位ゐはやったものだ……。（自伝、232頁）

図10　キングスレー館付設三崎町幼稚園

（三崎町幼稚園『片山筆子』より転載）

文中の建築家伊藤為吉[*19]は片山の友人であり、三崎町幼稚園は伊藤の子どもたちを園児としてスタートした。幼稚園はその後十数年継続したようである。片山は次のように述べている。

キングスレー館の幼稚園は設立後幾多の困難を経て来たが其れでも之れだけは別に政府の妨害も受けずして継続した。何時でも生徒は少数であったが其れでも前後の通過児は五六百名以上に至り此の処で練習され、併して最も多く

歌はした歌は『亀よ亀よ、亀さん』であった。（自伝、234頁）

図10は1900（明治33）年撮影の三崎町幼稚園の写真である[43]。これにより当時40人ほどの園児がいたことがわかる。二村一夫によれば〈「琴具須玲館」（キングスレー館——筆者）を本拠に、片山潜は1914（大正3）年にアメリカに渡るまでの15、6年間、さまざまな事業を展開しました。おもなものは看板が掲げられている「私立三崎町幼稚園」、それに『労働世界』とその後継誌を発行した「労働新聞社」でした〉[44]という。毎年40人程度が在園し、十数年継続したとすれば、自伝の「通過児は五六百名以上」という数字が理解できる。よく歌ったという「亀よ亀よ、亀さん」は「もしもしかめよ　かめさんよ」で始まる「ウサギとカメ」であろうか。この唱歌は1901年発行の『幼年唱歌二編上巻』に発表された。開園の翌年に生まれた片山の長女やす（1899–1988）によれば、三崎町の家の1階部分が幼稚園にあてられ、家族は2階に住んでいたという。「庭は結構広くて、幼稚園の子供たちは通常この庭で遊んでいました。……春のはじめ、庭には素晴らしい芳香がただよっていました。わたしたち子供は皆庭が大好きでした」と思い出を記している。[*20]

*19　苦学の末、建築家、発明家として名をなした人物。子どもに舞踊家の伊藤道郎、演出家の千田是也（本名、伊藤圀夫）などがいる。

*20　片山やす著、エリザヴェータ・ジワニードワ編、小山内道子編訳『わたしの歩んだ道—父片山潜の思い出とともに—』成文社、2009、24~25頁。やすは父を追ってソビエト連邦に渡り彼の地で生涯を終えた。この書の原文はロシア語。

三崎町幼稚園について、先行研究においては「この幼稚園は長くは続かなかった」[45]「数年にしてそれを閉鎖しなければならなかった」[46]「この幼稚園はあまりふるわず、四、五人以上集まったことはまれであった」[47]などとされている。片山の自伝に誤解を生みやすい表現があるためと思われるが、三崎町幼稚園についてのこのような評価は誤りであり、幼稚園としての実体はあった。ただし、保育の実際を伝える資料は見いだせない。

④二葉幼稚園：1900（明治33）年

二葉幼稚園は、野口幽香、森島峰というクリスチャン保育者により創設された。二人が勤める華族女学校幼稚園は富裕家庭の幼児が集まる場であったが、通勤途上で出会う街の子どもたちが、家庭で十分な世話を受けることなく放置されているのに心を痛め、この子たちの保育の場をつくりたいと、準備をすすめ、まず東京麹町で民家を借りて数名の園児からスタートした。このとき、次のような「設立主意書」が各方面に配布された。

資料　私立二葉幼稚園設立主意書

幼稚園の必要はこと新しく述ぶるまでもなきことにして、既に我国に於ても、広く世に行はれ、家庭と相待って、将来の教育を完全せしめんとするは、真に悦ばしきことならずや。されども、多くの幼稚園は主として中等以上の子女を保育すべき傾きあり、これらは其の家庭に於ても、両親の保護監督あるが上に、侍婢あり従僕ありて、衣服飲食の世話は勿論何一つ欠くることなきに、尚幼稚園に通ひて、喜と楽の内に生育せらるゝに反し、社会の下層に沈淪せる貧民に至りては、全くかゝる恩沢に浴すること能はず、加ふるに、彼等の両親は概して教育思想無く、かつ生計の為に心志を労すること多く、愛する子女を顧るに暇あらざるが故に、彼等は幼稚の時代より街路に立ちて塵埃の内に寒風に打たれ、暑熱にさらされて、思ふまゝに悪戯を為すに至る。加ふるに楽しかるべき父母の傍に帰るも、そが家は、辛ふじて風雨を凌ぎ膝を容るゝに足り、食物衣服またいふに忍びず、其の境遇は、誘惑と悪しき実例とにて満たさるゝが故に、愈々其の不幸を増し、為に将来罪悪に陥り、社会の進歩と国家の秩序とを害するが如きことあるに至らしむるは、真に嘆かはしき至にして、涙ある者の空しく看過すべきことならんや。されど彼等は、不幸の境遇にあるを知らず、なほ無邪気に遊べること、実に可憐にして惘然至極といはざるを得ず。嗚呼これらの幼児をして、未だ悪しき感化の浸潤せざる時代より、良き境遇に置き教育を施し、良き国民と為すことは、実に吾等同胞の義務といふも不可なかるべし。然かのみならず此の事業は、啻に保育を受くる者と其の父母との幸福のみならず、社会一般の程度を高め、罪悪を未発に防ぐを得べく、随ひてかの養育院、感化院、出獄人保護等の慈善事業よりは、根元的にして「予防の一オンスは治療の一ポンドに優る」といへる諺の如く、社会改善の上に於て一層有効なるを見る。おのれ等多年中等以上の子女を保育し、其の経験により、益々貧児の境遇を憫むの余り、彼等の為に特殊の幼稚園を起さんと欲し、微力をも顧みず計画する所あり、既に世の教育家慈善家の賛助を得て、今年一月十日此の目的をもて貧民幼稚園を開き、名づけて二葉幼稚園といふ、二葉をして生育せしめ、愈々茂り益々栄えしめ、幾多の貧児が此の蔭に世の風雨を避けて、安らかに生ひたつを得しむるは、世の慈善家の助力に依らざるを得ず、依りて此の主意を述べ、切に世の賛助を仰ぐ。

明治卅三年二月

森島みね
野口ゆか

※『二葉保育園八十五年史』資料編3〜7頁

ここでは保育者としての多年の経験に基づき、幼稚園の意義にふれ、幼稚園が中等以上の家庭の子どもにしか普及していない現状が問題で、不利な家庭環境におかれた下層の子どもたちにこそ幼稚園の必要性は高いことについて述べる。それは保育を受ける子どもとその父母の幸福のみならず、社会全体の利益にもつながると。主意書には、このように今日にも通じる、教育としての保育の意義が明確に述べられている。そして、それを実践するために「貧民幼稚園」を開いたので、多くの人の協力を求めると。

1906年、代表的なスラム街であった四谷鮫ケ橋に新築移転した。ここでも、保育の質を維持しつつ子どもと家庭の実態に即した柔軟な運営を進めた。少し長くなるが、二葉幼稚園における子どもと保育の具体的な姿をしめす園誌[48]の一部を資料として掲載する。これは1907年7月、二葉幼稚園の子どもたちが上野公園で開催されていた東京勧業博覧会（東京府主催、1907年3月20日〜7月31日）に行った一日の記録である。特別な行事の記録ではあるが、日ごろの子どもの状況、保育のあり方、父母や地域の姿が読み取れる。署名はないが、執筆者は当時の主任保育者百島増千代と思われる。なおこの日の状況は、実施までの経過とともに二葉幼稚園年報にも報告されている[49]。

資料　二葉幼稚園園誌　明治40年7月26日　博覧会見物の一日

＊資料掲載に当たり、原文を尊重したが、読みやすさを考慮し仮名遣いを改め、適宜に句読点をいれた。また必要に応じて、括弧書きで筆者の説明をいれた。

朝七時というに先生方は一月前から用意してあつた九色の縄とそれに応じての記章、後掛けの草履など取り揃え、先きに来た子供から胸には記章を、足に草履を履かすのであるが、それが又非常な混雑。親たちが手伝するのはよいが返つて邪魔になるや、切角附けた記章を又つけ変へなくてはならぬ様な事や、それはそれは家の中ひつくりかえる様な騒ぎ。

庭には大勢の親たち又幼稚園に関係もない者までが物珍らしそうに人の黒山を築いているので中も外も大混雑。併しそれも一時間とかからぬ中に済んだ。

そうして一ノ組と五ノ組、二ノ組と四ノ組といふ組合せにし〈3～5歳をほぼ年齢の高い順に1組から5組に分けていた―筆者〉一ノ縄に十人づゝの配合で、八時半の門出というので八時頃から便所にやった。丁度三十分かゝった。

子供等は電車に乗り度いので早く早くとせきたてる。此の日は親も殊に注意したものと見え、皆の鼻の下が珍らしく奇麗。衣物も一寸した浴湯に着替えてさつぱりしている。時間は来た。大きな児から先きに連り出て行く。

子供の親たちや好奇にかられて出て来た人たちが後からそろそろついて来る。塵か大変　呼吸つけぬ苦しさ。鮫橋をねりながら四谷の大通りに出た。電車は容易に来ない。人だかりの見物沢山。色々勝手な噂さをして居る。

さあ電車が来た。見れば大きなボギー車。これに乗るのだと聞た子供は大悦。併し又一騒ぎ。子供は腰掛け先生は革にぶらさがる。

「動きますよ」チンチン

電車はガタンガタン前に後に、上に下にゆるぎながら 四谷から麹町半蔵門といふ順序に馳り出した。半蔵門に来るとお堀がある。

「ヤーお堀だ」「海だ」「川だ」あつちこつちにも奇麗だなといふ者、面白いといふ者、電車の路は十文字と唱ひ出す児（電車唱歌、一番に「電車の道は十文字」の歌詞—筆者）、それはそれは賑やかな事、子供の心一つ一つ分解したかと思はれる。

まだ半分も来ない中に独り病人が出来た。それは熊ちやんという児、前の晩テンプラを食べて胃を悪くして居るところへ電車にゆられて酔つたのである。併しお医者様がついて下さるので安心。病人に同情した児は「先生どーしたの」「先生可愛さうね」とたづねる。電車に乗りあきた児は留まる度に降りるのかと聞く。まだ中々と云えば「早く降り度いなー」という。中には晩まで乗つていたいのというものもある。

上野に着いた、電車は留まつた。子供も先生も降りる。往来の人はとよめ珍らしさうに見る。子供はキョトキョトする。丈の高いフロクコートを着たお親父さんがニコニコして立つて居られた。これは博覧会を見せてやると云われた小島さんだ。此のお親父さんに案内されて売店のところを通つて行く。見た事も無い奇麗な玩具や帽子や焼物などがならんでるのを一つ一つ見て行く。まるで縁日の様だ。途中で皆が便所に入る。これもめづらしいレンガ造り。見るもの皆奇麗づくし。あれを見これを見て居る中に第一会場に入つた。色々のものが有つたけれど、子供の眼には余り沢山で何が何であつたか解らなかつたらしい。たゞ奇麗だなーといふ事と縁日の様だという事と勧工場の様だといふ事だけ頭に浮んだらしい。此所もあらまし見て今度は第二会場に入つた。入り口に沢山の旗が下がつてる。赤だの黄だの白だのそれが眼についたらしい。入って見ると東京の模形や色々の模形が出来て居る。

「やー箱庭だ大きいなー」といぅ。幼稚園で見た箱庭を大きく想像したのであろぅ。

小さな家や橋が掛かつてるのだもの、そう思ってむりない事である。

此処を出て一先づ休息とした。休息所に入るとそこに居られる女の人が皆に麦湯を下さつたり、見た事もない奇麗な電車やブランコのお玩具を見せて下さつた。自由に遊ぶ事を許されるや否や散々に此所彼所と遊ぶ。暫くするとお弁当を積んだ車が来た。大きな折りづめが幾つとなくならべられた。

そうして一人で配る。皆大きな箱をかゝえて大喜こび。

お開けなさいと言われるまでの待ち遠い事、お許しが出るや最後大急ぎ、中から何が出るだろぅと思まもなく黄色いもの黒いものとが奇麗に幾つもならんで居る

黄色いのは何に？　と言われて知らないもの、中には玉子焼だと云う児もあつた。黒いのは？　一声にのり巻き！　といふ

「お食べなさい」と云ふ言葉と「頂きます」といふ言葉は同時に発せられて、言葉終らぬに早、皆の上顎と下顎とが動きはじめた。見るまに食べてしまうもあれば、食べきれないでそろそろ包み出す児もある。好まいなーといふ児もあれば先生カライのねーといふ者もある、皆平げて猶他の児のを欲しさうに眺めて

居るのもある。

食事が済むと一々お弁当をか、へてお茶を飲みに行く。幼稚園で仕込まれた事はどこまでも実行的で先生御馳走様。

これから又見物というので皆先生の前にならぶ。休息所の女の人が皆に一々絵草紙を下さつた。皆は大事に懐ろにしまつた。大きな児がサヨナラといふと小さい児がそれにつれてあつちでもこつちでも「先生サヨナラ」という。それは休息所の女の人にいうのであるが、子供にとつては先生ということはだれにもの通用語と見える。

「先生水車が」大きな声が後の方からした これをき、つけた一人の児が風車だいねー先生「風車ねー」という。あれは観覧車というものと教えてやれば、観覧車々と後の方に伝えて行く。

四号館に入る。奇麗な人形や面白いお玩具などがまばゆい程ならんでる。中には労れたと見え先生帰りたいという者もある。ここであらましにして帰り道につく。

暫く噴水のところに立ち留まる。これが何より面白かつたと見へて博覧会の話しが出ると先ず噴水が最先きに、観覧車、箱庭と続く。

どこを歩くにも心配なのは子供の数。一足歩つては数え、二足歩いては又数ゆ。何処の先生を見ても子供の数よみ、顔一人居なくなったさあ大変。先生は赤くなつたり青くなつたりと見れば木の下に疲労れて居寝ねむりしている。

出口に来た時博覧会の旗をもらって皆大悦こび。肩にさす、児帯にはさむ児、手に持つ児、色々嬉しい姿とりどりに電車へと行く。今度は大変早く乗る事が出来た。電車に乗ると思いがけないお菓子の袋、お食べなさいと云われて早やパリパリ。

四谷新二丁目で降りて又重い縄を引て行く。幼稚園へ帰つたら水が飲めるというのでそれを望みに歩く児等。其迄の面白さはどこにいつたかという様である。門を入つて草履をぬいで水を飲むまで一服。袋のお菓子を持つて博覧会の旗を捧げ勢よく帰り行く子供、可愛ゆくも可愛ゆし。

二葉幼稚園は、1909年以降、感化救済事業として毎年内務省の補助金を受けるようになった。後述（本節6）のように、日露戦争を契機に社会事業としての保育に公費が支出されるようになり、おそらくそうした社会的状況を背景に1916年、幼稚園としては廃園し、名称を「二葉保育園」と改め内務省管轄の社会事業に転じた。その後分園を設立、母子家庭保護事業に取り組むなど、社会の必要に応える事業拡大をした。戦後は児童福祉法のもとで、社会福祉法人として保育所、乳児院、児童養護施設を経営している。[*21]

＊21 二葉幼稚園・二葉保育園についてまとまった記述のある単行本は、一番ケ瀬康子他『日本の保育』ドメス出版、1962、宍戸健夫「二葉幼稚園の設立とその意義」『日本幼児保育史』第2巻、1968、上笙一郎・山崎朋子『光りほのかなれども　―二葉保育園と徳永恕―』朝日新聞社、1980、『二葉保育園八十五年史』二葉保育園、1985、松本園子「野口幽香　―都市下層社会と保育事業―」室田保夫編著『人物でよむ近代日本社会福祉のあゆみ』ミネルヴァ書房、2006、宍戸健夫『日本における保育園の誕生』新読書社、2014などである。

（5）農村保育事業

保育事業は都市での発展が先行した。農村保育事業は、明治期に鳥取県の筧雄平が美穂村（現在の鳥取市下味野）で開設したものが最初であるとされているが、農繁期託児所の必要が社会的に注目され、各地に拡がったのは大正期なかば以降である。早い時代に着手された筧の保育事業は、筧という先見性のある傑出した人物があってのものであった。ただし、文書史料は乏しくさらに研究が必要である。開設時期や経緯については、次の諸説がある。

まず、筧の事業を広く世に知らしめたのは、朝原梅一の著書（1935）[50]である。ここでは、1933（昭和8）年5月、鳥取県下優良託児所表彰式における知事の「鳥取県の託児所の歴史は非常に古く明治二十三年気高郡美穂村下味野に設けられたが最初でおそらくこれが我国に於ける託児所の濫觴ではないかと思います」という式辞にふれ、農繁期託児所の起源を1890年開設の筧の事業としている。また、相田良雄が事業開始の経緯について筧から聞いたという話を『人道』誌から引用し紹介している（資料1）。

図11　筧雄平

（小森一秀『筧雄平翁』より転載）

この朝原の明治23年開始説が長らく通説となっていたが、筧の事業開始を1887（明治20）年とする蓮佛重寿の説もある[51]。筧の託児所の働き手は、姉筧ふじと、下味野神社神官の娘小森安子であったとし、明治20年、安子の娘と結婚し小森家に入った小森道治が、自分がムコに来たとき託児所がすでに存在していたと証言していることを根拠にしている。これは、明治20年以前に開設されていたことを否定するものではない。

一方、岡部茂（1969）[52]は、明治23年説を生んだ知事式辞について検討し、根拠が薄弱であるとする。そして、明治13～16年に下味野神社内に開設された小学校分教場に通っていた女性から、分教場近くに託児所があり、休み時間には、託児所に行って一緒に遊んだ、という証言（資料2）を得て、その他の状況も検討の上、1882（明治15）年には開設されているという説を示している。また、この託児所は農繁期のみのものではなく、常設であったという。

筧の保育事業について、筧自身が書いたものはない（岡部は資料の有無について筧家に問い合わせたが発見できなかったという）[53]。とすれば、資料1として掲載した相田良雄[*22]が筧から直接聞いたという話は貴重である。ここでは、農繁期託児所開設の理由と経緯について大変わかりやすいエピソードが語られている。しかし、この報告は、次の点から疑問を残すものとして、慎重に扱うべきである。

第一に、相田が筧から聞き取りをした状況が不明である。当初から聞き取り調査を目的としていたわけではなく、鳥取出張の際、地元の社会事業家、筧と話す機会があり、昔の農村保育事業の話を聞いた、ということであろう。筧にとって、20年あるいはそれ以上前のことで細部を省略し単純化して話したかもしれない。また、もっぱら庵住の尼さんの貢献のことだけで、自分の姉らのことにはふれていないのは、身内のことを話すことを遠慮したのかもしれない。第二に、相田が筧の談話を公表したのは、それから20年以上後の講習会である。

＊22　相田良雄（1870-1955）内務省嘱託として長く社会事業行政に従事。

これは当時農繁期託児所設置が全国的に進められていたなかで、保育団体に依頼されておこなった「農繁期託児所経営について」の講義である。その前おきの話であるから、ここでも単純化された可能性がある。第三に、『人道』誌に掲載されたのは、相田が執筆した文章ではなく、相田の講習を聞いた記録を『人道』誌の記者が文章化したものである。

筆者は、開設時期については綿密な研究による岡部の明治15年説がもっとも納得できる。ただ、もっぱら一人の人物からの聞き取りに依拠しており、傍証がほしい。筧の保育事業が常設であったことが宮部しかの談話からうかがえ、また明治33年（または31年）には「下味野子供預かり所」の看板を掲げたこと、明治43年より幼稚園を開園したことも伝えられている[54]。明治期の託児所の状況は資料3によりうかがえる。しかし、その後は農繁期のみの託児所となったようだ。

筧雄平の保育事業については、右のように不明部分が多いが、筧が明治期に鳥取県下味野で保育事業をおこなったことは確かである。筧は、分教場の建設、図書館建設など村の教育振興に力を注いだ。また、原野の開墾や造林にとりくみ、村の繁栄に貢献した。熱心な仏教徒として寺院を建立した[55]。筧の保育事業はこのような村の生活と文化の向上をはかるとりくみのひとつであった。第2章でとりあげた、フランスのオーベルランのあり方とも通じる、スケールの大きな人物であったと考えられる。

資料1　農繁期託児所経営に就て（上）　相田良雄

本文は相田良雄氏が、仏教保育協会講習会に於て講話せられたものの筆録である。時節柄必読の文字なるを思ひ、同氏の承諾を得て此処に掲載するのである（一記者）。

（前略）

農繁期託児所の開始

此農繁期託児所なるものは何年頃から開設されて来たかといふに、之に関する文献が乏しいからよく分らぬが、先日伝通会館で倉橋先生から承はるに、先生がラジオ放送をなさるとき、それを新聞で見たとて、その放送前に、此農繁期託児所なるものは明治四十三年岡山県児島郡の共同組合とかで行ったのが、恐らく初めてであらうと態々通知して呉れた人があったとのことであった。こんなことの本家争をする必要はないが、その前々年即ち明治四十一年の十一月頃私は鳥取島根両県に出張したことがある。その時鳥取県気高郡美穂村の覚雄平といふ老農に聞いたのである。

此美穂村の人は遠耕といって十町も二十町も遠方に耕作に行く、秋の忙はしい時は乳呑児は連行くが、学校に行かない幼児はほったらかしてある、それで喧嘩する、怪我をする、泥溝に落ち込む、監督者がないから無暗に飲み、無暗に食べる。何も知らぬ子供のことであるから可愛そうだと思ひ、覚氏は色々考へた末に、自分の持家で青年団の夜学所にしてある家がある、之に子供を集めて世話をして見たが、どうも男の手では毎日はやりきれない、そこで不図思ひ付いたのは、庵住の尼さんがある、農繁期には閑である。此尼さんを頼むのがよかろうと、直ぐに尼さんを招いて、庵住さんは子供を育てたことはないが、女であるから男のわしよりもましであらう。今の農家は多忙で、お回向を頼む方もなからうから、村に恩報じの為に、此処に来て、子供の面倒を見て貰へまいか、只喧嘩をさしたり、怪我をさしたりせぬやうにして貰へばよいと頼んだ。乃ち庵住さんに幼児の守をして貰ふことにした。それが農繁期託児所といへやう。それが明治四十一年の秋に聞いた話で、その事実は何年前のことであったか聞き漏らした。

此寛雄平さんは、天保十三四年頃の生れでその時六十七八歳であった。西洋の学問をした人でなく、又社会事業を研究したのでなく、全く必要に迫まってやったことで、所謂心誠に之を求むれば中らずと雖遠からずである。全く子供を思ひ、村人を思ふ摯情の発露である。寛氏が自らやって見て、幼児保育の必要な体験を有たれることは誠に尊い。

其当時本人も亦社会の人もそれが農繁期託児所であるとか、農村社会施設であることなどは知らず、只之を農村美談として伝へられたのである。農村には斯る特志者が必要である、又斯る特志家があるのである。

その後大正四年所謂欧州大戦が始まり、大正七年に米騒動が起り、従来慈善事業救済事業といはれたものが、社会事業と称せらるゝに至り、各府県に社会事業講習会が開設され、社会事業協会などが起り、農村社会事業の叫びが方々から聞えるやうになり、先以て農村多忙時に短期託児所が開催されて来たと申上てよいと思ふ。

（後略）

※『人道』298号、昭和5年8月15日（『人道』は、主筆留岡幸助、家庭学校内人道社より刊行。復刻版1983、不二出版。傍線を付したのは朝原（1935）に引用されている部分―筆者）

資料2　宮部しか（明治5年生まれ）の話

宮部しか氏の話によれば、同氏は数え年9才のとき下味野分校に入学し、下級6級から学び始めて半年毎の進級試験に合格し、３年間で分校の全課程を修了し、さらに上味野にある本校に進学した。この分校は生徒数20人あまりで、校舎は下味野神社の境内の一隅にあり、同じ境内の他の隅に庵と隣り合せで二階建ての建物があり、上は青年宿で下に託児所があった。その託児所は広さ８帖あまりの土間で、幼児が10人あまり、多いときで、14、５人いたということである。そして小さい子が好きであったので分校在校中には休時間にときどき、託児所の幼児が遊ぶのを見にいっていた、ということである。その託児所にいった人たちで、現存の方としては、「武治さん、山本鉄造さん、田中亀蔵さん、山岡梅吉さん、野瀬清一さん、吉田久造さんなどがいます」ということであった。

宮部しか氏のこの記憶にあやまりがなければ、明治５年生まれの数え年９才であるから、明治13年４月に分校に入学し、分校在学が３年間であるから明治16年３月に分校を修了したことになる。したがって、しか氏がその分校に在学中に、託児所の幼児の遊びを見に行ったという記憶からして、下味野における筧雄平の託児所は、明治13年から16年の間に創設されたと推定されるのである。

※岡部茂「筧雄平の託児所創設の時期に関する研究」『広島女子大学家政学部紀要』第４号、１９６９、45頁（１９６８年４月27日、鳥取市下味野の筧家において、岡部が宮部しかより談話聴取。宮部は当時96才。岡部のほかに、筧周子、小森温子らが同席。―筆者）

資料３　託児所の様子

託児所のあった場所は、今の下味野部落公民館の建っている位置である。西隣はすぐ庵寺、東隣は二米程の道を隔てて下味野神社の境内であり、その境内に一棟の分教場があった。託児所から約二十余米程離れているに過ぎない。

託児所の建物は二階建ての下で土間になっており、広さは八畳乃至十畳敷き程であった。中央に丸い鉄柱が一本立っていた。上の室は青年宿で、部落の寄り合いの場でもあった。勿論、土地も建物も雄平翁の所有であった。筆者はこの丸い鉄柱が面白いと思う。古老が指を輪にして見せた大きさでは、直径せいぜい六糎程度である。子どもに手ごろの太さである。子どもたちは、それに手をかけてぐるぐるまわって遊んでいたという。建築の安全上必要であったかどうかわからないが、二階には通っていなかったそうであるから、多分子どもの遊びを配慮した翁のアイディアであったかと思う。子どもは手にふれる物は何んでも遊具化する天才である。一本の鉄柱が、結構今の回転塔の役を代用していた様子を想像することが出来る。室外には、源太から取り寄せた川砂で砂山が作ってあり、砂いじりや砂を辷って遊んでいたという。今、道路になっている所である。

託児所の子らは、〈中の中の小坊さん〉〈かごめかごめ〉を多くしていた。分校児童等の遊びは、手まり、お手玉、針うち、砂山すべり、かくれんぼ、羽子板等であった。託児所の子どもらと別々のこともあったであろうが、遊びのリーダーとして手助けになっていたと思う。現在の保姆さんの様な専門知識や技能を持った者が居たのではない。ふじも安子も庵住も、ただ子どもらが喧嘩や怪我をしないように安全を見守ってやることが主で、遊びの指導はしていなかったであろう。しか氏も「あの衆は歌わりゃしませなんだ」と、言っていた。その程度だから世話も出来たのである。

※小森一秀『箕雄平翁　―日本最初の託児所と翁の略伝―』第23回全国私立保育園研究大会実行委員会事務局、1980、9～10頁（宮部しかの談話のほか、明治37～41年生まれの5人から聴取した談話に基づき、明治期の箕の託児所の様子が紹介されている。著者小森は下味野神社神官―筆者）

(6) 戦時保育施設

日露戦争（1904年2月～1905年9月）は、国民に大きな犠牲を強いた。幼い子どものいる家庭の父親も出征し、戦死したもの、傷病者となったものも多かった。この時期、働き手の出征により貧困に陥った家族の救済を目的とする保育施設が各地につくられた。生江孝之によれば、その数は全国で一時、200内外にのぼったという[56]。それらの多くは日露戦後閉鎖されたが、戦後も一般保育施設として継続されたものがある。日露戦開始間もない1904（明治37）年4月4日、下士兵卒家族救助令（勅令）が公布された。[*23] その目的は、召集された下士兵卒（軍人の内「士官」を除くもの）の救助である（1条）。その後、内務大臣名でだされた「下士兵卒家族救助令施行ニ関スル心得事項」には、応召軍人の家族は、応召者の非常労苦を察して「尚一層生業ニ努ムヘキ」とあり、救護の方法は施与的救助〈現金給付〉ではなく「独立自営ノ途ヲ採ラシムルカ為メ努メテ生業扶助ヲ主眼ト為スヲ要ス」としている。そのため、幼い子どもをもつ母親も働けるようにと保育施設をつくったわけである。生江のいう200か所の全貌は明らかにできないが、表2はこのような施策に基

＊23　下士兵卒家族救助令については、寺脇隆夫「日露戦争時の下士兵卒家族救助令の施行状況と軍人家族援護事業への展開」上、中、浦和大学総合福祉学部『総合福祉』第2号、第3号、2005、2006による。

表2　「官報」に掲載された軍人遺家族保育

	団体	内容	掲載官報
1	東京市軍人家族授産婦人会	軍人家族中より適当な者を選び保育させる	官報6512号（明治38年3月18日）
2	大阪市報効会	授産場構内で軍人家族中適当な者に給料を給して保育させたが、保育は現在大阪婦人慈善会が引き受け	
3	大阪府堺市兵事会授産場	授産場構内の一部に収容し軍人家族ひとりに看護させているが、市内幼稚園保姆に嘱託することを準備中	
4	広島市広島婦人一心会	寺内に授産所および保育所を設置	
5	東京市京橋区出征軍人幼児保育所	在籍児24人、食物は牛乳、粥、米飯。間食の菓子は特志者の寄贈	
6	神戸市出征軍人家族遺族児童保育所	神戸市婦人奉公会の事業。市内に三カ所保育所を設立。なお一カ所増設計画中	
7	大阪婦人慈善会幼児保育所	児童60人、哺乳児は母が一日三回来所してほ乳、幼児は会の費用で昼食間食給与	
8	大阪汎愛扶植会幼児保育所	4～6歳の幼児。保姆ひとり老婆一人で保育。昼食は各自携帯。湯茶及び間食	
9	大阪市浪華婦人会幼児保育所	寺の一部を借り、保姆一人、助手一人で保育。牛乳、昼飯、間食　給与。幼児20人	
10	兵庫県印南郡大塩村	小学校内に児童保護所、看護1助手2人、4～8歳未満の児童を稼業時間中預かる	
11	東京市本所区軍人家族授産婦人会	携帯する幼児に午前午後菓子。今後幼児保育場を付設する計画	官報6655号（明治38年9月4日）
12	岩手県盛岡報義会	授産場を設立し、携帯する幼児は保育所を設けて収容	
13	佐賀市女子義勇団	工場を新築、機械を購入し併せて幼児保育所を設備。工女200人、幼児50人を収容	
14	山形県米沢市奉公義団	ガーゼ製造、リンネル加工業、幼児保育	官報6844号（明治39年4月26日）
15	東京牛込区軍人家族授産婦人会	軍用被服裁縫、幼児保育	
16	岩手県和賀郡十二鏑村軍人家族救護会	草鞋、経木真田、幼児保育	
17	福島県岩瀬郡須賀川軍事義会	幼児保育	
18	北海道函館慈恵院	幼児保育	
19	鳥取県軍人幼児保育会	幼児保育	
20	長崎市軍人家族授産場附属幼児保育所	幼児保育	

（官報各号より作成）

づき設置された保育施設である。みられるように、多くが授産施設（母親の労働の場を提供）に付置されたもので、授産施設の一隅で母親のうちから選ばれたものが保育者となり、危険のないよう世話する、という程度のものもあり、保育施設として十分なものではなかったと思われる。

これらのうち、神戸市婦人奉公会による保育所は、当時神戸市の係長として生江孝之[*24]が指導し、会員の熱心な活動により、保育の内容も充実しており、日露戦後も一般保育所として継続した。神戸市婦人奉公会の事業についてとりあげている文献は多く、詳細はそれらを参照してほしい。[*25] ここでは、先行研究ではとりあげていない東京市京橋区（現在の中央区）の戦時保育施設について新聞記事によって紹介しておきたい。

京橋区は資料１（次ページ）にみられるように、１９０４年４月４日、区役所に出征もしくは応召軍人の家族を集め、「出征軍人幼童保管所」設置について説明した。「救護のみに依頼」せず、「職業に従事」するよう、築地本願寺内に「幼童保管所」を設けるので、利用してほしい、職業の斡旋もする、と伝えた。この日は下士兵卒家族救助令公布の日である。以前から独自に準備されていた計画かもしれないがすばやい対応である。

＊24　生江孝之（1867-1957）、青山学院神学部を卒業後、米英で社会事業を学び帰国。１９０４年神戸市外事係長となる。その後内務省。日本女子大学教授。

＊25　宍戸健夫「日露戦争と戦時保育事業」『日本幼児保育史』第2巻、フレーベル館、１９６８、「画期的な神戸戦時保育所」『神戸の保育園史』神戸市保育園連盟、１９７７、中根真「昼間保育事業の先駆者・生江孝之の再評価」『保育学研究』54巻2号，２０１６他。

資料1　東京朝日新聞　明治37年4月5日

原文は総ルビであるが、読みにくいもののみ、ルビを残した。原文には句読点がないが、適宜にアキをいれて読みやすくした。（資料2、3も同じ）

○出征軍人幼童保管所設置に就て

京橋区将兵義会にては予て（かね）出征軍人幼童保管所設置の計画中なるが　同会長長谷川寿太郎氏昨四日午前十時同区の出征若くは応召軍人の家族にして幼児を有する人々を同区役所楼上に集会し大要左の如き事項を談示したり

今や我国は世界の強国たる露国と交戦する場合となり総ての軍人は其現役たると予備後備たるとを問はず奮励して其事に従ひ又は従はんとしつゝあり　而して諸氏の頼みとせられたる令息又は御配偶は亦国家の為め現に出征若くは応召せられたり身を献げて事に軍務に服せらるゝの労は実に吾々想像の外に在るべし

されば内に留まりて家を守らるゝ諸氏に在ては令息又は御配偶の辛苦を思ひやられ出来得るだけ節約を守らるゝは申す迄もなく　尚ほ進んで相当の職業に従事し独り当将兵義会より給与する救護のみに依頼せられず多少の報酬を贏け得て其活計に資せられんことを望む　従って幼童若くは乳児等は職業に従事するに方り手足纏ひとなるものは本会に於て本願寺の如き場所を借受け此に京橋区出征軍人幼童保管所を設け小学校附属幼稚園保姆其他の人の懇切なる取扱の下に諸氏の幼児を保管せんとす　而して米飯を喫し得る

幼童には米飯を与ふべく　牛乳に依らざれば発育する能はざる幼童には牛乳を給すべし　されば諸氏は朝は幼童を預けて出で夕は之を受取りて帰るが如くせば安心して十分其職業に身を委ぬることを得べし　尤もこは未だ何等の職業を有せられざる人々に対して言ふものにして現に或る職業に就かれ居る人々は引続き其業務に従事せられて然るべきことなり　又本会に於ては右職業に付ては千葉商会並に岩谷商会等と交渉して諸氏に適当すべき職業を周旋せんと欲する考なり　宜しく本会の精神を諒せられ軍人の家族として軍国に処する身の振方に関し過ちなきやうご注意あるべしと

日露戦争も終わり、出征軍人の家族への救助という所期の目的は達した。しかし、資料2にみるように「帝国救護義会」からの助成金もあり、京橋戦時婦人会其の他の応援もあることから、この際建物を新築し、一般労働者の幼児を対象とする継続的な保育所とすることとなった。

資料2　東京朝日新聞　明治38年11月25日

○出征軍人幼児保育所の新築

京橋区出征軍人幼児保育所は是れまで築地本願寺境内の一隅に置かれたるが　軍隊も追々凱旋するに就ては自然同所も無用となる可しなど取沙汰する者もあれど　同所は嚮(さき)に帝国救護義会より一千五百円を給与されたる上に京橋戦時婦人会其他の応援もあることとて縦(たと)へ軍人の幼児を預かるの必要を見ざる場合に到るも更に市内一般労働者の幼児其他を預かり長(とこしな)へに此慈善事業を持続するにつき此度同本願寺境内本門

を入りて右側に六十五坪の地域を借入れ二千六百五十円の資を投じて完全なる保育所を新築することに定まり夫々地均（ぢならし）に取掛りたるが　同所主任たる潮海小学校長笹野豊美氏の談に依れば同処は平屋作りにて百名の幼児を収容し保姆五名を付し一カ年の費用約千二百円の見込にて年内に工事をおわり来春早々移転の筈なりと

次にあげる資料3の1906年5月の記事は、本願寺内に建てられた保育所の様子を伝えている。保姆は遊戯談笑の間教育に注意し、幼児の望ましい育ちに保護者も信頼を寄せているもようである。京橋区会では、保育所を区営とすることを決めたとのことである。

資料3　東京朝日新聞　明治39年5月24日

○趣味ある幼児保育所

一たび築地本願寺に詣でたるものは本堂の正面右方に清楚なる一の建物あるを知るべし　また其建物の中及び其前面の小庭には可憐なる児童児女等が保姆を囲みて嬉々遊戯し居るを知るべし　此建物こそは一昨年日露開戦となりし当時　現京橋区長長谷川寿太郎同区朝海小学校長笹野豊美の二氏発起となり出征軍人の家族にして貧困なるもの其係累たる幼児あるが為めに職業に就くを得ず益（ますます）窮困に陥らんとするを救はんとの目的を以て創立せし幼児保育所其物にて両氏の熱心と区内慈善家の同情とは大（おほい）に此事業の拡張を来し昨年十一月軍人擁護会よりは一千五百円の寄附を受け基金約三千円に上りしにより前記の本願寺境内

に六十五坪の敝地を購ひ昨年十一月保育所建築の工事を起し過般落成を告げたるものにて目下同所に収容中の幼児四十五名あり　之を保育する保姆は一名、付添人は四名、常に幼児を相手に楽き家庭を造りつゝ、あり

事業の拡張　当初の目的は単に出征軍人家族の労働時間中其幼児を預かりて之を保育し以て其煩累を避けしめん為にて全く一時的の組織なりしが　事業の前途頗る好望にて　単に出征軍人の幼児にのみ止まらず広く之を貧民の幼児に及ぼし其父母をして安んじて業務を執らしめ又養育者が病気又は妊娠中にありては幼児を保育し難きときは代って之が保育の任に当らば其裨益の及ぶ所蓋し大なるものあるべしとて事業拡張の議を決し之を同区会に謀りしに区会は雙手を挙げて之に同意し　所詮永久的な事業となさんには一個人の資力又は少許慈善家の寄付金のみにては満足なる結果を得ん事難し寧ろ之を区に移し経費一切を区の負担として大いに力を尽さんには如かじとて愈之を区に移すに決したり

保育の現状　幼児は皆生後百日以上十歳未満のもののみなるが其母親はと問へば皆工場其他の傭人となりて日々に労働に従ふものか　左らずば病気又は妊娠中のもののみにて中には母を失なひたるものもあり其親は朝に幼児を伴ひ来りて同所に依託し夕には同所に立寄りて自宅に連帰るを例とし　保姆等は其委託を受けたる間熱心に之が保育に従ひ正午に至らば嬰児にコンデンスミルク稍長じたる者には粥　年長者には普通食事を与へ親の引取時刻の遅き時には夕食をも与ふる事に定め居れり　而して保姆等は遊戯談笑の間常に教育に注意し其品性を養ふに努め居れるが故に仮令無教育者の児等なりとも一度同所に入るものは一変して挙止言語共に温和となり一通りの礼儀を心得るによりて惹て其感化は両親家族等に及ぼし時には親も幼児に恥らふ事ある程なれば何れの親も大に歓び常に同所に出入して家庭の事何くれとなく相談し

両者の間頗る親密なるものありといへり

戦争という国家目的のために、それまでまったく公的補助のなかった幼稚園とは別種の母親の労働のための保育施設が内務省の指導によりかなりの規模で実施された。そのことが、戦後もこの種の保育施設の必要性が認識され、明治40年以降の感化救済事業においても補助金の対象となることにつながる。

なお、この資料3の記事に予告されているように京橋区営保育所が実現したのならば、明治末のこの時期、東京に公立保育所が設置されたことになる。しかし、京橋区の保育所のその後は不明で、さらに調査が必要である。日露戦後、一般保育所として継続が確認されているのは以下の8か所である〔57〕。京橋区の保育所はここには含まれていない。

- 山形県酒田町青木幼稚遊戯園
- 福島県須賀川町須賀川軍事義会　↓　↓　町立須賀川幼児保育所
- 京都市人円会　↓　軍人後援会京都支部幼児保育所
- 伏見町人円会伏見支部　伏見慈善会幼児保育所
- 神戸市婦人奉公会　↓　戦役記念保育会、神戸児童保育所
- 鳥取県軍人幼児保育会　↓　合併　鳥取育児院
- 長崎市軍人家族授産場附属幼児保育所　↓　長崎幼児保育所
- 佐世保婦人会出征軍人幼児保育所　↓　佐世保保育所

❖引用文献

［1］三谷博『明治維新を考える』岩波現代文庫、２０１２、10～15頁
［2］湯川嘉津美『日本幼稚園成立史の研究』風間書房、２００１、１１６～１１７頁
［3］前掲書［2］、１１７頁
［4］豊田芙雄「幼児教育の今昔」『幼児の教育』第29巻第1号、１９２９（1月）
［5］『京阪神三市聯合保育会雑誌』第27号、１９１１
［6］『学事諮問会と文部省示論（教育史資料1）』国立教育研究所、１９７９、78頁。文部省示論における幼稚園についての見解に関しては、宍戸健夫『日本における保育園の誕生』新読書社、２０１４に詳述（53～58頁）されている。
［7］宍戸前掲書［6］、１１７～１１８頁
［8］前掲書［2］、３６１～３６３頁
［9］岡田正章「明治10年代の幼児教育機関の性格についての研究」『人文学報』第47号、都立大学文学部、１９６５、88頁
［10］津守真「外国人の始めた『亜米利加婦人教授所』（明治四年）」『日本幼児保育史』第1巻、フレーベル館、１９６８
［11］文部省『学制百年史』１９８１、１９５～１９６頁
［12］宍戸前掲書［6］、66～67頁
［13］長田三男『子守学校の実証的研究』早稲田大学出版部、１９９５、２１３頁
［14］前掲書［13］、２１５～２１６頁
［15］渡辺嘉重『子守教育法』１８８４（復刻版）
［16］前掲書［13］、６８４頁
［17］前掲書［13］、６８２頁

〔18〕 前掲書〔13〕、221～232頁
〔19〕 前掲書〔13〕、791～792頁
〔20〕 宍戸健夫「赤沢鐘美の開いた『新潟静修学校』」日本保育学会『日本幼児保育史』第2巻、フレーベル館、1968、114頁
〔21〕 森川敬子「あのときそれから『保育園誕生』」2014年4月12日付朝日新聞夕刊
〔22〕 玉井康之「明治中期の地域別就学率の推移と地域再編」『岡山大学経済学会雑誌』31巻4号、2000、89頁
〔23〕 宍戸前掲書〔20〕、115～116頁
〔24〕 宍戸前掲書〔20〕、117頁
〔25〕 三芳悌吉『砂丘物語Ⅰ』福音館書店、1996、199頁
〔26〕 『明治大正国勢総覧』東洋経済新報社、1975、539～540頁
〔27〕 高橋保「明治・大正期の女子労働政策（二）」『創価法学』第22巻第2号、1993、10頁
〔28〕 宍戸健夫「産業の発展と最初の工場附設保育所」前掲書〔20〕、133～134頁
〔29〕 一番ケ瀬康子他『日本の保育』ドメス出版、1969、24頁
〔30〕 武藤山治『私の身の上話』國民會館、1988、257頁
〔31〕 前掲書〔30〕、168頁
〔32〕 鐘淵紡績株式会社「鐘淵紡績株式会社従業員待遇法」1922（大正11）年4月再刊、72～75頁
〔33〕 千本暁子「日本における工場法成立史－熟練形成の視点から－」『阪南論集　社会科学編』第43巻2号、2008、11～12頁
〔34〕 倉敷紡績株式会社編『倉敷紡績百年史』1988、140頁
〔35〕 東京府商工課「府下各工場ニ於ケル職工ノ福利増進施設概要」1921（大正10）年3月
〔36〕 東洋紡績株式会社『東洋家庭時報』第41号、東洋紡山田工場、1928（昭和3）年3月15日
〔37〕 前掲書〔36〕、東洋紡津工場

〔38〕細井和喜蔵『女工哀史』（初版大正14年）岩波書店、1987、227〜228頁
〔39〕原哲夫『鐘紡罪悪史』戦旗社、1930、83頁
〔40〕前掲書〔33〕、12頁
〔41〕村山貞雄「キリスト教系の幼稚園の努力」『日本幼児保育史』第2巻、67〜68頁、宍戸健夫「明治後期に生まれた貧民のための保育施設」前掲書、122〜123頁
〔42〕基督教保育聯盟編『日本基督教幼稚園史』基督教保育聯盟、1941、23〜24頁
〔43〕『片山筆子』三崎町幼稚園、1903、27頁。本書は明治36年に死去した片山の最初の妻筆子の追悼文集である。国会図書館蔵。
〔44〕「高野房太郎の旧跡探検（その7）――キングスレー館跡――」『二村一夫著作集』http://nimura-laborhistory.jp/diary12.html（2015年9月8日閲覧）
〔45〕一番ケ瀬前掲書〔29〕、25頁
〔46〕宍戸前掲書〔41〕、122頁
〔47〕千代田区教育委員会『千代田区教育百年史』上、1980、515頁
〔48〕庄司拓也・松本園子「翻刻資料：二葉幼稚園『園誌』（1906・9〜1913年）」『東京社会福祉史研究』第9号、2015年
〔49〕「私立二葉幼稚園第9回報告」『二葉保育園八十五年史』1985、237〜238頁
〔50〕朝原梅一『幼稚園託児所保育の実際』三友社、1935、74頁
〔51〕宍戸健夫「農村での保育事業」『日本幼児保育史』第2巻、109頁において、蓮仏重寿「二人の未亡人」『母子福祉』（1957、7）を紹介している。
〔52〕岡部茂「筧雄平の託児所創設時期に関する研究」『広島女子大学家政学部紀要』第4号、1969、岡部茂「筧雄平について」〈1〉〜〈2〉『幼児の教育』69巻4〜6号、1970
〔53〕岡部（1969）46頁、注4
〔54〕小森一秀『筧雄平翁〜日本最初の託児所と翁の略伝』第23回全国私立保育園研究大会実行委員会事務局、

1980、10頁

〔55〕前掲書〔54〕、22~35頁

〔56〕生江孝之『社会事業綱要』巖松堂、1923、343頁

〔57〕寺脇隆夫「日露戦争時の下士兵卒家族救助令の施行状況と軍人家族援護事業への展開(中)」『総合福祉』第3号、2006、76頁

❖参考文献

・京都市教育委員会・京都市学校歴史博物館編『京都学校物語』京都通信社、2006
・日本保育学会『日本幼児保育史』第1巻、第2巻、第3巻、フレーベル館、1968
・池田政子「明治期の『子守学校』について」『山梨県立女子短大紀要』第27号、1994
・柴崎正行「明治時代において保育施設の概念はどのように形成されていったか」『東京家政大学研究紀要』第38集、1998
・赤沢美治『略年譜　守孤扶独幼稚児保護会』2012
・玉井康之「明治中期の地域別就学率の推移と地域再編」『岡山大学経済学会雑誌』31巻4号、2000
・橋口勝利「近代日本紡績業と労働者」『関西大学経済・政治研究所セミナー年報2014』2015
・山本長次『武藤山治―日本的経営の祖―』日本経済評論社、2013
・鐘紡株式会社社史編纂室『鐘紡百年史』1988
・倉敷紡績株式会社編『倉敷紡績百年史』1988
・福本恭子「戦前における紡績業従事者の福利厚生」『大阪市立大学経営学会経営研究』第64巻第2号、2013

第4章

保育の定着と普及

日露戦争は、1905(明治38)年9月4日、セオドア・ルーズベルト大統領の斡旋をにより、アメリカ合衆国東部のポーツマスで講和条約が結ばれ終わった。日本が形のうえでは勝利し、ロシアは中国(清)の満州および朝鮮から撤兵し、日本に樺太南部を割譲するが、戦争賠償金には応じないという条件であった。日本の内情は、国家予算の何倍もの戦費を借金でまかない、これ以上は戦争を続けられない状況であり、なんとか有利な局面で体面を保って終結させたのである。

しかし、戦費調達のための増税に苦しんでいた国民は、大勝利と多額の賠償、領土獲得という宣伝が裏切られ、9月5日東京の日比谷公園で講和条約に反対する国民集会が開かれた。集会をきっかけに不満を募らせた人々により「日比谷焼討ち事件」と呼ばれる暴動が発生した。こうした講和条約反対の集会は各地で開かれた。

開国・維新以来、明治政府は自国が列強の植民地となることを回避すべく、富国強兵につとめ外交をすすめてきた。日露戦争に辛くも勝利した後は〝列強〟の一員となり、これ以降、アジアの隣国を侵略し植民地化するという政策をすすめた。

本章では、日露戦争終結(1905年)以後、昭和初期の満州事変開始(1931〔昭和6〕年)にいたるまでの時期をとりあげる。一般に〝大正デモクラシー〟[*1]と呼ばれる時期であり、政党政治が実現し、社会運動が展開した。日比谷焼討ち事件や米騒動にみられる民衆のエネルギーを抑え込みつつ、その要求をある程度受け入れざるをえない時代状況は、保育にもさまざまな影響をもたらした。

この時期、幼稚園については市民層の成長を背景に民間施設の普及と保育内容の発展がみられた。保育所的保育施設については国(内務省)の補助金支出や、市町村による公立保育施設設置がはじまり、やはり普及がすすむ。幼稚園の普及を力として1926（大正15）年には幼稚園令が公布され、これには保育所的保育施設を抱含する規定も盛り込まれた。

第1節

幼稚園の普及と批判

(1) 幼稚園の広がりと固定的イメージの普及

第3章で述べたように、1899（明治32）年の「幼稚園保育及設備規程」の制定によって、幼稚園は文部省が奨励した簡易幼稚園とは異なり、中上流層に適する幼児教育機関としての特質を明確にしていく。1900年代になると、幼稚園は全国的に普及し、1900（明治33）年に240園だったものが、10年後には475園と倍増するほどの量的拡大をみた。とくに、1909（明治42）年以降は私立幼稚園の増加が著しく、公

*1　成田龍一『大正デモクラシー』岩波新書、2007、v頁。「大正デモクラシー」の語が示す時期や内容は論者によりさまざまである。この語を使用した最初の本、信夫清三郎『大正デモクラシー史』日本評論社、1954では、1905年から1926年までを扱っている。

立幼稚園の数をしのぐ状況になった。これは、1907(明治40)年の「小学校令」改正によって4年であった尋常小学校の修業年限が6年に延長されたため、市町村の義務教育費負担増を要因として公立幼稚園の増設が抑えられたことも背景となっている。経営の財源を保育料によってまかなう私立幼稚園の増設は、その保育料を支払うことが可能な中上流層を対象とした幼稚園のイメージをより固定化していくことになった。

この私立優位という幼稚園の普及傾向は、大正期にはいると一層たしかなものとなっていく。その背景として、佐藤秀夫は、1911(明治44)年の「小学校令施行規則」の一部改正による幼稚園規定の緩和が影響していると指摘[1]している。この改正の要旨(1911年文部省訓令第13号)には、幼稚園に対する法的干渉がその発達の妨げになっているがゆえに、実際の便宜の上で必要を認めての改正であることが述べられている。これによって、①保育の内容に関する規定が削除されたことにより幼児教育内容に対する法的干渉が最小限になり、②保育時数が地域によっては長時間保育も認められるようになり(第202条)、③ひとつの園の定員を「約百二十人以下トス」とゆるめた上で、特別な事情があるときには最大200人までにすることを認め(第206条)、④保姆一人の保育幼児数は「四十人以下」から「約四十人以下」と改められた。この改正によって、幼稚園の経営が容易になったと同時に、地域によっては入園児の量的拡大が可能になったのである。

欧米の幼稚園が有した幼児の保護と教育の機能のうち、「就学ノ階梯」としての性格を強く打ち出してスタートした東京女子師範学校附属幼稚園は、恩物を知育教材として用いたり、1881(明治14)年からは保育科目に「読ミ方」「書キ方」を加えるなど、*2 就学準備教育機関としての学校的特色を色濃くもっていた。この背景としては、子どもを幼稚園に通わせても遊んでくるばかりで、何も教えてくれないという親の強い不満があったという。このようなアメリカの課業主義的な「遊嬉学校」を主たるモデルとした東京女子師範学校附属幼稚園の保育は、その目的、方法とともに日本の幼稚園の雛形として伝播していった。明治期後半に、地方において創設された幼稚園では、「フレーベル式ノ保育」[*3]を方針として掲げ、かたくなに形式的な恩物保育をおこなっていたという記録も残っている。[*4]

また、1926年1月発刊の『幼児の教育』誌上には、「母の一人」としてわが子を幼稚園に入園させた親の投稿〔2〕があり、そこから大正末期ごろの在野における幼稚園のイメージを読み取ることができる。それによると、戸外の散歩などには興味をもたない絵本好きの「不活発な天性を持った子供」だと思われていたわが子が、幼稚園に入園するに際して、「医者や近親の者などの不賛成」があったこと、その理由は、「幼稚園では子供の要求して居ない固定した知識を授けやうとして年齢不相応に知識の発達を催進する為に身体の発育上

***2**　1881年に「保育科目」である「物品科」「美麗科」「知識科」が廃止になり、「保育諸課」としてあげられた24種の子目には「数へ方」「読ミ方」「書キ方」が併記された。附属幼稚園規則の改正にともなう保育内容の変遷については、『お茶の水女子大学附属幼稚園創立140周年記念誌』（お茶の水女子大学附属幼稚園編、2016、20~21頁に詳しい。なお、読み方や数え方は、「幼稚園保育及設備規程」（1899年）において削除された。

***3**　小笠原道雄「明治期（1868~1912）日本におけるフレーベル主義幼稚園受容の研究　―教育雑誌〈文部省雑誌〉並びに翻訳書を通じての考察（1）―」において、「一般に、フレーベルの幼稚園について、「フレーベル主義幼稚園」と「フレーベル式幼稚園」という呼称があるが、前者は、フレーベルの教育思想の原則を重視し幼稚園教育を行うのに対して、後者は、フレーベルの教育遊具（教具）の使用等の実践に注目して幼稚園活動を行う点に特色がある」と説明されている。

***4**　野口伐名『近代弘前における私立弘前幼稚園・近代小学校・徒弟教育の発達史研究』弘前学院出版会、2012、105頁。同書には、私立弘前幼稚園が、明治31年創立以来「キリスト教主義ニ基キフレーベル式ノ保育ヲ行フ」という方針のもと、明治38年の保育日誌においても形式的「恩物」の時間が設定されている保育日誌が掲載されている。

害がありはしないか」と危惧してのことである。そして、この見方には根拠があるのではなく、あくまで「観念」（イメージ）であるという。そのような反対もあったので、入園後にこの母親は、ほかの幼稚園も見学したりしながら保育を注視していたところ、半年通園したころのわが子は、「入園前とは別人のやうな活発な遊び振り」になり、周囲の心配は杞憂であったと述べている。記述内容から、富裕層であることが想像されるが、幼稚園についての情報を入手しやすい層においても、幼稚園がイメージで語られ、しかも偏向していたことがわかる。

その一方で、明治10年代にはドイツの貧民層の家庭教育を補助・代替する施設としての幼稚園情報も日本に紹介されており、学校的な幼稚園とは異なるイメージも一部では形成されていたという指摘[3]もある。フレーベルの幼稚園は、貧民救済のための施設や孤児院といったものではなく、家庭教育の足らざるところを補う教育施設として設立されたものであり、貧困で子どもの教育義務が十分に果たせない父母にとって、半日でも子どもを養育する場所があれば大きな利益となる、とされていたという。このフレーベル主義幼稚園は、恩物への固執や、子どもの能力を超えた象徴主義の傾向があると指摘したデューイやキルパトリックら進歩派によって批判の対象となり、日本にもその運動が影響を与えていくが、いずれにしても日本国内の幼稚園理解も一元的ではなかったのである。

（2）恩物中心の保育からの進展

創設当初は、方法も内容も形式的であった幼稚園だが、明治期後半になると心理学の受容やアメリカの進歩主義教育の影響により、恩物中心の硬直した保育からの柔軟な脱却が試みられるようになり、子どもの自発的な遊びの意味が注目されるようになった。大阪市愛珠幼稚園をみると、1880（明治13）年の創立当初は、東京女子師範学校附属幼稚園の強い影響を受けた保育内容であったが、1888（明治21）年ごろの早い時期から恩物について幼児に合わせた改良が見られ、読み方、書き方についても「幼児ノ能力ニ適セザル」として1893（明治26）年には廃止になっている[4]。

また、1906（明治39）年の女子高等師範学校附属幼稚園における保育要項によると、保育事項としてあげられた遊嬉、唱歌、談話、手技の4項目の配分としては、4時間の保育のうち「凡ソ三時間」が遊嬉にあてられている。手技のなかに細分化されている恩物については、「其取扱ヒヲ多方的ナラシムルコト」と画一的な用法をせず幼児に適した使用をうながす注意が示されている。

1900年4月に女子高等師範学校助教授を任じ、「幼稚園批評係り」という辞令をうけた東基吉の回想[5]によると、着任当時の職員室には翻訳本も含めてアメリカ版の書物ばかりで、雑誌も米国出版の“Kindergarten Review”と“Kindergarten magazine”の二種が毎月届いて読んでいたこと、英米の心理学論文から最新の情報を得て、それを科学的根拠として当時の保育の方法を刷新しようとしたこと、滝廉太郎と東の妻が出版した「幼稚園唱歌」（1901年、共益商社）をもってしても、附属幼稚園をはじめとして歓迎されず、古参の保姆たちが「昔の儘のものを墨守する傾向が強かった」ことを指摘している。草創期から受け継がれてきた方法を墨守しようとする考え方と、新たな情報を受容しながら改良しようとする考え方とが拮抗していた様子がうかがわれる。

そして大正期以降になると心理学の受容も盛んにおこなわれるようになり、発達に即した「子ども中心」の思想に基づいて、自発的な遊びが促進されていった。保育者たちは、幼児の心理や発達に基づいて、幼児期本来の保育のありようを模索していったのである。たとえば、実際の幼児とのかかわりのなかで談話教材の選択、改作、創作がおこなわれ、そのこと自体に価値を見いだしていったという。*5

（3）幼稚園批判と保育の独自性の模索

1890（明治23）年に幼稚園数は138園と全国的な広がりを見せたが、世間では幼稚園教育や保育方法を疑問視したり、小学校進学後の弊害を指摘するなどの幼稚園批判がおこり、その教育効果を問う意見が活発になる。これは、前述したアメリカにおけるフレーベル主義幼稚園に対する進歩主義を唱える立場からの批判や、ドイツにおける幼稚園の教育方法をめぐる批判、および幼稚園は母親による教育の機会を奪い、家庭教育を侵害しているとの批判によって、幼稚園の存在そのものの是非を問うた展開などに影響をうけている。*6

日本では、この幼稚園批判に応えて、それまでの恩物や読書算中心の知識注入主義的保育からの脱却と、小学校教育との異なりを示す保育の独自性の研究との両面において追求されていく。前者については、明治後期から、硬直した恩物教育から幼児の自発的活動を尊重しながら保育内容の見直しが進められ、後者のひとつとして戸外遊びの重要性にも着目されていった。しかも、この戸外遊びを含む自然保育の必要性は、「幼稚園理解に基づく立場から主張されるとともに、小学校側の直観教授、自然研究（nature study）、あるいは新教育との関連でたびたび提起された」［6］とされるように、文部省による学校園奨励策などがきっかけとなったという指摘もある［7］。

1910（明治43）年に東京女子高等師範学校嘱託講師として着任した倉橋惣三は、戸外における自然を活用した遊びについて幼児期の教育の特殊性をとらえたものととらえ、室内で机に向かう保育を、幼児の神経系に害をおよぼすとの理由で否定した［8］。倉橋が監修している『自然物おもちゃ』（フレーベル館、1931年）では、内容に自然物製作、玩具、遊戯材料とともに生物飼育や影踏み遊びなど、自然物や自然現象を素材としたさまざまな活動がとり入れられており、その教育的意図として、想像力や構成力の育成、豊かな感情の育成、身体発達の促進という直接的な効果だけでなく、幼児が没頭して興味深く遊ぶこと自体に意義が見いだされていたという［9］。

さらに大正期になると、自然を活用する保育は戸外保育、園外保育、郊外保育、転地保育と称されて計画的に実践された。たとえば、神戸幼稚園では1914（大正3）年に郊外保育を実施しているが、保育者は前日にはその場所に行って動植物について調べ、幼児の質問に答える準備をする。さらに自然のなかで遊ばせるだけでなく、数を教える、名前を覚える、製作やままごとの材料にする、さまざまなものを分類するなどの目的をもって採集させる方法なども決めることで、「自然に対する幼児の興味を養い、その面白さに関する気づき

＊5　それまでの既成の保育内容（談話、遊嬉など）から、保育者たちによって子どもがよろこぶお話づくり、遊戯などの実践における工夫がおこなわれるようになった。幼児期本来の発達を助長することが、小学校の基礎になると考え、小学校教育の先取りとは異なる幼小の円滑な連携をめざした。小山みずえ『近代日本幼稚園実践史の研究』学術出版会、2012に詳しい。

＊6　湯川嘉津美「幼稚園と家庭教育の関係をめぐる歴史的考察」。ドイツでは幼児は家庭で保育を受けるべきだとする考え方（親の自然権としての教育権）が根強かったと指摘されている。日本ペスタロッチー・フレーベル学会関東地区第7回課題研究発表会、2012。

を促す保育が、自然物を使った多様な活動を組織することで意識的に行われていた」[10]という。幼児が没頭して興味深く遊ぶことに価値を置くという、その後の保育に通底する価値観が形成されていったことがわかる。

(4)家なき幼稚園の自然を媒介にした保育実践

家なき幼稚園は、1922(大正11)年に橋詰せみ郎(本名:良一、1871-1934)によって大阪の郊外住宅地に生み出された幼稚園である。はじめから「家」=園舎をもたずに、幼児たちを周囲の川や森に連れ出し、自然のなかで保育することを特徴とした保育がおこなわれていた。橋詰は、その後も宝塚、箕面、十三、雲雀ヶ丘、大阪(1924年)、千里山(1925年)に合わせて6か所の家なき幼稚園を開園した。

幼稚園の保育項目は、「歌えば踊る生活」「お話をする生活」「お遊びをともにする生活」「回游にいそしむ生活」「手技を習う生活」「家庭めぐり」の6つであるという。毎朝、集合場所の呉服神社の境内に集まったあと、保育者と幼児は、ござ、組み立て机、折り畳み式の椅子、乳母車にとりつけたオルガンなどをもち運び、付近の自然のなかで活動している。家なき幼稚園は、郊外保育が盛んになった大正期のなかで、幼児や保育者たちが自然を媒介に共感や協同性を編みあげる保育実践として注目されている。[*7]

第2節

社会事業の成立と保育所的保育施設の増加

(1) 子どもをとりまく環境

まず、保育所的保育施設の動向の背景として、この時期の乳幼児と家族をめぐる状況にふれておきたい。

①家族

表1は、国勢調査にみる世帯人員(普通世帯)の状況である。1920(大正9)年に実施された第一回国勢調査の結果によれば、世帯人員別世帯数は、1人世帯6%、7人以上の世帯24%、こうした世帯に所属する人口をみると、1人世帯1%、7人以上世帯

表1　世帯人員別世帯数、人口割合(普通世帯)

		1920(大正9)年		1930(昭和5)年	
		世帯数 11,122 千世帯	人口 54,336 千人	世帯数 12,600 千世帯	人口 62,761 千人
世帯人員別割合(%)	1人世帯	5.8	1.2	5.5	1.1
	2人	12.5	5.1	11.8	4.7
	3人	15.2	9.3	14.8	8.9
	4人	15.3	12.5	15.1	12.1
	5人	14.6	14.9	14.5	14.6
	6人	12.6	15.4	12.7	15.3
	7人以上	24.1	41.4	25.7	43.4

資料:大正9年、昭和5年国勢調査結果により作成

＊7　福元真由美「橋詰せみ郎の家なき幼稚園から」『幼児の教育』第98巻第7号、日本幼稚園協会、1999、44〜52頁(橋詰せみ郎『家なき幼稚園の主張と実際』東洋図書株式合資社、1928をもとに家なき幼稚園の特徴が分析されている。倉橋惣三は「『家なき幼稚園』を訪ふ」において、この幼稚園の取り組みが「幼児保育上、意味深い」と述べている。『幼児の教育』第24巻第1号、1924、32頁)。

表２　国民の職業

	1920（大正９）年国勢調査					1930（昭和５）年国勢調査				
		男（千人）	%	女（千人）	%		男（千人）	%	女（千人）	%
職業の有無	総人口	28,044	100.0	27,919	100.0	総人口	32,390	100.0	32,060	100.0
	本業者	16,925	60.4	9,701	34.7	有業者	19,030	58.8	10,589	33.0
	家事使用人＊	62	0.2	573	2.1					
	本業なき従属者	10,669		17,281						
	無職者	388	39.4	364	63.2	無業	13,360	41.2	21,470	67.0
職業の種類	本業者総数	16,925	100.0	9,701	100,0	有業者総数	19,030	100,0	10,589	100.0
	農業	7,750	45.8	6,378	65.7	農業	7,743	40.7	6,397	60.4
	水産業	517	3.1	41	0.4	水産業	501	2.6	46	0.4
	鉱業	328	1.9	97	1.0	鉱業	210	1.1	41	0.4
	工業	3,716	22.0	1,584	16.3	工業	4,269	22.4	1,430	13.5
	商業	2,158	12.8	1,030	10.6	商業	3,014	15.8	1,464	13.8
	交通業	975	5.8	62	0.6	交通業	1,029	5.4	79	0.7
	公務、自由業	1,134	6.7	308	3.2	公務自由業	1,692	8.9	352	3.3
	家事使用人＊	9	0.1	11	0.1	家事使用人	81	0.4	697	6.6
	その他	337	2.0	190	2.0	その他	488	2.6	83	0.8

資料：大正９年、昭和５年国勢調査結果により作成
＊「家事使用人」について大正９年では本業のないものにカウントされる場合と本業の種類としてカウントされているものがある。

41％であった。１９３０（昭和５）年は、世帯割合は１人世帯６％、７人以上26％、人口は１人世帯１％、７人以上世帯43％である。当時４割以上の人が、７人以上の大家族で暮らしていたことがわかる。

②労働

表２は、職業についてである。就業の内容を産業三分類に当てはめると、１９２０年の男子は第１次産業49％、第２次産業24％、第３次産業25％、女子は、第１次66％、第２次17％、第３次15％、１９３０年の男子は第１次43％、第２次24％、第３次31％、女子は第１次61％、第２次14％、第３次24％である。男女とも農業などの第１次産業が多い。明治のはじめは、第１次産業の割合がもっと高かったと思われる。その後、次第に第２次産業が増加し、この時期に至っていることが推測できる。

では、保育の対象となる乳幼児の父母の労働はどうであったか。表３に30歳代前半の男女の状況を示した。この時代には30代前半の既婚率は高く、この年齢層のデータにより、乳幼児の親たちの状況を推測できると考える。女性（乳幼児の母親世代）の有業率は１９２０年で54％、仕事の内容は農業が7割である。１９３０年は有業率が49％にさがり、とくに工業への就業者が減っている。これは、失業者があふれた昭和恐慌の時代であり、その状況を反映しているのであろうか。男性（乳幼児の父親世代）の有業率は98％で、ほとんどが働いている。農業就業割合は女性に比べ低く、１９２０年と１９３０年を比較すると、第２次、第３次産業就業が急速に拡大している。

表３からわかるのは、農業において乳幼児の母親は重要な働き手であったことである。

表３　30～34歳男女の職業

1920（大正９）年

	女性		男性	
30～34歳人口	1,776,009人		1,833,443人	
有業者	957,091（有業率53.9％）		1,796,223（有業率98.0％）	
農業	668,299	第１次産業	719,428	
水産業	5,031	70.4％	54,901	43.1％
鉱業	12,662	第２次産業	46,220	
工業	112,685	13.1％	441,005	27.1％
商業	107,754	第３次産業	237,784	
交通	6,220	14.5％	130,226	27.8％
公務自由	24,674		130,497	
家事使用人	587		746	
その他	19,278	－	35,416	－

1930（昭和５）年

	女性		男性	
30～34歳人口	2,038,626人		2,175,040人	
有業者	997,504（有業率48.9％）		2,131,049（有業率98.0％）	
農業	693,423	第１次産業	716,931	
水産業	5,750	70.1％	53,970	36.2％
鉱業	6,675	第２次産業	34,511	
工業	89,519	9.6％	554,777	27.6％
商業	149,976	第３次産業	330,492	
交通	4,886	19.6％	143,963	33.5％
公務自由	29,479		234,459	
家事使用人	11,474		5,909	
その他	6,322	－	56,040	－

資料：大正９年、昭和５年国勢調査結果により作成

しかし、農村部での保育所的保育施設は、第3章でとりあげた筧雄平の事業を除き、設置はすすまなかった。育児は農家の大家族のなかで分担され、あるいは農業のかたわらの育児もある程度可能であったゆえかもしれない。そこには若い母親の厳しい生活と不十分な育児があったろう。とくに農繁期には放置された幼児の事故も多発し、大正なかばから農繁期託児所（季節保育所）の必要が叫ばれるようになった。府県などによる設置の奨励があり、大正末期から急増している。この状況については第5章でふれる。

表4　工場労働者数　明治〜昭和初期（工場統計表）

	工場数（職工５人以上）	職工数（人）		
		男	女	計
1909（明治42）年	32,228	307,139	493,498	800,637
1914（大正３）年	31,717	383,957	564,308	948,265
1919（大正８）年	43,949	706,074	814,392	1,520,466
1924（大正13）年	48,394	859,783	929,835	1,789,618
1929（昭和４）年	59,887	855,187	969,835	1,825,022

資料：工場統計表（農商務大臣、商工大臣官房統計課）により作成

農商務省の工場統計調査が１９０９（明治42）年より、職工[*8]５人以上の工場を対象に実施されている。この時期から、政府は全国の工場の生産や労働者について詳しく把握するようになった。表４は、その結果から作成したものである。労働者５人未満の零細な工場はここでは調査対象となっていないが、工場数、職工数とも第１次世界大戦（１９１４年〜１９１８年）以後、急増しているのがうかがえる。

明治10年代からの懸案であった工場法[*9]は、１９１１年にようやく成立した。しかし、実施はさらに遅れ１９１６（大正５）年である。適用工場は限られ、また労働時間は12時間、女子の深夜労働も当分の間認めるという非常に不十分なものであったが、経営者側の抵抗のなかでようやく実施された[11]。細井和喜蔵が『女工哀史』（１９２５）で告発している労働者が

おかれた厳しい条件は続いた。

③乳児死亡率

乳児死亡率は、出生千人に対し１歳未満で死亡した子どもの割合であり、その率の高低はその国、その時代の生活水準、生活環境の総合的な指標となる。図１に、本章であつかう時期の乳児死亡率である。１８９９（明治32）年に、この統計をとり出して以来、ほぼ１５０台で推移していたが、１９１６（大正５）年に１７０、１９１７年１７３、１９１８年１８９となり、乳児死亡率問題への対策が課題となった。第１次世界大戦期の生活環境の変化、とくに女性労働者の増加がこのような事態をもたらしたこと、イギリス、フランスなど列強は、以前は日本と同様に乳児死亡率が高かったが、乳児保護対策をすすめたことにより、低

図１　乳児死亡率、死産率の推移（1905年～1931年）
（人口動態統計より作成）

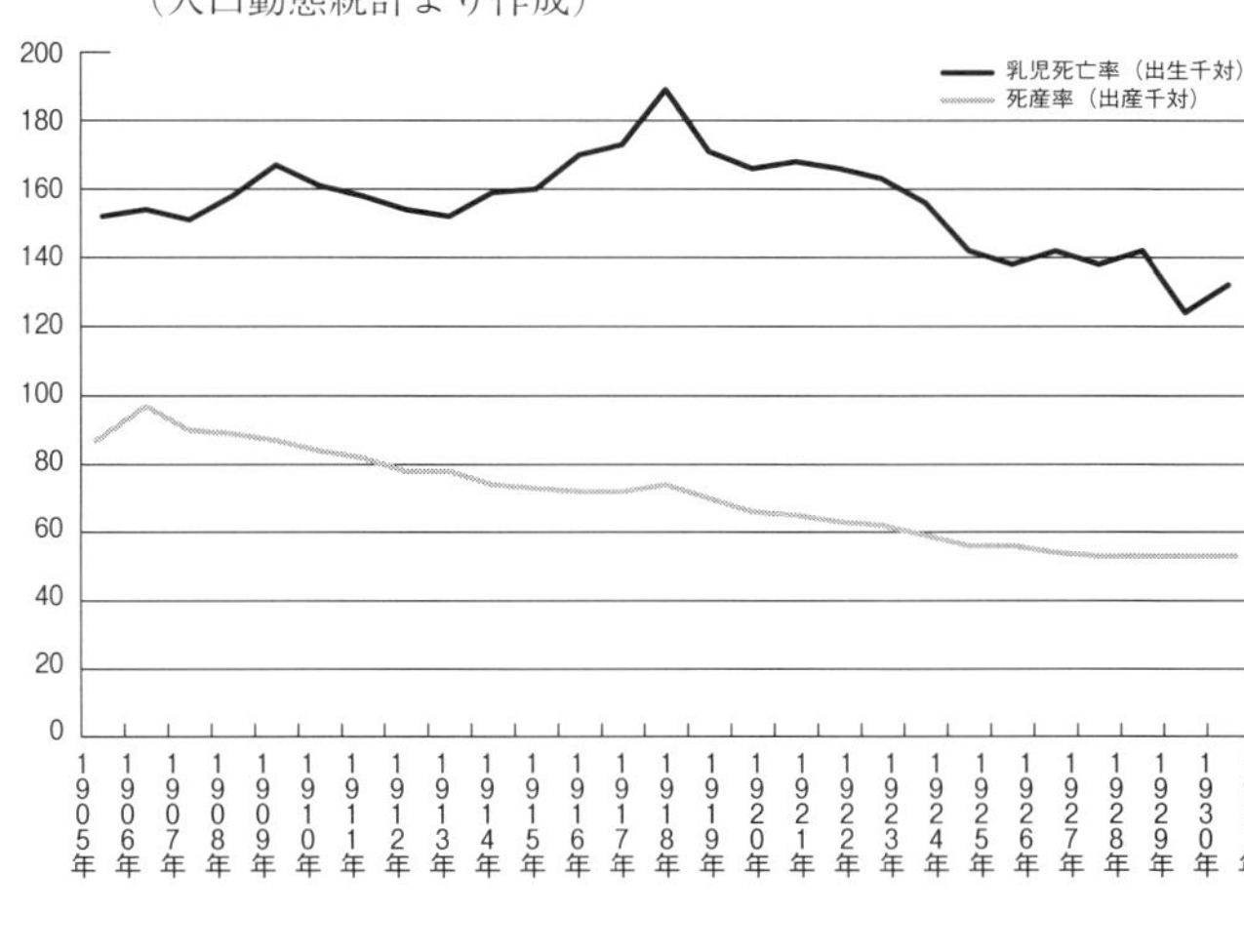

*8　職工とは、戦前期の工場労働者の呼称。『明治42年工場統計総表』の凡例では「本表に職工と称するは職工徒弟其の他直接作業に従事するもの」とある。大正13年、昭和4年の工場統計表には、従業員として職工のほかに職員（事務員、技術員）、その他の従業者について報告されている。

*9　工場労働者保護の法律。１９４７年、労働基準法施行により廃止。

下したことなどから、この時期さまざまな検討がなされた。[*10]

『日本社会事業年鑑（大正八年）』は、乳児死亡率の問題をとりあげ、人口問題のみならず、虚弱児が多いという国民体質のうえからも重大な問題であるとして「幼児の保護は社会事業中重要な地位を占むるものである」が「我が邦に於て此の方面の事業が従来殆んど閑却されたことは甚だ遺憾」〔12〕と指摘している。内務省の保健衛生調査会は、1920（大正9）年9月「児童及妊産婦保健増進に関する決議」をおこない、実施の必要がある事項として、産院、巡回産婆の設置、育児相談所の設置、育児用牛乳の供給などをあげ、さらに「都市には乳児保育所を置き保育の途なき乳児を無料若は有料にて収容すること」〔13〕としている。また、このころ社会事業関係者からは、保育所的保育施設について、幼稚園と同様の3歳以上児保育のみでなく、3歳未満児保育にこそ力を入れるべきという主張がなされるようになる。

図には死産率も並べた。死産は妊婦の労働・生活環境の問題性をしめすものである。この時期、出産千に対し70、80という死産があった。[*11]

（2）内務省の救済事業政策

第3章第2節で述べたように、明治の初期からさまざまな保育所的保育施設が設置された。しかし、それらには公的な財政支援はなく、設立者の善意と努力によって運営されていた。日露戦争に際して、軍人遺家族救助の方策としてようやく保育に公的資金が支出され、多くの戦時保育施設がつくられた。戦後、それらのほとんどは閉鎖されたが、一部は常設の保育施設として存続した。

さて、日露戦争終結後、深刻な不況がもたらされ、生活困窮者が増加し、労働争議が活発化した。こうしたなかで、内務省は有効な救済事業をすすめるべく、1908（明治41）年9月から10月にかけて、全国から350人あまりの慈善事業関係者をあつめて「第1回感化救済事業講習会」を開催した[14]。講習テーマには、「保育」に関するものはみられないが、開会式の訓示で平田内務大臣は、「幼児保育所」を防貧事業のひとつとしてあげている[15]。

①内務省の方針

内務省は『我国に於ける慈恵救済事業』（明治41年）の冒頭で、救貧についての基本的な考え方を次のように述べている。

救済の方法としては、徒らに金品を恵み衣食を施さんよりも、寧ろ貧窮の者を教へ導きて生業に就かしめ、徐ろに其の境遇を改善せしむること、誠に近世に於ける慈恵救済の本旨とする所なり。殊に一歩を進め、其未た貧窮に陥らさるに先たちて之か予防の途を講せしむるは、更に最も善き方法なりといはさるへ

＊10　乳児死亡率問題が注目された大正期以来、乳児死亡に関する研究は少なくない。最近の研究では、樋上恵美子『近代大阪の乳児死亡と社会事業』大阪大学出版会、2016が、乳児死亡率が高かった大阪の問題をさまざまな角度から綿密に研究している。

＊11　なお、最近の数値をみると、2010年の乳児死亡率は、2であり著しく改善されている。しかし、死産率は24（自然死産11、人工死産13）で依然として高い。

からず……（後略）[16]。

明治政府の貧困救済制度は、制限的な「恤救規則」（明治7年）があるのみで、国家の責務として国民の貧困問題に対処する方策はなかった。その姿勢のままに、直接の救済をしないで、生業に就かせることで貧困を解決するという方針を示し、さらに防貧に力をいれるとしている。そして幼い子どもをもつ貧困者を生業に就かせるために「幼児保育」が必要であると次のように述べる。

細民を救済するの法一ならすと雖も、其最も有効なるは、生業を授けて其急を救ふに在り。而かも生業を授けんには、先つ彼等の幼児を引き取りて、之を保育するの備なかるへからず。其児を扶けて其母を勤労に導くは、幼児保育の必要なる所以なり。されば泰西諸国に於ても、貧民の救助は必らす幼児の保育と相待て之か設備をなさゝるはなし。我国に於ても亦夙に幼児保育の必要を認められしも、之を実行するに至りしは、近かく戦役以来の事たり[17]。

すなわち戦役（日露戦争）の際のとり組みに、社会政策としての保育事業の端緒があったとして、この方策を継承することをうたっているのである。

②奨励をうけた保育施設

内務省は1907（明治40）年度より、全国の救済事業に対し、各地方庁の報告に基き奨励金、奨励品、助成金の下付をおこなった。社会政策としての救済事業をすすめるため、まずモデル的事業を選び、奨励・助成をおこなったわけである。40、41年度に奨励をうけた117事業のうち、保育事業は二葉幼稚園、神戸戦役記念保育会、青木幼稚遊戯園、東京女囚携帯乳児保育会、長崎幼児保育所の5事業であった[18]。

このうち「二葉幼稚園」(東京市)は、第3章でとりあげた貧困層を対象とする幼稚園である。明治41年度から助成対象となり、内務省の『奨励ヲ受ケタル救済事業一覧』における説明には、「昼間貧困者ノ幼児ヲ収容シテ未タ悪シキ感化ノ浸染セサル時ヨリ教育ヲ施シ善良ニ導クヲ以テ目的」とし、浴場、親の会、貯金奨励など「専ラ意ヲ細民ノ訓育」に用いることが評価されている。

二葉幼稚園側の文書によれば、「本年二月十一日に全国の慈善事業へ下付金がありましたが本園も其お仲間入が出来まして左の通り戴きました」と1909年2月に300円の助成を受けたことが報告されている[19]。二葉幼稚園の財政は、この年度(明治41年7月~42年6月)は、総額約3500円、基本金への積み立て分を除くと約1800円であり、収入は定期および臨時の寄付金が約1700円でほとんどを支援者の寄付金に依存していた。支出の多くを占めたのは俸給の約700円であり、保育者にとって大変な仕事に見あわぬ薄給であった[20]。二葉幼稚園の経営にとって内務省からの300円は大きな意味をもったであろう。その後も毎年助成を受け、1916(大正5)年7月に至り、東京府知事宛に幼稚園廃園と「二葉保育園」への改名を届け出て[21]、「従来は教育の部に属して居りました事実を此度は純救済事業として内務省の所轄に帰することになりました」と報告している[22]。

「神戸戦役記念保育会」と「長崎幼児保育所」は、ともに日露戦争の際、軍人遺家族を対象に設置され、戦後は一般貧困家庭も対象に事業を継続しているものである。

「青木幼稚遊戯園」は、山形県酒田町で個人が設立し、日露戦争の際は軍人家族の児女を保育した。「今ヤ普通ノ幼稚園タルニ至レリ」とあり、その後の内務省名簿類には掲載されていない。

「東京女囚携帯乳児保育会」は、当時満2歳未満の子どもを監獄内で哺育することが許されていたため「児女ヲ携帯シテ入獄スルモノ少カラサリシ」状況があり、「是等児女ニ同情ヲ表シ之ヲ引取リテ保育スル」目的で開設された。[*12]

(3) 社会事業の成立と公立保育施設

1918(大正7)年に米価は、1914年に比べて約2倍になり市民生活を苦しめた。その年の7月、ついに「米騒動」が勃発し全国に広がった。このような深刻化する社会問題に対し、従来の感化救済事業では有効な対策をとれず、「社会事業」として対象、内容の拡大、体系化がすすめられた。行政機構についてみると、中央では1917年内務省地方局に救護課を新設(1919年社会課に改称)、1920年に内務省社会局が設置された。地方庁でも1917年の東京府救済課設置(1919年に社会課に改称)、1918年の大阪府救済課設置(1920年に社会課に改称)をはじめとして、次々に社会事業主幹課が設置され、社会事業行政がすすめられた。

このようななかで、市町村による保育所的保育施設の設置がすすむ。表5は、明治~大正期に設立された公立(市町村立)施設をピックアップし、設置団体を整理したものである。

従来、公立施設の設置については、もっぱら米騒動後の大都市における動向と関連させて論じられてきたが

[23]、表にみるようにそれ以前から設置している市町村がある。また、表に示した67施設の設置団体の内訳は、6大市（東京、大阪、名古屋、横浜、京都、神戸）が26、その他の市が19、町10、村12であり、公立施設を設置したのは大都市のみではない。

これら全国の公立施設の設置については、さまざまな事情を背景としていることが推測され、それぞれの成り立ちを明らかにすることが必要と思われる。たとえば、わが国最初の公立施設といえる福島県の町立須賀川幼児保育所は、日露戦時の軍人遺家族支援の施策として設立され、1907年4月より町営として広く一般貧困層を対象とするに至った。また、1911年設立の長野市後町小学校幼児保育所は、後町小学校子守学級に附設して設立されたものである[24]。

大都市で最初に公立施設を設立した大阪市の場合は、米騒動が直接の契機であった。米騒動の後、1918年9月に、新聞社や財界人などが大阪市救済事業後援発起人となり、広く寄付金を募集した。ここで集められた資金が大阪市に寄附され、大阪市は職業紹介所、託児所、浴場、児童相談所の設置を決めた。こうして、1919年7月大阪市立築港託児所（のちに、鶴町第一託児所に改称）が開設された[25]。

東京市の場合、米騒動の翌年、1919年7月、東京市会に「公設市場、公設貸家、簡易食堂、児童受托所、其他都市社会政策確立急施ニ関スル建議」が提出され可決された。建議の趣旨は、「物価暴騰ニ依ル日常生活ノ不安ヲ緩和シ衣食住ニ関スル市民共同生活ノ安寧幸福ヲ図リ社会ノ健全ナル発達ヲ期スル為」とある。同年10月には、「遺憾ナク都市社会政策ヲ実行」するために「社会局設置ノ建議」が上程され可決された[26]。こ

*12 女囚携帯乳児については、倉持史朗『監獄の中の子どもたち』六花出版、2016に詳しい。

表5　公立保育施設の設置状況（明治〜大正）

年	設置数	設置団体名		
1906（明治39）	1	福島県須賀川町		
1909（明治42）	1	福井県敦賀郡松原村		
1910（明治43）	1	佐賀県藤津郡浜町		
1911（明治44）	1	長野市		
1912（明治45）	1	佐賀県藤津郡鹿島町		
1915（大正４）	1	三重県志摩郡波切村		
1919（大正８）	5	京都市	大阪市（2）	和歌山市（2）
1920（大正９）	3	埼玉県大里郡深谷町	京都市（2）	
1921（大正10）	7	東京市	岐阜県大垣市	名古屋市
		京都市	大阪市	和歌山県東牟婁郡三輪町
		岡山県小田郡小田町		
1922（大正11）	10	埼玉県入間郡三ヶ島村	埼玉県川越市	埼玉県北埼玉郡加須町
		横浜市（2）	石川県金石町	和歌山市
		広島県呉市	福岡県若松市	福岡県戸畑市
1923（大正12）	7	東京市	石川県能美郡白江村	石川県河北郡宇野木村
		神戸市	奈良県南葛城郡大正村	山口県下関市
		佐賀県藤津郡古枝村		
1924（大正13）	16	東京市（3）	神奈川県川崎市	神奈川県田浦町
		富山県東礪波郡城端村	石川県金沢市	福井県遠敷郡今福村
		静岡県浜松市	三重県津市	三重県桑名町
		京都市（2）	神戸市	和歌山市
		熊本市		
1925（大正14）	8	東京市	横浜市	長野県更級郡東福寺村
		長野県小県郡和村	大阪市（2）	広島県豊田郡豊浜村
		福岡県八幡市		
1926（大正15）	5	東京市（2）	石川県金沢市	静岡県浜松市
		大阪市		
計	67			

資料：内務省発行の各社会事業名簿類により作成
（網かけは６大市。(2)(3) と記したのは２か所、３か所の意、その他は１か所）

のようにして、12月に設置された社会局のもとで準備がすすめられ、1921年6月、工場地帯本所区入江町に最初の市立施設「江東橋託児場」が設置された。託児場の目的は「少額収入者をして就業上の繫累を脱して生産能力の増進を計らしむると共に児童を教育的に取扱ひ、且児童を通じて家庭の改善を計らむとする」（大正10年、東京市社会局年報）というものであった[27]。

（4）新しいタイプの保育所的保育施設

大正デモクラシーの時代には、新しい内容をもつ多様な施設が誕生した。そのいくつかをみておきたい。

①愛染橋保育所、愛染託児所・幼稚園

1890年に「岡山孤児院」を設立した石井十次は、新しい事業として1909年大阪の細民街・愛染橋に「岡山孤児院附属愛染橋保育所並びに同夜学校」を開設した。幼児がいるために働けない貧困者の救済と、貧困のため通学できない子どものための夜学校である。石井の死去（1914年）により困難に陥りいったん閉鎖されたが、1918年「財団法人石井記念愛染園」が設立され事業が継続された。

石井の志を受け継いだ冨田象吉は、1918年に3歳未満児を対象とする「愛染託児所」と、3歳以上児を対象とする「愛染幼稚園」を開設した。*13（167ページ）冨田は、父母の労働を助けるためには3歳未満児の保育が求められ、また、3歳以上の幼稚園は本来貧困家庭の子どもにこそ必要であると考え、年齢により区分した2種の保育所的保育施設を併設する新しい施設形態を実施したのである。

のちに、社会事業界が幼稚園令に対する態度を議論するなかで、岡弘毅は１９３０（昭和５）年の全国児童保護事業会議で、私案として３歳未満児を対象とする「託児所令」制定を提案する（本章第３節）。これは愛染託児所・幼稚園のシステムを受け入れた一元化構想である。

②桜楓会託児所

１９１３（大正２）年６月、日本女子大学校同窓生団体桜楓会が「桜楓会託児所」を設立した。はじめは東京市小石川区久堅町氷川下の細民街の長屋で開設され、２年後の１９１５年に府下巣鴨宮下町に移転する。１９１９年には東京府が計画した府下日暮里の小住宅地区に桜楓会第二託児所が開設された。

日本女子大学校を創設（１９０１年）した成瀬仁蔵は、社会改良事業に関心をもち、１９２１（大正10）年には社会事業学部を設置するが、桜楓会も内外の社会事業の研究に取り組んでいた。会長であり、その後日本女子大学校教授となった井上秀が、明治40年代のアメリカ留学で彼の地の女子大学のセツルメントに感銘し、帰朝後、託児所設立の計画が急速に進んだ。

託児所の主任に卒業生丸山千代が就任し、あとひとりの保育者によりすすめられたが、夏休みには附属豊明幼稚園の保育者武智綾子も手伝った。桜楓会託児所規則には目的を「児供が手纏の為働く事の出来ぬ人々の児供を預りお守りしてあげるところです」とし、２歳から６歳までの幼児を朝６時（冬は７時）から夕方は夏冬とも６時まであずかるとしている。基金や寄附があつめられ、設備も整えられ、モンテッソーリ教具やフレーベルの積み木の寄附などがあり、保育方法も工夫された。

モンテッソーリ方式による保育が、ここでの特色であった。貧しい生活環境から知的な発達にも、行動にも問題のある子どもたちであったが、保育により「彼等は、無益な活動を全く忘れました。以前には、壊すからとて、片附けてあった鏡を、児童等の手に達する所に置きましたが、それは棒で打たれる代りに、毎朝、顔や身体を整へる唯一の有益な器具となりました。作業室の隅にある瀬戸物の花瓶には、常に児童の手折って来る草花が、美はしく部屋を飾って居ります。児童は、自然に器具の用途を知りつつあるのでございます」（桜楓会『家庭週報』303号）と変化してきた[28]。

モンテッソーリ教育法は、保育界では明治末に倉橋惣三が紹介し注目されるようになった。自発性を重視する方法が恩物保育に変わるものとして、受け入れられたのであろう。ただ、この時代には幼稚園保育においてさほどの広がりはなかった[29]。桜楓会託児所におけるモンテッソーリ法保育の具体的内容は不明であるが、その分野の研究と実践の第一人者であった河野清丸[*14]が、附属豊明小学校主事であり、河野から何らかの指導を受けたであろうと推測される。大規模で一斉保育の多い幼稚園よりも、規模の小さい、個別活動の多い保育所的保育施設にこそ、モンテッソーリ法はフィットしたのかもしれない。

＊13 愛染橋保育所および愛染託児所・幼稚園については、一番ヶ瀬康子他『日本の保育』ドメス出版、1963、47〜51頁、大阪市民生局『保育所のあゆみ』1967、12〜52頁、太田素子「石井記念愛染園に於ける『幼稚園』と『保育所』―富田象吉の一元的制度観と愛染園での保育実践」東京保育問題研究会保育政策部会『保育政策研究』創刊号、1980、西尾祐吾「愛染橋保育所の歴史」『石井十次の残したもの―愛染園セツルメントの100年』愛染園隣保館、2010、宍戸健夫『日本における保育園の誕生』新読書社、2014、222〜234頁、他を参照。太田論文は関係者からの聴き取りを実施し、一次史料を活用し精緻な検討をおこなっている。

＊14 河野清丸（1873-1941）は、新教育運動を担った日本女子大学附属小学校主事。著書に『自働主義最新教授論』『モンテッソリー教育法真髄』などがある。

③北市民館保育組合

1921(大正10)年、大阪市は全国ではじめての公営隣保館、大阪市立市民館(のちに北市民館に改称)を開設した。米騒動の応急策として集められた資金の残額が市に寄付され、それを使っての事業である。館長には社会学を専攻し、大阪基督教青年会で主事として活動していた志賀志那人が就任し、意欲的な活動を展開した。その年「大阪児童愛護連盟」が創立され本部が市民館内におかれた。志賀は連盟の機関誌『子供の世紀』に保育に関するいくつかの興味深い論文を発表している。

市民館の周辺地域の環境は劣悪であり、保育を必要とする子どもが多かった。そのため1925(大正14)年2月、大阪市立市民館露天保育所が始められた。木賃宿裏手の空き地を無償で借り受け、篤志家の寄付金によって2坪ほどの物置を建て、朝8時から夕方5時まで、露天で保育をおこない、雨天は休みとなった[30]。「遊び所なく、邪魔物扱ひにされ、四十数万本の煙突から噴き出される煤煙の量幾千貫と云ふ怖ろしい産業の地獄、血腥い生存の戦、音響と振動の襲来、草は黒く、土は油じんだ此の街に彼等は泥鼠の如うにかけ廻ってゐる」と志賀は地域の環境について述べる。そして、子どもたちのためには「呪はれし地の上に数十万円を費して見事な建物を建て、先生をお頼みするのもよからうが…(中略)…町の外へ、白日の下へ、青草の上へ、水のほとりへ、虐げられた北大阪工業地帯の子供達と唯の一日でも、自由なさすらひを続け度い」と、露天保育こそ望ましいという保育観を表明している[31]。

一方、志賀は親たちに「お互いに協力して交替で子供の守りをしませう」「一層保姆を頼んで其の実費を負担し組合組織として万事自治的に此の保育を実行しやうじゃありませんか」と「保育組合」の結成を呼びかける[32]。その年の8月「北市民館保育組合」がつくられた。

はじめは市民館の屋上、講堂のほか、周辺の空き地や寺院などでの露天保育がおこなわれた。1925年10月、大阪と京都を結ぶ新京阪電車が千里山まで開通し、市民館の前に「天神橋駅」ができたことから、電車をつかっての郊外保育が可能になった。1922年、橋詰良一が同じ大阪ではじめた自動車を使う「家なき幼稚園」にならい、電車ならもっと安くできるだろうと電鉄会社に交渉し、ラッシュアワーを避けた時間に格安で利用できることとなった。電車で10分ほどの農村地帯下新庄に協力者を得て、村の子どももいっしょに毎日郊外での保育をおこなったのである。

その後、下新庄には工場ができ環境が悪化したため、さらに北の豊津に移り、そこには雨風のときの避難場所になる建物も建てた[33]。当時の保育の様子は、次のようなものであった。

四月六日（水）晴　朝のお挨拶の後大きい組は豊津の山のお家へ行きました。久し振りのお天気なので皆大喜びで駈けまわって遊びました。たのしいお弁当の後池の傍で山羊と一緒に面白く遊びました。又明日を約し乍ら三時半新京阪前にてお別れしました。新入児泉田木村組は講堂にてお歩きのおけいこ「チッチパッパ」「かいぐり」を教へました……（後略）[34]。

④関東大震災被災地救援の保育施設

1923（大正12）年9月1日、関東大震災が発生し、保育を必要とする子どもが大量に生み出された。保育施設自体も多くが被害を受けたが、保育事業関係者は救援活動の先頭に立って働いた。

この時期、たくさんの保育施設が震災被害者救援のため新設された。とりあえず公園などにバラック園舎を建てて保育をはじめ、のちに恒久的な建物を建てて継続したというものが多い。震災直後の1923年9月から年末までに13か所、1924年に13か所、1925年に17か所、1926年に11か所と、4年間に50か所以上にのぼる[35]。

それまでも1891（明治24）年10月の濃尾大地震、1896（明治29）年の三陸大地震（津波）に際し、慈善事業家、団体が救済活動のため現地に入った（たとえば、石井亮一の濃尾大地震における救済活動は、知的障害児保護施設滝野川学園の開設につながった）。関東大震災の場合は、社会連帯の意識を背景に、多様な救援活動が展開された。保育については、この時期までに公立も含め保育施設設置がかなりすすんでいたことが、復興救援の手段として親を助け、子どもを保護する保育施設設置に眼が向けられることにつながったと思われる。

第3節 幼稚園令と一元化問題

（1）幼稚園令の制定

1926（大正15）年4月22日に勅令第74号「幼稚園令」が公布された。幼稚園関係者の単独令制定にむけての要求運動が実を結び、日本に創設されて50年を経て、幼稚園ははじめて制度的な地位を確立したのである。

倉橋惣三は、幼稚園令制定をもって「狭く幼稚園界の喜びたるに止まらない。我が国民教育の一貫せる完成に向って、学齢前の一系列が確立せられたのである」と評し、新令は従来の幼稚園に対して、「其の社会的機能の自覚」と「其の教育的職能の高上(ママ)」の二つの改正が加えられたと述べている。前者については、前記の文部省訓令を引いて、後者については、同令施行規則において保姆の資格を尋常小学校本科正教員程度以上と定められたこと(第11条、第16条)を根拠に「教育的に高きに進ましめた」と説明している[36]。

この単独令制定の最大の誘因となったのは、幼稚園関係者の運動である。大正期には、幼稚園の普及をめざして制度的要求が喚起され、運動母体としての保育会が全国各地に結成された。その中心的存在であった全国幼稚園関係者大会は、1915(大正4)年8月3日の第1回(フレーベル会主催)から1924(大正13)年10月17日の第4回(吉備保育会主催)までいくつもの検討事項を建議としてまとめ、幼稚園界としての結束を固めていった。[*15]政府当局もたび重なる保育関係団体の声を無視することはできなかったのである。

その要求は、当初①保姆の待遇改善・養成機関の拡充・資格向上を求める動き、②幼稚園保育の標準となるべき単独令の制定要求、という2点に集約されていった。その後、運動の高揚は帝国議会(第45回1922年、第46回1923年)という政治的レベルでの請願を経て、第50回議会(1925年)において貴族院・衆議院の両院が建議書を議定採決するにいたった。この過程で、幼稚園が「教育系統上の曖昧な地位」から脱却するための改善策は、小学校令に「宿借り」している状態から脱皮する方向に見いだされることとなり、単独令制定が強調されていくのである。

*15 全国保育者代表協議会でも帝国教育会の協力のもと幼稚園令内容案を作成検討し、1925年6月の協議会の議を経て成案を示している。この案の分析は、湯川嘉津美「大正期における幼稚園発達構想 ―幼稚園令制定をめぐる保育界の動向を中心に―」『上智教育学論集31号』1997に詳しい。

前節で述べたように、当時の社会情勢としては、資本主義の発展にともなう女性労働者の増大と幼児保護の問題があった。一方で幼稚園令公布前の幼稚園は、本章第1節で述べたように、幼児保護の任務を遂行しうる家庭が対象の前提とされていた。これは、明治期に創成された、上流家庭を対象とした幼稚園のイメージが継承されていることによるものであった。

文政審議会[*16]において文相岡田良平は、幼児教育の必要性とともに家庭教育の必要性を説き、その担い手である家庭が機能を果たしきれていないために家庭教育を補う幼稚園の任務が重要であるとしている。[*17] 幼稚園令の制定意図は、教育政策的見地と同時に、ドイツの民衆幼稚園（Volkskindergarten）にならって〔37〕、労働者子弟を対象とした家庭教育補助機関としての社会政策的見地に基づくものであったのである。[*18] また、当時諸外国における幼児の保護と教育に関する制度的とり組みは進展をみており、文部省は「各国幼稚園教育制度」[*19]を作成し、文政審議会では、その内容を踏まえた議論が展開された。[*20]

保育の問題が切実なものとして高まりを見せる社会的要請と、一方で内務省との折り合いの問題から、文部省は幼稚園を教育的・社会的に有効な機関であると認知させるために単独令を制定せざるを得なかったのである。結果として公布された幼稚園令によって呈示されたものは、①3歳未満児の入園許可と保育時間制限撤廃とによる、園児対象家庭層の拡張、すなわち量的拡大と、②保姆の資格向上・待遇改善による幼稚園の質的向上であった。

①については、文部省訓令第9号にあるように、就労のために「家庭教育を行うことが困難な」場合には「早朝より夕刻」まで保育時間を延長することも認め、「特別な事情がある場合」には3歳未満の入園も許可するというものである。これによって文部省は、保育所も同令を適用することで幼稚園化を進めていこうとした。

②については、正保姆・准保姆という区別の保姆規定を廃し、それまで尋常小学校准教員程度であった保姆資格を尋常小学校本科正教員程度以上としたということである。ただし、月俸については、園長は本科正教員に、保姆は専科正教員に準ずるとして一段低い待遇とされた。幼稚園関係者の希望したものは、小学校本科正教員程度という資格であったが、当時の現職保姆の多くが尋常小学校准教員程度であったことも考慮して、これまで判任官待遇を受けていた公立幼稚園の保姆がその待遇を失しない資格要件となった。清水福市は、文部省側の立場から、保姆の「資格を向上し、しかも、現在の者を苦しめぬ様にと苦心努力した」[38]と述べている。

＊16 内閣直属の審議機関。1924~1935年まで長期にわたって存続して12の答申を可決した。

＊17 『資料文政審議会第二集総会議速記録(1)』明星大学出版部、1989、298頁。髙田文子「幼児教育シェーマの変容」寺﨑昌男編『近代日本における知の配分と国民統合』第一法規出版、1993を参照。幼稚園令形成過程において、文部省側は社会政策的見地による具体策として、①設置命令規定による拡張策、②3歳未満児の入園許可に関する規定、③「保育ノ時間ハ一日五時以下トス」という保育時間の制限撤廃、という案を提示していた。

＊18 森岡常蔵は、1935年幼稚園令公布10周年記念講演にて、幼稚園令制定当時を回想し、岡田文相の制定意図が、教育政策的見地と同時に社会政策的見地に基づくものであったことに言及している(『幼児の教育』第35巻第9号、1935年、22頁)。

＊19 1925年文部省作成の冊子。文政審議会の参考資料。

＊20 ドイツの「民衆幼稚園」に加えて、イギリスの保育学校、フランスの母親学校制度、アメリカの公立幼稚園など諸外国の制度を踏まえた審議が展開されたことが指摘されている(湯川嘉津美、日本保育学会第67回大会)。

資料　幼稚園令（1926年4月21日勅令第74号）

第一条　幼稚園ハ幼児ヲ保育シテ其ノ心身ヲ健全ニ発達セシメ善良ナル性情ヲ涵養シ家庭教育ヲ補フヲ以テ目的トス

第二条　市町村、市町村学校組合及町村学校組合ハ幼稚園ヲ設置スルコトヲ得　市町村、市町村学校組合及町村学校組合ハ前項ノ規定ニ依リ幼稚園ヲ設置スル場合ニ於テ費用ノ負担ノ為学区ヲ設クルコトヲ得

第三条　私人ハ本令ニ依リ幼稚園ヲ設置スルコトヲ得

第四条　幼稚園ハ小学校ニ附設スルコトヲ得

第五条　幼稚園ノ設置廃止ハ地方長官ノ認可ヲ受クベシ

第六条　幼稚園ニ入園スルコトヲ得ルモノハ三歳ヨリ尋常小学校就学ノ始期ニ達スル迄ノ幼児トス但シ特別ノ事情アル場合ニ於テハ文部大臣ノ定ムル所ニ依リ三歳未満ノ幼児ヲ入園セシムルコトヲ得

第七条　幼稚園ニハ園長及相当員数ノ保姆ヲ置クベシ

第八条　園長ハ園務ヲ掌理シ所属職員ヲ監督ス　園長ノ資格ニ関スル規程ハ文部大臣之ヲ定ム

第九条　保姆ハ幼児ノ保育ヲ掌ル　保姆ハ女子ニシテ保姆免許状ヲ有スル者タルベシ

第十条　特別ノ事情アルトキハ文部大臣ノ定ムル所ニ依リ保姆免許状ヲ有セザル女子ヲ以テ保姆ニ代用スルコトヲ得

第十一条　保姆免許状ハ地方長官ニ於テ保姆検定ニ合格シタル者ニ之ヲ授与シ全国ニ通シテ有効トス

保姆検定ハ小学校教員検定委員会ニ於テ之ヲ行フ

保姆ノ検定及免許状ニ関スル費用ハ北海道地方費又ハ府県ノ負担トス
保姆ノ検定及免許状ニ関スル規程ハ文部大臣之ヲ定ム
第十二条　幼稚園ノ職員ニ関シテハ小学校令第四十四条至第五十条ノ規定ヲ準用ス
第十三条　幼稚園ノ設置廃止、保育項目及其ノ程度、編制並設備ニ関スル規程ハ文部大臣之ヲ定ム
第十四条　幼稚園ニ於テ保育料入園料等ヲ徴収セムトスルトキハ公立幼稚園ニ在リテハ管理者ニ於テ、私立幼稚園ニ在リテハ設立者ニ於テ地方長官ノ認可ヲ経テ其ノ額ヲ定ムベシ之ヲ変更サムトスルトキ亦同ジ

附　則

本令施行ノ際現ニ存シ小学校令ニ依リ設置セラレタル幼稚園ハ本令ニ依リ設置セラレタルモノト看做ス
本令施行ノ際現ニ幼稚園ノ保姆ノ職ニ在ル者ニシテ小学校ノ本科正教員タルベキ資格ヲ有スルモノニハ地方長官ハ保姆検定ヲ経ズシテ保姆免許状ヲ授与スルコトヲ得

幼稚園令と同施行規則とともに法令の要旨と注意を示した文部省訓令が告示されるが、その一部を引用する。

資料　幼稚園令及幼稚園令施行規則制定ノ要旨並施行上ノ注意事項（１９２６年文部省訓令第９号）

幼児ノ心身ヲ健全ニ発達セシメ善良ナル性情ヲ涵養セムトスルニハ幼時ヨリ之ニ著手スルヲ以テ優レリトスコレ家庭教育ヲ裨補スヘキ幼稚園施設必要アル所以ナリ殊ニ社会生活日ニ複雑ヲ加ヘ一家ノ事情意ヲ子女ノ教養ニ専ラニスルコト能ハサル者漸ク多カラムトスル今日ニ在リテハ幼稚園ノ任務ハ益々重要ノ度

ヲ加ヘサルヲ得ス
（中略）…父母共ニ労働ニ従事シ子女ニ対シテ家庭教育ヲ行フコト困難ナル者ノ多数居住セル地域ニ在リテハ幼稚園ノ必要殊ニ痛切ナルモノアリ今後幼稚園ハ此ノ如キ方面ニ普及発達セムコトヲ期セサルヘカラス随ツテ其ノ保育ノ時間ノ如キハ早朝ヨリ夕刻ニ及フモ亦可ナリト認ム又幼稚園ニ入園セシムヘキ幼児ノ年齢ニ就キテハ従来ノ規定ト同シク三歳ヨリ尋常小学校就学ノ始期ニ達スルマテヲ原則トスルモ特別ノ事情アル場合ニ於テハ三歳未満ノ幼児ヲモ入園セシメ得ルコトトセリ

（2）幼稚園側の普及発達構想

幼稚園令は、幼稚園関係者には、誠に慶賀すべきこととして受け止められたが、その内容は必ずしも保育界の要求どおりではなかった。同年6月19日より3日間にわたって開かれた幼稚園令発布記念全国幼稚園大会では、「幼稚園教育の普及発達に関する件」と「幼稚園保姆の養成、修養に関する件」など7議案について具体的な方案が提案検討されたほか、保姆の月俸については、施行規則第16条中但書を*21「園長保姆共ニ本科正教員ニ準ズ」と改正することを求める建議が緊急動議として可決された。*22

幼稚園令制定後、大正末期から昭和初期にかけて幼稚園数は増加していくが、その内実は幼稚園令の趣旨を反映したものであったのだろうか。文部省当局は、いわゆる社会政策的見地からみた機能を盛り込ませることによって、既存の幼稚園施設を中心とする規模の拡大と、その質の維持・向上を意図したと考えられる［39］。

まず、そのひとつ目として3歳未満児の入園受け入れについて実態をみてみよう。社会事業研究所と愛育研究所がおこなった『本邦保育施設に関する調査』[*23]によると、幼稚園令制定後14年経た1940（昭和15）年に、3歳未満児をも保育する施設は792園中4園（0・5％）のみであった。この調査をもとに、文部省教育調査部は、だいたいの幼稚園は就学前1、2年の幼児のみを保育しており、ほんの数名の3歳児のために新たな組をつくることの不便さゆえに、募集の段階で4歳児以上の2年保育、あるいは1年保育としているところもある、と実態をとらえている〔40〕。被保育者の年齢拡大（3歳未満児の入園）については、門田重雄が幼稚園令の重要な眼目のひとつであると述べている〔41〕。にもかかわらず、実例が乏しいことについては、3歳児の入園もままならないなかで、3歳未満児を受け入れるための設備、遊具などの物的不足や人手不足を補うほど、経営にゆとりがなかったことに起因するといえよう。

次に、保育時間の延長〔42〕について前掲の『本邦保育施設に関する調査』結果によると、幼稚園においては3時間を越え6時間以下に当てはまるものが大多数（761施設中81％）、8時間を越えるものはほとんど見られない。一方で託児所については、6時間を越え10時間以下におさまる施設が大多数で（810施設中75・4％）、8時間および至9時間の施設がもっとも多いという実態が示されており、両者の保育時間格差は明確

＊21　「幼稚園令施行規則」第十六条　前二条ノ場合ニ於テ園長ハ学校長ニ、保姆ハ正教員ニ、代用保姆ハ代用教員ニ準ス但シ月俸額ニ付テハ園長ハ本科正教員ニ、保姆ハ専科正教員ニ準ス

＊22　7議案と7つの緊急動議についての議事録は、「幼稚園令発布記念全国幼稚園大会記録」『幼児の教育』第26巻第7／8号、1926、17～55頁を参照。

＊23　1942年3月。保育制度刷新の参考資料とするを目的に、常設保育施設としての幼稚園と託児所の事情を明らかにしようとした1940（昭和15）年より2年にわたる調査研究。

に露呈されている[43]。また、1928(昭和3)年の全国幼児教育研究大会総会において、保育時間延長について討議されているが、保育時間の長短は保育の効果に影響するので、家庭の実態、保姆の数、幼児の疲労度などを総合的に配慮して考えるべきだとして慣行の保育時間再考の検討を退けている[44]。

幼稚園の保育時間に関しては、模範幼稚園とされた東京女子師範学校附属幼稚園が「小児保育ハ時間毎日四時トス」とされたことに始まり、その後、1900(明治33)年小学校令施行規則において「一日五時以下トス」と規定されたものを最後として、1911年の小学校令施行規則中改正においては具体的時間数の規定が削除されている。それにもかかわらず、模範幼稚園の示した保育時間は、保育内容や方法と連動して各園に根づいており、簡単に払拭することは難しかったと考えられる。

では、幼稚園関係者は、幼稚園令制定後にその普及発達をどのように構想していたのだろうか。『幼児の教育』(19巻1号、1919年)誌上のアンケート結果によると、当時かなりの園が抱えていた施設経営にかかわる財政面の問題がみえてくる[45]。この問題の克服のためには、文部省の構想した各園の園児数増加による収入増加が有効であると考えられたが、一方で規模拡大による質の低下が懸念された。1925年から1935年までの10年の間に幼稚園数は、957園から1890園と1000園近く増加しており、その80%が私立の創設である。また、『本邦保育施設に関する調査』によれば、回答された私立幼稚園507園のうち276園が個人立となっており、この割合は54・4%ともっとも多い。これらをみても、各園にとって経営上の問題が最重要課題であったであろうことは当然のことと考えられる[46]。幼稚園関係者の意向としては、対象とする家庭層の拡大のためには、低廉な保育料の実現とそのための国庫および公共団体による補助金交付が必要であったのである。*24

１９２８年全国保育者大会第２回の審議決定事項によると、託児所の充実による幼稚園化の実現（第一号議案第３項）によって全国的な幼稚園普及を可能にすることと同時に、簡易幼稚園の奨励（同第５項）によって財政的問題を克服しようとしたと考えられる。簡易幼稚園としての設備の簡素化は、低廉な保育料の実現にもつながるものであり、ひいては対象家庭層の範囲拡大に還元される。一方で、前掲アンケートによると、既存の幼稚園現場にあっては、「ひと組の幼児数を減少すること」などによる保育の質の向上を唱える回答が多い。つまり、幼稚園現場では、経営につながる財政上の問題を暫定的に克服しながらも、保育の質の向上をないがしろにしているわけではないということになる。

小規模幼稚園の質的維持向上を実現するためには、優れた保姆養成がそれまでにも増して必要である。保姆に関して、その資格の向上・待遇の改善・養成機関の拡充を一体化した要求は保育関係者大会において継続的に議題とされてきたが、幼稚園令制定後は、力点が養成機関の拡充に置かれ、より具体化されていく。そして、これらの要求が具現化する形で、昭和前期に全国各地に保姆養成施設が新設されていった。[*25]

このように、幼稚園令制定後の幼稚園の普及発達の論理において、幼稚園側の方針は文部省側が提示した社

*24 帝国教育会主催全国保育大会第２回（１９２８年11月25〜29日）の審議決定事項二号議案「十一、保育料ハナルベク少額トシ殊ニ貧困ナル家庭ノ幼児ヲ保育スル施設ノ経常費ハ建設費ノ一部ハ之ヲ国庫及ビ公共団体等ヨリ相当補助金ノ交付ヲ受クルコト」（『幼児の教育』第30巻第12号、１９３０、50〜56頁）。

*25 大正末期に14施設だったものが、昭和前期に31施設新設された。施設の内訳は、官公立5、私立のうちキリスト教関係12、仏教関係5、一般19である（日本保育学会編『日本幼児保育史』第四巻、フレーベル館、１９７１、１９２頁）。

会政策的見地に基づく機能の付設とは異なるものであった。幼稚園側は独自の論理のもとに着実に量的普及を実現していった。その量的普及は、結果としては対象園児の家庭層の拡大に基づくものであり、その意味においては幼稚園令の精神にかなった普及と見受けられたが、方法論として園経営の財政にプライオリティを置かざるを得ず、そのことが保育所的保育施設をふくめた保育施設の多様化を増長させたとも考えられる。そして、そのことは幼保一元化の実現可能性をより遠ざけていくことになる。

(3) 幼稚園令に対する社会事業側の動き

①託児所令制定の動き

前項で述べたように、幼稚園令は幼稚園に保育所的保育施設を組み込む、一元化実現の可能性を含んだ制度であった。そのことは、託児所関係者ら社会事業側にどのように受け止められたのであろうか。

1926年12月の第1回全国児童保護事業会議では、東京府社会事業協会幹事岡弘毅が幼稚園令による一元化論を積極的に展開している。岡は、幼稚園令の制定により、託児所保姆が資格を剝奪され、その救済策がないなど幼稚園令の不備を指摘した。そして、3歳以下の乳幼児に関しては保健衛生を主とする見地から、別個に託児所令などを制定することを提案し、幼児に関しては幼児の置かれている環境が不良であればあるほど、より教育的でなければならないとして、対抗的に別個の法令を設けるのではなく幼稚園令のもとでの一元化の必要を説いた。*26 第1回全国児童保護事業会議は、岡の主張する方向で、保姆の資格問題などにかかわる幼稚園令とその施行規則の改正と、幼稚園令とは別に3歳以下の乳幼児のための保育施設に関する法令の制定を文部省と内務省に建議した。

しかし、第1回全国児童保護事業会議に出席した文部官僚が、託児所保姆の資格問題は幼稚園令では救済できないと答えるなど、文部当局が託児所への対応に消極的な姿勢であることが明らかになった。同じく、内務官僚も「託児所準則」というようなものを幼稚園令とは別につくりたいと、幼稚園令による一元化に否定的な発言をしている。このようなことから、岡は建議の実現は困難と判断し、3歳以下を対象とした託児所令の制定に方針転換し、1927（昭和2）年4月に東京府社会事業協会の保育分科会で、「託児所令制定要綱（私案）」を公表した。「託児所令制定要綱（私案）」は、託児所の対象を生後60日以上の乳児から3歳未満児とし、乳幼児の健康・栄養、身体保護に必要な施設や医学的な治療や伝染病の予防などもおこなえる施設を備えた、保健・衛生を中心とした社会事業的な保育をおこなうという、従来の幼稚園と託児所を3歳未満児は託児所令で、3歳以上児は幼稚園令のもとで年齢区分で制度的に一元化しようというものであった。

1930年11月の第2回全国児童保護事業会議では、託児所令制定の強い要望が出され、岡の「託児所令制定要綱（私案）」も提案されたが採択には至らず、幼稚園と託児所の関係の問題は、内務・文部両省で協議の上適当な処置を執られることを望む、として中央社会事業協会に一任するにとどまった。

1932（昭和7）年11月の全国隣保事業並保育事業協議会では、幼稚園令は幼稚園に社会的保護の機能を加えたが、現状では社会的機能をもつ幼稚園を普及させるのは困難であり、勤労者の乳幼児に対する社会的施

＊26 岡弘毅の一元化論の登場、変化、挫折については、寺脇隆夫「保育一元化論の先駆者 －昭和初期の一元化論とその帰趨－」岡弘毅と社会事業編集刊行会『岡弘毅と社会事業 －その足跡と遺稿』１９８０に詳しい。

設である保育所に関する法令を制定するのが適当であるとし、幼稚園令とは別に保育所令の制定を目指す方針に転換し、一元化路線から後退する。1934（昭和9）年1月の第3回全国児童保護事業会議では、保育所令の制定は時期尚早としながらも、保育所令の制定に向けて研究を継続することを決議している。このように社会事業関係者からは、保育所令の制定に向けてたびたび建議がなされたが、貧困家庭の子どもを主たる対象とする保育所を法令で規定した場合、相当額の国庫補助を要することなどもあり、保育所令の制定に関する政府の姿勢は積極的なものとはいえなかった。

1935（昭和10）年11月の第8回全国社会事業大会では、再び内務・文部両省の協議による「保育所令」制定が建議された。さらに自ら継続委員会を設けて託児所令案の研究を進め、1938（昭和13）年1月に厚生大臣宛に「保育所令案要綱」を建議する。「保育所令案要綱」は「託児所令制定要綱（私案）」とは異なり、対象児を生後6か月から小学校就学始期までとした、当時の託児所の現状をそのまま法制化しようというもので、経費については2分の1から3分の2を国庫補助とすること、保育所の土地・建物に対する免税などが盛り込まれた。

設置されたばかりの厚生省社会局は、この建議に基づいて保育所令を国会に提出する準備を進めたとされるが、後述するように1938年12月に教育審議会が、幼稚園の設置を一層奨励し、幼稚園と託児所の統合に関して政府において適切な措置を講じるよう要望する「幼稚園ニ関スル要綱」を答申したことにより、保育所令は国会に提出されることなく終戦を迎える。1940（昭和15）年の皇紀二千六百年記念全国社会事業大会（第9回）では、「幼稚園ニ関スル要綱」の採択、社会情勢の急速な変化を受け、幼稚園令とは別に保育所令を制定する方針を見直して、幼児教育の一元化を図り、家庭の事情に応じた保育施設の完備普及のための法令整備を求める建議を文部・厚生両大臣におこなう。

社会事業関係者は、幼稚園令の制定により幼保の一元化に期待を寄せていたものの、文部省と内務省・厚生省官僚のセクト主義、託児所の発展を自らの力で支えてきたという自負、実態としての幼稚園と託児所の間の大きな相違などにより、幼稚園令の枠内での一元化は困難と判断し、新たに保育所令の制定を模索する二元化の方向に向かわざるをえなかったのである。「幼稚園ニ関スル要綱」が出されたことで戦前、保育所単独の保育所令制定は実現を見なかったが、終戦後の児童福祉法の制定による保育の二元化の確立は、昭和初期・戦中期にみられた社会事業関係者や内務・厚生官僚の保育所令制定という「悲願」の実現だった。

②保育所的幼稚園

幼稚園令は、幼稚園に入園できる年齢に幅をもたせ、保育時間に関する規定を削除するなど、幼稚園に保育所（託児所）的機能を包含させようとするものであったが、その試みに応じた幼稚園はほとんどなかった。それに対して、社会事業的保育施設関係者のなかには、幼稚園令制定を機に自らの保育施設を幼稚園としての認可を受ける、あるいは、社会事業的保育施設設立と同時または数年以内に幼稚園としての認可も受けるなど、幼稚園としての認可を受けようという積極的な動きが見られた。

１９４０年に実施された保育施設（幼稚園・託児所）の全国調査（『本邦保育施設調査』）によれば、回答のあった全国１８２１施設中、幼稚園令による幼稚園でもあり、社会事業法による託児所でもある施設が14か所あった（青森市1、秋田県岩崎町1、東京市6、名古屋市1、岐阜県笠松町1、大阪市1、山口市1、徳島県富岡町1、香川県安田村1）。調査報告書は、このような保育所的幼稚園の事例として「尾久隣保館幼稚園」（東京市荒川区）と「愛情館保育学園・愛情館幼稚園」（東京市城東区）について詳しく紹介している[47]。

保育所的幼稚園には、3つのタイプがあり、ひとつは第3章第2節でとりあげた二葉幼稚園に代表されるような幼稚園令以前に小学校令による幼稚園の認可を受けた、貧困・勤労層の子どもを対象とした幼稚園である。ふたつ目は、幼稚園令以前に保育所的保育施設として開設され、幼稚園令下に幼稚園の認可を受けたものである。社会事業としての役割を果たしながらも、幼稚園令によって保育内容のさらなる充実を図ろうとしたもので、その旗頭となったのが東京府社会事業協会の岡弘毅である。3つ目は、幼稚園令後に設立された保育所的保育施設が、設立と同時、あるいは数年以内に幼稚園の認可を受けたものである[48]。

幼稚園令が示した、託児機能の付加に関して幼稚園側はほとんど反応を示さなかったが、社会事業側は経営の安定化や保育内容の充実を期して、積極的に幼稚園としての認可を受けようとする動きがあったことがうかがえる。

❖引用文献

[1] 佐藤秀夫『日本近代教育百年史第六巻第十編幼児教育』国立教育研究所、1973、1109頁
[2]『幼児の教育』第26巻第1号、東京女子高等師範学校内日本幼稚園協会、1926、43頁
[3] 湯川嘉津美「幼稚園と家庭教育の関係をめぐる歴史的考察」日本ペスタロッチー・フレーベル学会関東地区第7回課題研究発表会、2012
[4] 愛珠幼稚園『沿革誌』1903、35頁
[5] 東基吉「婦人と子ども（幼児の教育の前身）創刊当時のこどもと其頃の幼稚園の状況に就いて」『幼児の教

育』第50巻第11号、日本幼稚園協会、１９５１、21〜23頁
〔6〕小山みずえ『近代日本幼稚園実践史の研究』学術出版会、２０１２、１３９頁
〔7〕前掲書〔6〕、１５９頁。注（８）において本田和子の指摘をあげている。
〔8〕福元真由美「保育実践と保育方法の展開」『保育学講座１　保育学とは』日本保育学会、東京大学出版会、２０１６、１３２頁
〔9〕前掲書〔6〕、１４６〜１５２頁
〔10〕前掲書〔8〕、１３２頁
〔11〕赤松良子「解説」『日本婦人問題資料集成』第３巻＝労働、ドメス出版、１９７７、23〜26頁
〔12〕大原社会問題研究所『日本社会事業年鑑（大正八年）』大原社会問題研究所出版部、１９２０、57頁
〔13〕大原社会問題研究所『日本社会事業年鑑（大正拾年）』同人社書店、１９２１、64〜65頁
〔14〕山田明「解題・感化救済事業の組織化における『講習会』の位置」『戦前期社会事業史料集成』第18巻、１９８５
〔15〕「開会式における平田内務大臣訓示演説」前掲書〔14〕
〔16〕「我国に於ける慈恵救済事業」、１頁『戦前期社会事業史料集成』１巻、１９８５
〔17〕前掲書〔16〕、９頁
〔18〕内務省地方局「奨励ヲ受ケタル救済事業一覧」前掲書〔16〕
〔19〕「私立二葉幼稚園第十回報告」『二葉保育園八十五年史』１９８５、２６７頁
〔20〕前掲書〔19〕、２５９頁
〔21〕松本園子「二葉幼稚園（１９００〜１９１６）における園児と家族の状況」『白梅学園大学・短期大学紀要』第52号、２０１６、57〜58頁
〔22〕「私立二葉保育園第十七年報告」１頁
〔23〕一番ヶ瀬康子他『日本の保育』ドメス出版、１９６３、70頁など。
〔24〕中央慈善協会『日本社会事業名鑑』１９２０

[25] 大阪市民生局『保育所のあゆみ』１９６７、１２３~１３０頁
[26] 東京市会事務局『東京市会史』第５巻、１９３９、１０３~１０５頁
[27] 東京市社会局『東京市社会局年報（大正十年）』１９２２、77頁
[28] 前掲書[23]、55頁
[29] 村山貞雄「モンテソリー法の導入とその批判」『日本幼児保育史』第３巻
[30] 前掲書[25]、１７０頁
[31] 志賀志那人「子供の国」『子供の世紀』３巻12号、１９２５、７頁
[32] 前掲書[31]、７~８頁
[33] 志賀志那人「子供の保育場としての建物に就いて」『子供の世紀』５巻７号、１９２７、34頁
[34] 朝田「保育組合事業の紹介——市民館電車幼稚園日々のうごき」『子供の世紀』５巻６号、１９２７、70頁
[35] 詳細は、松本園子「戦前期東京における保育事業の展開」『東京社会福祉史研究』第２号、２００８
[36] 倉橋惣三「幼稚園令の公布」『幼児の教育』第26巻第５号、１９２６、２~３頁
[37] 湯川嘉津美「森岡常蔵の幼稚園認識―W・ラインの影響を中心に―」『日本の教育史学』教育史学会、１９９６
[38] 「幼稚園令発布記念全国幼稚園大会記録」『幼児の教育』第26巻第７／８号、１９２６、49頁
[39] 渋谷文子「『幼稚園令』（１９２６年）制定の意義~幼稚園令形成過程の分析を通して~」東北大学教育学部『研究集録』第17号、１９８６
[40] 文部省教育調査部『幼児保育に関する諸問題』１９４２年３月、９頁
[41] 帝国教育会編『新令解釈幼稚園研究』文化書房、１９２６、59頁
[42] 前掲書[41]
[43] 中央社会事業協会社会事業研究所、愛育会愛育研究所共編『本邦保育施設に関する調査』中央社会事業協会社会事業研究所、１９４３、24~26頁
[44] 『関西聯合保育会雑誌』第52巻、１９２８

[45] 髙田文子「日本幼児教育史における幼稚園令～昭和初期にみる幼稚園発達の内実をめぐって～」東北大学教育学部『研究集録』第20号、1989
[46] 前掲書[43]、33頁
[47] 前掲書[43]、535～557頁
[48] 松本園子「戦前期の社会事業的幼稚園 －保育一元化問題の考察のために－」『淑徳短期大学研究紀要』第35号、1996

❖参考文献

・鷲谷善教『私たちの保育政策』（実践保育学講座4）文化書房博文社、1967
・一番ケ瀬康子他『日本の保育』ドメス出版、1962
・浦辺史他『保育の歴史』青木書店、1981
・宍戸健夫『日本における保育園の誕生 ―子どもたちの貧困に挑んだ人びと―』新読書社、2014

第5章

15年戦争と保育

昭和初期の世界恐慌（1929～1933年）のなかで、日本は不景気のどん底に陥った。巷には失業者があふれ、冷害と重なった東北地方の農村の貧窮ぶりはすさまじいものとなった。国内矛盾を打開する道として、大陸侵略への胎動が強まっていった。1931（昭和6）年、「満州事変」が始まり、政治体制の軍国化がすすんでいく。1936（昭和11）年2月の2・26事件は、陸軍内部の一派閥によるクーデター未遂事件であったが、これを契機にして軍部全体の発言力が一層強まっていった。

このようななか、1937（昭和12）年7月、中国北京郊外で発生した「盧構橋事件」をきっかけに、日中戦争が始まった。中国との戦争が長引くなかで、1941（昭和16）年12月8日（日本時間）に日本は、アメリカ、イギリスとの「太平洋戦争」に突入した。世界全体をみると、1939年9月、ナチス・ドイツのポーランド侵攻により、第二次世界大戦が始まっている。日本は、ドイツ、イタリアというファシズム国家と3国で同盟し「枢軸国」として、イギリス、アメリカ、フランス、中国、ソビエト連邦などにより構成された「連合国」と戦った。

第二次世界大戦は、1943年9月にイタリアが、1945年5月にはドイツが降伏した。日本は敗色が濃いなかで戦争を継続し、1945（昭和20）年8月6日に広島、9日に長崎への原爆投下を経て、ついに8月14日にポツダム宣言を受諾した。翌日（15日）、天皇の「玉音放送」により国民に敗戦が告げられ、9月2日に降伏文書に調印した。こうして第二次世界大戦は連合国側の勝利として終結し、日本は連合国軍（実質的にはアメリカ）の占領下におかれた。

本章では、満州事変から第二次世界大戦終結までの、15年戦争の時代における保育の動向をみていくわけであるが、前半と後半では大きな変化がある。

15年戦争の前半、すなわち日中戦争開始以前は、大部分の人々は不況下でも平時の生活を送り、戦争を意識することはなかった。幼稚園も保育所的保育施設も順調に増加し、日々の保育がすすめられていた。しかし、社会矛盾の拡大のなかで、1920年代末から、生活を守り、社会変革も視野に入れた階級的労働運動、文化・教育運動がうまれ展開された。これらは治安維持法により厳しく弾圧され、1930年代のなかばに、ほぼ壊滅させられた。次第に言論の自由が奪われ、国民全体を巻き込む戦争体制が準備されるなかで、抵抗のかたちとして本章第3節でとりあげる〝保育運動〟が誕生し、厳しい攻撃を受けつつも、新しい保育の芽生えをつくった。

日中戦争が始まると、人々の生活はどんどん厳しくなり、保育の内容にも、保育施設の運営にも、戦時体制が敷かれるようになる。第1節では、日中戦争開始後、戦時体制を支える厚生事業、教育改革がすすむなかで、常設・季節保育所が拡大し、国民一丸となって戦争に向かうための幼保一元化が論じられ、保育内容についても、さまざまな戦争の影響がもたらされたことについて述べる。

太平洋戦争開始後しばらくは日本軍の攻勢が続いたが、1942（昭和17）年7月のミッドウェー海戦での大敗を境にして戦局は悪化し、1943（昭和18）年2月ソロモン諸島ガダルカナル島を撤退した後は、太平洋の島々での敗退が続くようになる。1944（昭和19）年7月マリアナ諸島サイパン島が陥落すると、アメリカ軍はこの年の秋からサイパン島を基地としてB29という大型爆撃機で日本本土の都市を空襲する。第2節では、1943年以降、生産力増強のための戦時託児所が設置され、空襲が頻発するようになるとほとんどの保育施設が休止・閉鎖され、疎開し、あるいは被災するという戦時末期の状況について述べる。

第1節

戦争と保育

（1）戦時体制の確立と保育

①厚生省の設置

1931（昭和6）年9月の満州事変、翌年1月の上海事変に続き、1937（昭和12）年7月、日中戦争が始まると戦時体制が急速に確立されていった。戦争が長期化の様相を呈してくると、兵力・労働力という人的資源の確保のために、国民体力の向上と国民生活の安定ための諸政策を総合的にとり扱うことを目的として、1938（昭和13）年1月に厚生省が設置された。それまで内務省社会局が扱っていた業務は厚生省に移管され、厚生省社会局のなかに日本ではじめて児童保護行政の中央機関として児童課が設けられた。

同年4月には、社会事業の振興発達を期して、社会事業法が制定される。社会事業法は社会事業に対する助成よりも、その管理・監督に重点が置かれていたといわれるが、「託児所」が育児院その他の児童保護事業とともに社会事業法の適用事業として掲げられ（第1条）、寄付金募集の監督を受けるものの、国や自治体からの助成金が受けられるようになった。

これら中央の動向もあり、常設の保育所の数は、表1のように1938年から急激に増加する。また、農繁期託児所（季節保育所）も春秋合わせて1937年には1万1千か所あまりだったものが、1944（昭和19）

表1　常設保育所数と季節保育所数の年次推移

年	常設保育所	季節保育所
1937（昭和12）	885	11,363
1938（昭和13）	1,495	16,538
1939（昭和14）		20,782
1940（昭和15）		22,758
1941（昭和16）	1,718	28,357
1942（昭和17）		31,064
1943（昭和18）		37,629
1944（昭和19）	2,184	50,320

注：常設保育所数は『日本社会事業年鑑』昭和18年版、昭和22年版より作成。1939、1940、1942、1943年に関しては記載がない。季節保育所数は1937、1938年は『日本社会事業年鑑』昭和17年版より、1939～1944年は『日本社会事業年鑑』昭和18年版、昭和22年版より作成。

年には5万か所を超えるまで増加した。

②女子の勤労動員

託児所の増加の背景には、戦線の拡大によって出征者が増え、「銃後」の内地が深刻な労働力不足に陥ったため、女子も労働力として徴用せざるを得なくなったという事情もある。

一家の大黒柱である夫を応召で失った出征遺家族の主婦は、子どもがいても生活安定のために働かざるを得なくなっていた。それまで託児所は、おもに都市部の低所得家庭の子どもを対象としていたが、出征者が急増するなか、出征遺家族の子どもを対象として保育をおこなう施設もつくられ始める。東京市では、1937（昭和12）年、日中戦争開始直後から市内20か所の方面館で、出征下士官家庭の乳幼児の昼夜間保育を実施する方針を示した。ただ、この計画は応召家族の実情には即さないもので、実際にはほとんど利用はなかったようである。[*1（195ページ）] また、京都市でも1939年度から軍事援助事業の一環として出征軍人の遺家族の幼児を優先的入所させる「銃後の託児所」を3か所設置した。こちらは軍人遺家族に利用され、増設も期待された[1]。戦時初期には、まずこのような出征軍人遺家族を対象とする保育対策が実施された。明治期の日露戦争に際しての戦時保育（第3章第2節6）と同様のものである。

しかし、この戦争においては、出征軍人遺家族救済を超えて、女性労働力利用のための保育対策が実施される。1938年4月の国家総動員法に基づき、1939（昭和14）年7月に施行された国民徴用令によって、女子の勤労動員が始まる。当初は「不急不要」の職種への男子の就職を制限し、未婚の女性に就職を奨励する程度にとどまっていたが、太平洋戦争開戦直前の1941（昭和16）年11月に国民勤労報国協力令が施行されると、14歳以上25歳未満の未婚の女性が、航空機生産や兵器生産などの軍需工業や金属・機械器具工場などにも動員されるようになる。まもなく、女子の動員年齢の上限は20歳に引き下げられたが、それは過度の女子動員により女性の婚期が遅れることによって出生率が低下し、人的資源の確保に支障をきたし、戦争遂行の妨げとなることを政府が危惧していたためである。その後、男子の大量徴用の結果、深刻な労働力不足となり、1943（昭和18）年9月に「女子勤労動員ノ促進ニ関スル件」が発令され、女子遊休労力の一掃、女子労力の全面戦力化をめざし、既婚女性も動員させざるを得ない状況に陥る。

戦争遂行に必要な人的資源の確保のために政府は、1941年1月「生めよ殖やせよ」をスローガンとする人口政策確立要綱を定め、母子保護対策として乳幼児死亡率の改善を目標に、乳幼児必需品の確保や育児知識の普及などとともに保育所の設置を強く求めた。こうして、保育所は国策として、労働人口の根こそぎ動員によってとり残される乳幼児の保護と、母親の家事・育児の負担軽減、能率増進の保障を担う重要な社会施設として位置づけられるようになった。

東京市では1941年4月「東京市保育所使用条例」を施行した。それまでの公立託児所が、おもに低所得層の家庭の子どもを対象としていたのに対し、動員によって母親が働かざるを得なくなった家庭も対象に、1日10銭以内の使用料で保育をおこなうよう定め、母子の保護という国策に沿って保育所に健康相談もおこなうよう求めた。

(2) 季節保育所

①季節保育所の急増

昭和10年代に季節保育所(農繁期託児所)が急増した。出征による農村部の労働力不足を解消するための対応であるが、急増した背景には、国や各府県が季節保育所の設置を積極的に奨励し、金銭的な助成などをおこなうようになったこともある。

国庫補助は、1941年度から始まり、満3歳未満の乳幼児10人以上を保育する季節保育所を対象に1施設平均30円を限度として支給されるようになった。「季節保育所補助要綱」によれば、その趣旨は必要性が高いにもかかわらず経費を多く要する「乳幼児(満三歳未満)に対する保育施設の普及」を図ることであった[2]。

*1 一番ケ瀬康子他『日本の保育』ドメス出版、1962、129~130頁において、東京市のこの施設の概要についてふれている。しかし、保育問題研究会「保育問題ニュース/東京市方面館の昼夜間保育」『保育問題研究』1巻1号、1937、10~11頁にみるように、当時の保育関係者には昼夜託児方針は実情に即さぬものであるとする批判があった。東京都公立保育園研究会『私たちの保育史』上巻、1980、29~32頁によれば、この施策に即した夜間保育の実施は確認できず、唯一、本木方面館で1938年夏、父服役、母入院の姉弟の夜間保育を担当した新井正子の経験が報告されている。

②生活共同化運動

多くの乳幼児が農繁期に放置され、事故や病気で命を落としていたなか、季節保育所はそれを防ぐ有効な施設であり、農村の生産性の向上という点で農民にも有用な施設であったといえよう。しかし、農村の生活実態に合わない上からつくられた季節保育所もあり、必ずしもすべての農民たちの理解や支持を得ていたわけではなかった。

そのようななかで、季節保育所を慈恵的なものに終わらせずに、村の生活を合理化するための生活共同化運動の一環に位置づけようとする試みが少数ながら戦争末期に至るまで続けられていた。

そのひとつは恩賜財団愛育会が厚生省の援助のもとおこなった「愛育村」運動である。愛育事業のなかに季節保育所も含まれており、愛育班員は講習を受けて農村漁村の保健、育児に関する知識を高め、季節保育所が設置されるとその世話役として活動した。

また、秋田県平鹿郡旭村など東北地方では、農作業の共同化とともに農繁期には共同保育、共同炊事、共同風呂など生活を共同化することによって、労働力の不足を補い、子育てや炊事に関する負担を減らし、さらに母性保護や乳幼児保護を実現しようという試みもおこなわれた。

このような旧来の農村漁村の生活を改革し、新しい共同体をつくろうという活動は、継承されるべき革新的な事業として評価しうる。

(3) 戦時教育改革と保育

①教育審議会における幼保の一元化論

１９３７年12月、戦時体制にみあう教育制度改革をめざして内閣に教育審議会が設置され、教育の全分野にわたって検討が加えられた。幼稚園改革問題に関しては、１９３８年4月から12月にかけて断続的にとりあげられたが、教育審議会は義務教育年限を上に延長することの必要性は論じたが、小学校教育と幼児段階の教育との関係については全般的に関心が薄く、幼保の一元化問題を含む幼稚園問題にはわずかな時間しか審議に費やされていない[3]。

同年4月27日の第3回特別委員会で幼稚園問題に言及されている。幼稚園と託児所の関係については、佐々井信太郎（報徳社副社長、中央教化団体連合会理事）、森岡常蔵（東京文理科大学学長）、林博太郎（貴族院議員）らが幼稚園と託児所の一元化に積極的な意見を述べている。

とくに森岡は、幼稚園令では幼稚園に託児所のような社会政策的な機能をもたせる考え方も含まれていたが、そのような幼稚園が普及していないと批判した上で、託児所と一丸となって幼稚園が進歩していくよう求めた。しかし、田中穂積（貴族院議員、早稲田大学総長）のように幼保の一元化は理想論であり、幼稚園と託児所の改革を徹底的にやると経費をかなり要するので、幼稚園の問題は現状のままにしておき、まずは小学校の年限延長を優先させるべきであると、就学前の幼保の問題をとりあげることすら疑問視する委員もいた。田所美治（貴族院議員、順心高等女学校校長）や下村寿一（東京女子高等師範学校校長）は、幼稚園が託児所の仕事まで背負うのは不可能である、幼稚園と託児所を完全に統合することは無理だと一元化には慎重な姿勢を示しており、文部省の藤野恵普通学務局長も、託児所を幼稚園に統合させるということには相当の困難があるとして、一元化には否定的な文部省当局の見解を明らかにしている[4]。

その後、答申案を検討する整理委員会でも、幼稚園問題がとりあげられた。同年7月1日の第5回整理委員会で森岡は、どの子どもも同じ施設で保育を受けることが適当であり、幼稚園と託児所はなるべく統合して、家庭教育の不足を補う施設として教育していく必要があると、再び幼保の一元化を主張する。佐々井も同じく補助金や保姆の確保で幼保に差異が生じているので両者の統合が必要だと論じた。しかし、藤野恵普通学務局長は、幼稚園と託児所のそれぞれ機能の違いに言及し、将来的には統合する建前ではあると述べるにとどまっている。結局、ただちに幼稚園と託児所を統合するのは困難だが、すべての幼児が同じ保育を受けられるように国策として方針を確定し、託児所を幼稚園に近づける形で漸次一元化するということで議論は収束する。

同年12月8日、教育審議会は「国民学校、師範学校及幼稚園ニ関スル件」のなかで、幼稚園に関しては、季節的な「簡易ナル幼稚園」の設置、保健と躾の重視、幼稚園の社会教育的機能の発揮などの方針を示した「幼稚園ニ関スル要綱」を答申する。

答申「国民学校、師範学校及幼稚園ニ関スル件」は、小学校に関しては名称を国民学校と改めて義務教育を8年とし、教科の統合をおこなう、また、師範学校に関しては修業年限を3年とし、入学資格を中学校卒業程度とするなどの改革を提言している。しかし、幼稚園に関しては大綱的なものにとどまり、「全体としては現状を変革する点において控えめ」な内容になっている[5]。

簡易な幼稚園に一元化の道への可能性は残したものの、「幼稚園ニ関スル要綱説明」で幼稚園と託児所の関係（一元化）については、「実際託児所モ単ニ乳幼児ノ保護ノミニ止マラズ大体幼稚園ト同様幼児ノ保育ヲ致シテヲル実情デアリマシテ、斯クノ如キ教育的機能ニ付テハ教育行政上ノ立場カラ配慮セラルベキモノガアル」と言及しているものの、何ら具体的な方策は示されず、「今後政府ニ於テ十分慎重ナル研究ヲ遂ゲ、幼児保育上有効適切ナル措置ヲ講ゼラレタイ」と要望したのみで、先送りにしてしまった。

しかし、教育審議会での議論のなかで、幼保の二元的制度によって幼児の保育に差別的状況が存在するのは、戦争遂行のために国民統合を進めていくうえで好ましくないという、あくまでも戦時ファシズム体制からの視点であったとしても、すべての子どもに等しい保育をという考え方が示されたことは注目すべきであろう。

②国民学校令と「国民幼稚園」論

1941年3月に公布された国民学校令は、第1条で「国民学校ハ皇国ノ道ニ則リテ初等普通教育ヲ施シ国民ノ基礎的錬成ヲ為スヲ以テ目的トス」と国民学校の目的が「皇国ノ道」にあることを明らかにしている。当時の幼稚園界の中心的指導者であった倉橋惣三は、1940年から翌年にかけて国民学校令との関係において「国民幼稚園」論をたびたび展開している。

倉橋は、国民学校が「皇国ノ道ニ則リテ」「国民ノ基礎的錬成ヲ為ス」ものである以上、就学前保育施設もまた、設置の目的や内容において同じく「皇国ノ道ニ則リ」「国民ノ基礎的錬成ヲ為ス」ものでなければならず、その意味で幼稚園は「国民幼稚園」でなければならないと主張した。従来の幼稚園を皇国民の錬成を担う「国民幼稚園」に転換することを求めた倉橋は、「国民幼稚園」たるためには、幼稚園も国民学校と同様に国民的普及（幼稚園の義務化）と国民的無差別（保育の一元化）の実現が不可欠であると唱えた。倉橋の主張は天皇制ファシズム下で進行する教学の新体制に迎合するものであり、それは就学前の保育までも新体制に否応なく巻き込まれていかざるを得ない状況になっていたことを示していた。

同時期、城戸幡太郎を会長とし、会の発足当初から「幼保の一元化」を研究課題として掲げていた保育問題研究会も、教育審議会の「幼稚園ニ関スル要綱」が大綱的であるとして、1940（昭和15）年4月に就学前教育制度委員会を設け、具体化のための研究を進めていた。その成果は翌年、機関誌『保育問題研究』3月号に「国民幼稚園要綱試案」として公表された。

「国民幼稚園要綱試案」は、幼稚園の制度に関しては、満4歳以上の幼児を常時保育する施設を「国民幼稚園」として幼稚園と保育所を一元化し、新たに国民幼稚園令を制定すること、そして、5歳児の幼稚園教育を義務制とすることを提案し、「満4歳以下」の乳幼児の保育については、別に保育所令の制定を求めている。「戦前における民間の保育実践者・研究者たちの総意を結実した」[6]、「国民幼稚園要綱試案」は、幼保の一元化の提案にとどまらず、戦後に継承されることになる重要な提案をおこなっている。教育審議会答申の「簡易ナル幼稚園」の設置を支持し、所在地域の特殊性に応じて、さまざまな形態の施設を認めたこと、さらに、経済的な理由で国民幼稚園に入園させられない家庭のために児童保護法を制定し、すべての子どもが幼児教育を受けられるように公的補助をおこなうよう求めたことである。これらの提案は、貧富による保育の差別解消、保育の機会均等の実現をめざす具体的な方策の提示となっている。

また、従来、保育・教育の対象外として排除されていた「身心の発育不全」な障害児のための特殊な保育施設の設置を求めたことも、「国民幼稚園要綱試案」の先見性を示すものである。保育問題研究会の示した国民幼稚園は、倉橋が唱えたような時流を反映した皇国民錬成を目的とするものではなく、前述したような幼稚園と保育所に共通する「新しい保育の体系」を示したものといえよう。

ほかに、第8回全国幼稚園関係者大会委員建議「現下ノ時勢ニ鑑ミ幼稚園教育振興策ヲ挙ゲ其筋ニ建議スルノ件」（『幼児の教育』1941年2月号）も「幼稚園ニ関スル要綱」の具体化案である（5歳児の幼稚園教育の義務化、公私立幼稚園に対する国庫補助などを提案）。このように1941年には、民間から保育制度の具体的な改革案が複数示されたのであるが、同年12月に太平洋戦争が勃発して戦時体制が強化されていくなか、文部省はこれらの案を参考に幼稚園と託児所の関係を改善するための措置を何らとろうとはしなかった。

太平洋戦争末期になると戦況の悪化とともに女子の動員がさらに強まり、とくに都市部で幼稚園は閉園・休園にするか、保育を続けるならば戦時託児所へ転換するかを迫られ、実態として幼稚園が保育園に統合されるという形の一元化の状況が生じてくる。

（4）戦争による保育内容の変質

小学校以上の段階に比して、就学前の保育の場は軍国主義の影響は少なかったといわれるが、1938年の教育審議会答申以降、皇国主義的な躾（しつけ）を重視した保育が強化され、戦争末期に向かうにしたがって保育の場でも戦争の影響は大きくなっていく。

教育審議会が「国民学校ニ関スル要綱説明」で、祝祭儀式その他各種の学校行事は訓育的効果があるので、教育体系内に積極的にとり入れるよう提言しているように、国民学校教育のなかで、皇国民を錬成する形態のひとつとして重要視されたのが、儀式的行事である。国民学校における儀式的行事重視の動きに対して、幼稚園関係者も保育のなかに、さまざまな軍事色の濃い行事を積極的にとり込むようになる。「慰問（いもん）袋づくり」「旗

図１　戦時中の保育：日の丸と音感教育（東京市平井町方面館1942年）

（故福知トシ氏提供）

図２　看護婦さんごっこ（東京女子高等師範学校附属幼稚園1943年頃）

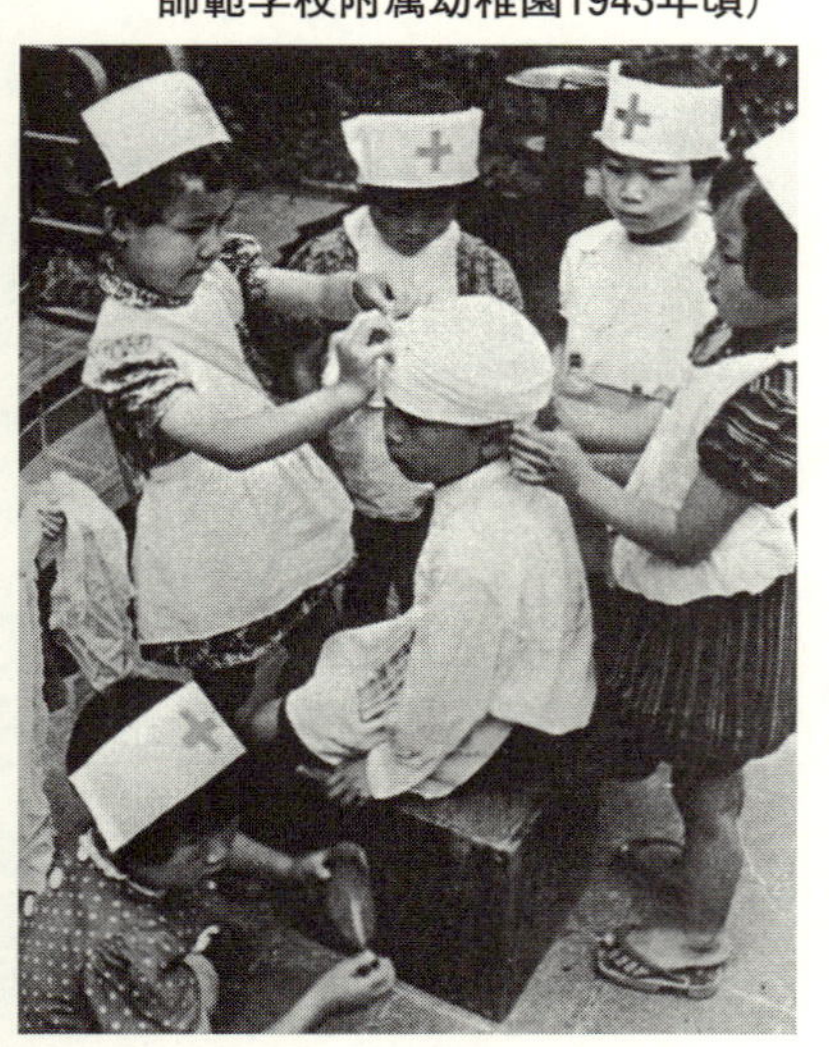

（日本保育学会編『写真集 幼児保育百年の歩み』より転載）

行列」「国旗掲揚」のほかにも、「出征兵士の見送り」「神社参拝」「皇居遥拝（ようはい）」などが盛んにおこなわれるようになる。また、天長節（戦前の天皇誕生日）をはじめとする祝祭日には、皇居遥拝、黙禱、君が代斉唱、園長訓話（皇室に関する話など）、祝祭日の唱歌といった一定の式次第にしたがった儀式がおこなわれた。厳粛な雰囲気の儀式をくり返しおこなうことをとおして、子どもたちのなかに皇室を尊崇する気持ちや戦時体制へ服従する態度を醸成しようとしていたと考えられる。

日常の保育内容にも、時局を反映した軍人・軍隊を題材にした唱歌（「僕は軍人大好きよ」「愛国行進曲」「兵隊さんよありがとう」など）や遊戯が多くとり扱われるようになり、戦時色が強まっていく。また、幼児の遊びのなかにも、男児はトーチカや塹壕（ざんごう）づくり、女児は看護婦になって負傷兵の手当てをするといった「戦争ごっこ」が多くなっていく。１９４３年以降、金属類の回収が強化されたことにより、保育施設の園庭の金属製の遊具も供出のために撤去されてしまう。

以上のように、戦争が幼稚園のなかにもいやおうなく入りこむと同時に、戦時体制に協力し、それに応える保育実践が推進されていていったのであるが［7］、それは託児所も同様であった。

第2節 戦時末期の保育施設

（1）戦時託児所の開設

１９４１年12月の太平洋戦争開戦以後、一層多くの兵力、労働力が必要となり、戦時末期には全国の都市部に一般に「戦時託児所」と呼ばれた簡易保育施設が多数設けられる。

厚生省は１９４３年３月、「戦時社会事業の強化拡充に関する件依命通牒」［8］を地方長官あてに発した。

この通牒は各地の戦時託児所設置を促進した。

資料　戦時社会事業の強化拡充に関する件依命通牒（厚生省発生第37号、昭和18年3月17日）

現下国家の要請に対処し生産力の増強に寄与せしむる為社会事業の機能を最高度に発揮して勤労者生活の援護育成に遺憾なからしむるは喫緊の要務たるに鑑み左記各項御留意の上各地方の実情に応じ機宜の方途を講ぜられ度

記

一、重要産業地区を擁する地方に在りては概ね左の措置を講ずること

（一）保育施設の急速なる増設拡充を図ること此の場合に於ては左の諸点に付留意すること

（イ）設備は新築を行はず可成既存社会事業施設の活用又は寺院、教会、転廃業商店等既設建物の利用に依ること

（ロ）保育従事者には可成女子勤労奉仕隊の動員協力を求むること此の場合に於ては可成短期の講習会を開催し保育事業に関し必要なる知識技術を習得せしむること

（ハ）保育料は依託者の実情を考慮し相当額を徴収し差支なきこと

（ニ）可成母の会等を設けて勤労婦人の家庭生活、保健等の指導を併せて行ふやう考慮すること

（ホ）臨時に保姆養成の途を講ずること

（後略）

たとえば、名古屋市では１９４２（昭和17）年1月から、寺院、教会、公会堂などを使用した「保育園」を市内15か所に開設した[9]。福岡県では１９４３年1月、通牒「生産増強対策ノ一途トシテ寺院ニ保育所開設ノ件」を出し、とくに勤労家庭の多い地域の寺院は保育所開設のために寺院を開放すること、保姆は住職の女性家族や門徒婦人などを奉仕で当たらせる、開設経費に対して県が補助金を若干交付することなどを定めた「簡易保育所開設要綱」を示した。2か月あまりの間に28か所の寺院が簡易保育所の事業を開始したという[10]。

大阪市では１９４３年に入って、寺院その他町会などの適当な施設を利用した簡易な託児所をつくり始めるが、１９４４年4月には市内6図書館のうち、阿波座、御蔵跡、西野田、城東の4図書館を教育局から社会局に移管し、託児所に転用する（残り2図書館のうち老朽化していた清水谷図書館は建物疎開により事業停止、今宮図書館のみ図書館事業を継続した[11]）。戦況の悪化とともに、文化活動は著しく制約を受けたが、図書館まで

図３　図書館を転用した大阪市の戦時託児風景

（『大阪市立図書館50年史』より転載）

もが「不要不急」の施設として戦時託児所に転用せざるを得ない状況に陥っていたのである。[*2]

東京市では1941年4月の「東京市保育所使用条例」を廃止して、1943年4月「東京市戦時託児所使用条例」「東京市戦時託児所使用条例施行細則」を告示した。

戦時託児所の目的は、「乳幼児ニ対シ皇国民タル資質ノ向上ヲ図ルト共ニ市民皆働ニ依ル戦時生産ノ増強ニ資スル」(東京市戦時託児所使用条例第一条)ことと規定され、さらなる徴用の拡大に対応し、国民皆働を促進するばかりでなく、次世代を担う皇国民の資質の向上をもめざすことを戦時託児所に求めている。

対象児の年齢は、「生後3月以上ノ乳児」に月齢が引き下げられ(東京市戦時託児所使用条例第二条)、受託時間は4月から10月は午前6時(11月から3月は午前6時30分)から午後7時30分まで、休日は年間を通して「1月1日」のみとなり(東京市戦時託児所使用条例施行細則第二条)、日曜祭日も保育にあたるなど、保育時間は延長され保育日数も増加された。

(2) 幼稚園に対する戦時措置

①全国の動向

アメリカ軍による日本本土への空襲は1942年4月に始まるが、1943年9月以降、日本軍の太平洋方面での戦線の後退が始まると、本土空襲の危険が差し迫ったものになった。

こうした状況のもとで幼稚園に対する戦時措置が全国で実施され、とくに都市部の幼稚園に休園・廃園、あるいは戦時託児所に転換したものが少なくなかった。

1970（昭和45）年におこなわれた日本保育学会による戦争中の幼稚園の状況調査によると、回答のあった全国の317園中、休園した園は50・2％で、東京（23区）、横浜、名古屋、京都、大阪、神戸の6大都市に所在する幼稚園では80・8％もの幼稚園が休園している。また、廃園は全体の6・6％、6大都市では10・8％、幼稚園から戦時託児所に転換した園は全体の12・6％、6大都市では32・3％であったという。

愛知県や長崎県のように、あえて戦時託児所の名称を用いないが、幼稚園に3歳未満児の保育や年中無休の長時間保育を求めた地域もあり、1944年以降、幼稚園を戦時託児所化するという形での実質的な一元化の状況が広く全国に出現した。長年の懸案であった保育における幼保の一元化の問題は、戦争遂行という国策のもとにおいて、一時的ではあるが実現を見ることになったのである[12]。

②東京都における動向

1943年9月、東京都[*3]教育局は管内の幼稚園に対して「防空ニ関スル通達」を出し、警戒警報や空襲警報が発令された場合は休園とする、保育中に警報が出された場合は、状況に応じて子どもたちを帰宅させるか幼稚園に待機させるという警報などが発令された場合の対応について指示している。

＊2　戦時託児所の全国動向については、松本園子「戦時体制下の保育問題と保育政策　―太平洋戦争下の都市戦時託児所を中心に―」『保育政策研究』第2号、東京保育問題研究会保育政策部会、1981を参照。

＊3　東京都は、「東京都制」（1943年6月1日公布、7月1日施行の戦時法制）により誕生した。これにより東京府と東京市は廃止されたが、府、市の条例などは都に引き継がれ、東京市の施策としてスタートした戦時託児所も東京都の施策となった。

「防空ニ関スル通達」は、幼稚園の保育事業の継続そのものの停止を求めるものではなかったが、太平洋戦線の戦況がますます悪化して本土空襲が必至の状況になると、幼稚園は保育事業そのものを休止して、無期限で休園するよう求められるようになる。

1944年4月19日、東京都は都下の幼稚園の園長を京橋区（現・中央区）の泰明国民学校に集め、通牒「公私立幼稚園非常措置ニ関スル件」を示した。いわゆる「幼稚園閉鎖令」といわれるこの通牒は、幼児を集団で置くことの危険を避け、家庭内に分散させる、疎開を促進させるために、幼稚園の保育事業を休止するか、保育を継続する場合は戦時託児所に転換するよううながすものであった。泰明国民学校に赴いた江戸川区の江戸川双葉幼稚園園長の菅原衛行（すがわらもりゆき）は、そのときの様子を自伝に、次のように記している。

（前略）

東京都より幼稚園経営者に泰明国民学校に集合を命ぜられてあつたが、経営に関して御協議申し上げたくとの要旨をみると、時局に応じた保育方を懇請する程度に解して行つて見た。都教育局長生悦住求馬氏初め、課長連居並び、空襲の危険切迫を予想される今日、生命と教育を換え難しとの理由にて、当分の間幼児教育は中止せよ。幼稚園戦時措置として保育休止の命令が出た。休止期間も相当長期に亙ると考えられる故、保姆及び園長は国民学校教師としてやつてほしい。園の施設は空襲時の避難場所として、都防衛局に貸してほしいと言う。事の意外に、全経営者騒然たるものあり、質問戦に入り、現在の命令は認可幼稚園だけと解されるが、無認可幼稚園及び託児所は如何にと突込まれて回答に苦しむ様子。無認可幼稚園はない事になつて居るが、若しありとせば同様処置する。託児所は戦力の増強に役立つ故残置させる。現在の幼稚園に於ても、調査の結果、戦時下必要の施設と認定の場合、部長官に於て、戦時託児所として存置させる、と言う。

役人の退出後、園長たち大分居残つて、措置を協議した。日時を改めて会合を約してその日は解散[13]。

東京都は、同年5月24日、民生局長・教育局長連名通達「公私立幼稚園非常措置ニ対スル善後処置並ニ保育施設ノ整備ニ関スル件依命通牒」を各区長宛に出し、無認可幼稚園その他各種の保育施設に対しても、5月末日をもって保育事業を休止するか、戦時託児所へ転換するよう求め、同日「戦時託児所設置基準」を定めている[14]。これらの通牒により、東京都では公立（都立）幼稚園51園は率先して休園し、私立幼稚園も戦時託児所として保育を続ける意思を示した園は少なく、多くの園が閉鎖に傾いたとされる[15]。

③戦時託児所へ転換した幼稚園の事例

しかし、戦時託児所に転換して保育事業を続けた幼稚園も存在している。そのひとつが東京都江戸川区の江戸川双葉幼稚園である。江戸川双葉幼稚園は、キリスト教の牧師菅原衛行によって１９４１年11月、江戸川区北小岩に開設された。１９４４年４月の「幼稚園閉鎖令」のあと、菅原は5月30日に幼稚園の休止と同時に、戦時託児所としての設置認可申請を江戸川区役所に提出する。*4(211ページ) 江戸川区内で戦時託児所への転換を希望した園は、江戸川双葉幼稚園を含めて４園のみであったという。６月13日に戦時託児所設置に関する実地調査が入り、７月１日付で東京都から設置認可を受ける。

戦時託児所は、「東京市戦時託児所使用条例施行細則」「戦時託児所設置基準」にしたがって、「保育条件の欠如または不足する家庭」の幼児を対象に年中無休の長時間保育、乳児の受け入れなどが求められたが、江戸川双葉幼稚園では戦時託児所に転換後も、乳児の受け入れはせず、保育時間も保育日数も、ほぼ幼稚園時代と変わらない保育が続けられていた。1945（昭和20）年2月19日、3月4日と小岩地域も空襲を受けたため疎開する子どもが多くなり、同年4月の江戸川双葉戦時託児所の在籍児数は、幼稚園時代のピーク時の3分の1にまで減少してしまう。保育中に空襲警報が発令され、子どもたちを園庭につくった防空壕に避難させたり、帰宅させることも、たびたびとなるが、空襲で被災することもなく終戦を迎えた。

仏教家で福島県初の農繁期託児所を開設するなど社会事業家としても活躍していた鈴木積善（しゃくぜん）によって1933（昭和8）年、東京市杉並区に設立された井草幼稚園も戦時託児所に転換して保育を継続した幼稚園のひとつである。杉並区内では井草幼稚園を含む3園のみが戦時託児所への転換を認められた。[*5] 井草幼稚園は1944年6月10日に幼稚園としての閉園式をおこない、その後、戦時託児所開設に向けて準備をすすめ、8月8日に戦時託児所として認可が下り、9月4日に入所式をおこなっている。井草戦時託児所は、「戦時託児所設置基準」などにしたがい、日曜保育や朝7時半から夕方までの長時間保育も実

図4　井草幼稚園の戦時託児所時代の看板

（井草幼稚園所蔵）

施し、保育料免除もしくは保育料2分の1、3分の1といった困窮家庭の子どもも受け入れるようになった。しかし、1944年12月3日の空襲で杉並区内の広範な地域が焼失したことから保育継続は困難と判断され、井草戦時託児所は開所後わずか3か月あまりで閉鎖となった。

(3) 空襲などによる被災

先の日本保育学会の戦争中の幼稚園の状況調査によると幼稚園全体の24・9%、6大都市の47・7%の幼稚園が園舎を被災している。広島市の場合、1945年8月6日の原子爆弾投下時、14の私立幼稚園が存在していたが、戦後も引き続き保育をしている園は4園のみで、10園は1970年当時は存在していない[16]。

空襲による被災は、保育所(託児所)も同様で、大阪市の場合、戦時託児所を含めて88か所あった市立託児所は1945年3月13日の大空襲で48か所を焼失し、疎開などのため、終戦当時の在籍幼児数は300名あま

***4** 江戸川双葉幼稚園と井草幼稚園の戦時託児所への転換等の経緯は、矢治夕起「昭和戦中期の戦時託児所について—幼稚園から戦時託児所への転換事例—①」『淑徳短期大学研究紀要』第53号、2014(江戸川双葉幼稚園について)、同前「昭和戦中期の戦時託児所について—幼稚園から戦時託児所への転換事例—②」『淑徳短期大学研究紀要』第54号、2015(井草幼稚園について)に詳しい。

***5** 井草幼稚園(学校法人松峯学園)理事長の鈴木和長(鈴木積善の子息)からの聞き取り(2014年9月11日)と、井草幼稚園とともに戦時託児所に転換した聖心幼稚園(現在は、聖心保育園)園長田上紳からの聞き取り(2015年6月10日)による。井草幼稚園の開設者、鈴木積善は開設の翌年(1934年)に急逝したため、その妻鈴木フミ子が園長となり、戦時託児所への転換は鈴木フミ子によって進められた。

りにまで減少してしまった[17]。東京都でも167か所の公立託児所のうち、62か所が空襲により焼失もしくは半焼・損壊した[18]。

空襲による被災以外にも、空襲による延焼を防ぐ目的で市街地の建物を強制撤去する「建物疎開」によって園舎を強制撤去された幼稚園、軍事関係施設や工場として園舎が転用された幼稚園も多数存在した。

戦争末期になると、幼稚園も戦時託児所などの保育施設も、とくに都市部において、空襲が激しさを増したこと、そのために子どもたちが家族とともに地方へ疎開して子どもの数が減少したことなどにより、保育の継続が困難な状況に追い込まれていった。

(4) 疎開保育

①民間の幼児集団疎開

日本においてそれまでの「避難」にかわって「疎開」の語が用いられ始めたのは、1941年11月の防空法一部改正前後からであるという。政府による「学童疎開促進要項」の閣議決定は1944年6月30日であり、これを契機に東京など全国13都市において、ほぼ一斉に、大規模な学童集団疎開が実施されることになった。実際はその前年から人員疎開の一環として、学童の縁故疎開は勧奨されていたが、1944年4月1日現在で縁故疎開した児童の実数は、東京都内国民学校初等科全児童数47万人のうち7万5千人(16%)であった。また、東京都によって集団方式による疎開も、上記閣議決定の2か月前から部分的に実施されており(東京都国民学校戦時疎開学園)、都ではさらに大規模な集団疎開を計画していた[19]。現状はそれだけ政府の方針決定を待つまでもない切迫した状況であったのである。
「〈縁故〉と〈勧奨〉という疎開二大原則は、この後疎開が不用になるまで公式に一貫して保持され続けて、日本におけるevacuation（英語「疎開」：筆者注）の重大な特性を形作るのであった」[20]との考察は、集団疎開が「疎開の変形的な発展に他ならない」ことを示しており、その対象が「初等科三年以上ノ者」に限定されていたことから、初等科2年以下、つまり幼児はそもそも集団疎開の対象とはされていなかった。具体的には、学童に関する促進要項の数か月後、同年11月7日に「老幼者妊婦等ノ疎開実施要綱」が閣議決定され、幼児は縁故疎開対象者として勧奨された。[*6]

そのような背景のなかで、恩賜財団大日本母子愛育会経営の戸越保育所と愛育隣保館が、最初の幼児集団疎開に踏み切ったのは、１９４４年11月25日のことである。その計画は、虚弱児施設の24時間保育の経験がある畑谷光代が、小学校の学童疎開の新聞記事を見て、幼児疎開の可能性について職場である戸越保育所の所長森脇要に進言したことに始まるといわれている[21]。６月に集団疎開について母親たちに問いかけたところ、34名（3分の2程度）の母親から「疎開させます」との返事があったという。疎開には必ずしも賛成ではないが、「保育所に対する信頼感より子供を離す」という意思表示であると森脇は解釈している[22]。

愛育会による集団疎開は、埼玉県南埼玉郡平野村字高虫（現、蓮田市）の桶川駅より6キロ離れたところにある無人の寺、妙楽寺を借りておこなわれた。住職の小島浄念が渋谷区の方面館館長をしていたため、愛育館

＊6　この要綱をはじめとして防空総本部より疎開区域都庁府県長官宛に発せられた通牒などの国の動き、および東京都の幼児を対象とした集団疎開実施への動きについては「第３節　幼児の集団疎開」『東京都教育史』通史編4、東京都立教育研究所、１９９７、１４９頁を参照。

とも親しくこの寺が選ばれたということである。「愛育隣保館は東京での活動を続け、希望者のみが疎開、戸越保育所は東京での活動を中止しての疎開」[23]で、先発隊が11月25日に幼児15名、12月2日に戸越保育所の幼児25名と隣保館の幼児7名が疎開先に向かって出発した。[*7] 計47名の幼児[*8]に対して保姆7名、保健婦1名、栄養士1名、給食担当1名、村からの手伝い2名が配置され、研究所の医者が週1回出張して健康管理をした。

東京と現地との間を連絡役として何度も往復した愛育隣保館主任の鈴木とくは、「炊き出しは保姆さんの親戚の人で、3歳の子ども連れだったが、他の子たちの手前、甘える自分の子を突き放そうとする母親を見て、私が保育所にいるときはできるだけその子をおんぶしてあげた」と語っている。疎開先に着くと、用務員と保姆が古寺の掃除から始めた。かまどもくずれかけて使いものにならず、裏山から赤土を運び、子どものころ左官屋さんがやっていたのを思い出して、ちょうどあった石油缶を芯にして補強

図5　1945年6月疎開保育園に残された園児は6人となる

後列左より福知トシ、新見久子、鹿毛和子、高瀬慶子、福光えみ子、畑谷光代、山田久江。前列左より鈴木とく、鈴木範子。（故畑谷光代氏提供）

のために土に藁をまぜてかため、やっと使えるような状態にしたという。疎開予算は、幼児1人あたり80円から90円見当とされており、疎開保育所の幼児の生活物資援助のために、平野村の人々を中心として疎開保育園援護会が結成され、物資の買い入れ、斡旋はもっぱらこの援護会を通じてなされるというしくみであった。[*9]

子どもたちの1日の生活の流れは次のようなものであった。

七時半（夏は朝六時）起床。洗顔。九時朝礼、東京の方を向いて、「お父さん、お母さん、おはようございます」をし、並んで庫裡に入り朝食。十時から戸外保育。十二時昼食。その後、静かな自由遊び、散歩、親に手紙を書く時間。四月以降、暖かい季節は午睡。[*10] 三時おやつ。以後自由遊び、時には集団遊び。四時風呂。五時夕食。六時就寝。病児の点検、治療。湯たんぽの用意。担当の保姆の童話等。八時睡眠（夏は七時半）[24]。

＊7 森脇要「幼児集団疎開について」『幼児の教育』第44巻第12号、1944、5頁を参照。鈴木とくの著書によると、11月25日に14人の子どもを5人の保姆が連れて、すさまじくごった返す上野駅から出発した状況が記されている（『戦中保育私記』チャイルド教育選書、1990、158頁）。

＊8 『日本幼児保育史』第5巻（フレーベル館、1974）では「五十三名」、畑谷光代『つたえあい保育の誕生』では「幼児約八十名、職員二十名」とされている。「人員は初め1週間子ども14人、それより41人、徐々に増え、初めより16日経て53人となる。大人は大てい10人以内」（鈴木とく『戦中保育私記』）という記録から疎開先の村の子どもたちも保育に参加したと考えられる。

＊9 鈴木とくより1996年5月10日に筆者聞き取り。農業会理事の方々が食料確保に奔走したという。

＊10 疎開保育所の裏の林のなかに用意した寝床で昼寝をする子どもたちと、それを見守る保姆の姿が写真に残されている（畑谷光代『つたえあい保育の誕生』1968、9頁参照）。

図 6　疎開保育中の子どもの様子

（故畑谷光代氏提供）

保姆は、日課にしたがってそれぞれ交代で担当が決められていて、全員の保姆がすべての子どもの責任を負うという「全体的流れ作業式」で始められたが、1945年の春になって、1人の保姆が特定の5、6人の子どもの母親代わりになる「母親制度」に変えるなど試行錯誤を重ねていった[25]。「あなたは他の誰かさんとは絶対に、とりかえっこできない、とても大事な人なのよ」と伝えていくための「おかあちゃん」制度であったという。このような非常時にあっても、子どもたちに生じた様子を観察し、「現場に発生した問題を、本質的に解決しよう」という姿勢をもち続けたのである。なかでも、「保姆が夜中おねしょする子を起こしてトイレにつれていく当番をつくったり、お湯を沸かして足を暖めて布団に寝かせたり、暗示をかけたりと、おねしょ対策には苦労した。寝具は東大セツルメント時代の夏期転住保育用布団と、寝袋を母親に作ってもらい持って行った」という。[*11]

終戦後、戦争孤児の縁故者探しのため、最後の1人を見送ったのは1945年11月末であったため、最終的な引きあげは12月であったという。疎開保育所の保育責任者であった畑谷光代は、次のように疎開保育を振り返っている。

全国に先がけて実施した幼児の集団疎開の実績を問われれば、託された何人かの幼い生命を戦禍から守り抜いたことといえるかもしれません。しかし、この実践が、歴史的にどのような評価を受けるのか裁きを待つものの心境でした。戦争の背後にあるもの、そのからくりなど、何一つ知らないままに、戦禍に巻

*11　鈴木とくより1996年5月10日に筆者聞き取り。

図７　戦争末期の物資不足のなか証書を手にした子どもたち

（「広報はすだ」1995年11月号より転載）

き込まれ、保母の良心を最大限に行動化したつもりで、苦労をいとわず取り組んだのが、この集団疎開という大事業でした［26］。

この間３月には卒園式もおこなわれ、本堂の前で年長児６名の手に証書が握られた写真が残されている。４月より平野小学校に入学したと記されている［27］。

②東京都疎開保育所

政府による「学童疎開促進要項」の閣議決定から約１年もあとの１９４５年５月に、東京都では「東京都疎開保育所設置要綱」とともに「実施細目」も定め、実施にともなう規程も整えて６月１日より適用となった。つまり、戦争も末期になって「要残留者ヲシテ安ンジテ生産並ニ防空防衛ニ挺身セシムルタメ」（「東京都疎開保育所設置要綱」）に、東京都による公的な疎開保育所が設置されることとなったのである。また、その目的の主眼が要残留者の戦意喚起にあることに注目したい。要綱から具体的な項目を抽出整理すると、次のようになる。

「東京都疎開保育所設置要綱」および「実施細目」に示された方針

委託方法：保護者ノ申請ニ基キ之ヲ定ム」という任意委託

年　齢：「満四歳以上学齢迄」を原則とする。ただしすでに「託児所受託児等ニシテ保育担当者ガ集団保育ヲ適当ト認メタル者ハ年齢満四歳ニ達セザルモ収容スル」

設置場所：「関東地方（神奈川、千葉ヲ除ク）及其ノ近接県トシ気候環境、食糧事情及防空防衛上ノ点ヲ考慮シ適地ヲ選定ス」

収容施設：「二十三個所（ママ）設置ヲ目途トシ一施設ノ収容人数ハ概ネ五十人トス」

経　費：「保護者ニ於テ児童ノ生活ノ一部トシテ月弐拾円負担セシムルノ外凡テ国庫及ビ都ノ負担トス」

運　営：「疎開先地区内幼児ヲ受託シ昼間保育ヲ実施スルトキハ努メテ当該地区内婦人団体等ノ協力ヲ求メ保育科ハ徴収セザルモノトス」

疎開保育終了後の座談会記録[*12]によると、実際は2歳から6歳の子どもが参加し、経費は子ども1人あたり200円くらいかかったという。要綱では、「発育不良其他虚弱児等」は極力縁故疎開に、乳児は努めて母子寮

*12　疎開保育終了後の1946年2月12日、その反省のための座談会が旧明石町託児所で開かれた。参加者は婦長、保姆、保健婦、都側の職員。内容は、『私たちの保育史』に記載されている。

に、「戦没者及要残留者ノ幼児ヲ優先的ニ扱ウコト」とされた。運営の項目に示された疎開先保育についての配慮は、実際に開設された農繁期託児所でも実施されて、疎開先村民にもよろこばれたという。

開設された疎開保育所は、都が直営した次の5か所のほか、委託が2か所あった。

・富士見疎開保育所：長野県諏訪郡富士見村（現在、富士見町）。1945年6月18日、東京都幼児疎開第1号として、月島戦時託児所所長（増子）以下9名の保姆が京橋区月島近辺を中心とした幼児31名引率出発。

・東横野疎開保育所：群馬県碓氷郡東横野村（現在、安中市）円明寺。7月27日、品川・大森・蒲田地区2歳から6歳まで24名出発。[*13] 所長（手塚）、保姆5名、保健婦1名、用務員1名の計8名。12月21日閉所。

・額部疎開保育所：群馬県甘楽郡額部村（現在、富岡市）西方寺。7月27日、板橋・練馬地区、所長（有賀）、保姆4名、保健婦1名、幼児は東横町と合わせ50名出発。[*14]

・八基疎開保育所：埼玉県大里郡八基村（現在、深谷市）華蔵寺。7月28日、世田谷・下谷地区35名出発。職員は、所長（鎌田）、保姆6名、保健婦1名、炊事作業員1名の計9名。

・中瀬疎開保育所：埼玉県大里郡中瀬村（現在、深谷市）吉祥寺。7月28日、所長（小林）以下、神田・目黒・葛飾地区約60名出発。

民間委託（社会事業団体に委託）としては、山中疎開保育所（山梨県下山中湖畔）と富ヶ丘疎開保育所（長野県軽井沢）に、それぞれ50名ずつをおくった。以上7か所に年齢2歳から6歳までの幼児を360名収容し、これにともなって都立戦時託児所は、休止あるいは廃止することとなったのである。

疎開保育所を設置してからまもなく迎えた終戦の日、民生局は下谷山伏小学校に疎開していた。民生局は各疎開保育所に対して、「命令あるまで、そのまま保育を継続せよ」と打電、その後、12月25、26日の閉鎖決定まで保育を続け、保姆たちは、子どもたちを守りぬいたのである。

学童疎開は「戦闘配置」として意味づけられていた。それは、疎開の対象が国民学校初等科児童であり、疎開があくまでも「教育政策」として実現したことによるものであった。つまり、民防空が民衆統合の一形態であったとすれば、学童は学校制度を通じてその組織に統合されていたという解釈である[28]。

さらに、政府や軍にとっての学童疎開の目的には、「足手まとい」をなくして防空態勢を強化する観点、将来の勢力資源の温存という見地のほかに、「公言のはばかれるもう一つの狙い、人的被害を大きくすることによる人心の動揺、とりわけ「幼な子」を失うことによる親たちの落胆と憎悪との拡大の予防があった」[29]とすれば、「退去」が容認されない戦時下において、幼児疎開がめざした安全確保は「大切な御国の宝」としての大儀名分であり、後者のような戦時下特有の理論においても正当化されたのかもしれない。

＊13 民生局厚生課猪鼻寅雄「保育園の燈火消えず」『あゆみ（創立20周年）』東京都保育研究会、1967、69〜71頁（なお、『私たちの保育史』では、44名とされている。これは疎開先の子どもで保育参加した人数も含まれていると考えられる）。

＊14 『私たちの保育史』では、26名とされている。

第3節 保育運動の誕生

明治期以来、さまざまな保育施設が誕生し、ひろがっていった。そのなかで保育のあり方を決めるのは、もっぱら提供する側——国や地方団体、保育施設の創立者・経営者——であり、保育者や父母がそれに参与することは少なかった。これに対して、保育者や父母、その他の市民が互いに手を結び、日々保育をおこなう立場から、あるいはわが子を預ける立場から、国や地方団体などに、保育に関する質的・量的な改善を要求する、あるいは自らそれをつくり出すさまざまな活動をおこなう、これが「保育運動」である。

大正デモクラシー期に展開された労働運動、婦人参政権運動、新教育運動の蓄積の上に、1930年代、保育者や親を主体とした保育を求めるとりくみが、さまざまなかたちで生まれた。そこには労働者の権利、女性の権利、子どもの権利への要求が内包され、保育運動の誕生といえる。思想的に厳しい状況のもとであったが、保育運動は戦時下においても命脈をたもち、さまざまな成果を蓄積して戦後保育の土台を形成した。

宍戸は「昭和前期の保育運動」をとりあげ、それは「主として託児所運動をさしており」「労働者階級の形成を背景に民衆の保育要求の実現をめざす、反権力的な社会運動」を意味し、「こうした保育運動は、大正期の米騒動をはじめとする社会的危機が一層深まる昭和初期に、はじめて生まれてくる」[30]と、保育運動を定義している。やや限定的であるが、誕生期の保育運動のとらえ方としては妥当といえよう。また、昭和前期の保育運動の具体例として、西窓学園、婦人セツルメント、子供の村保育園、無産者託児所、東京帝国大学セツルメント、児童問題研究会をとりあげている。本節でも保育運動誕生期の事例として、これらをとりあげる。ただ本節の最後にふれる「保育問題研究会」については、宍戸は別の項で扱っている。

(1) 西窓学園

前章でふれた1913(大正2)年開設の桜楓会託児所は、その後、巣鴨と日暮里の2か所で事業をすすめた。主任丸山千代(1887-1967)は、託児事業のみに終始すべきではないと考え、近隣家庭のために青年の夜学校、貧しい小学生のための子供会など地域活動もおこなった。こうした活動には、牧賢一、近藤益雄ら多くの青年がボランティアとして集い協力していた[31]。

1928(昭和3)年、桜楓会が財政上の理由で巣鴨の託児所を閉鎖し、日暮里に統合する方針をだした。これに対して西窓会の名で活動していた「純真なる熱血のグループは地区の実情を見て閉鎖に反対し遂には自分達だけでも之を続けて経営したいと願ひ出た」が桜楓会にはいれられず「若人達はやむを得ず建物に立籠って仕事に当った」[32]という。丸山も事業存続が必要と考え、西窓会と桜楓会の間に入り尽力した。こうして1928年9月、西窓学園セツルメントが始まり、桜楓会巣鴨託児所の事業は、牧賢一を中心とする西窓学園が引きついだ。「丸山の精神をひきつぎながら、より労働者階級の立場にたとうとしたのが、牧賢一らが主張するセツルメント運動」[33]であった。

1933年、丸山は桜楓会を退職したが、その際、桜楓会は丸山の長年の労苦に報い、旧巣鴨託児所の建物を寄贈した。建物を得た丸山は西窓学園園長としてこれまでの事業に加え、長年の念願であったろう唖婦人の職業教育も始めた。

戦時末期、児童の疎開が始まり事業継続は難しくなり、西窓学園は倉橋惣三のすすめで、東京女子高等師範学校の実験幼稚園として譲渡された。その建物も１９４４年に空襲で焼失した[34]。

(2) 婦人セツルメント

奥むめお(1895-1997)は、１９３０(昭和5)年10月、東京市本所区林町に「婦人セツルメント」を設立し、保育部(林町保育園)の事業をおこなった。定員80名、10月現在で3歳から学齢までの幼児87名が入園した(3~5歳児40名、6、7歳児47名)。園児の家庭の職業は商業がもっとも多く、母親の仕事は通勤して働いている者、内職している者あわせて35名、家業に協力している者27名である[35]。家内工業に近い小工場の労働者や小商人の多い地域であった。

保育は、朝7時から午後3時ごろまでで「子供たちに、いはゆる幼稚園式の歌を教へたり、おユーギやダンスを真似させたりする事を以て第一義としてゐない当保育園では、のび〳〵と遊べ、あそべ、と、きはめて開放的に保育してゐるものですから、子供たちは常に水のやうに奔放で、風のやうに軽快、ともすれば行儀も規律も知らぬ野育ちのわんぱく子僧そのまゝであります」と保育のありようを報告している。これは、形式を重んずる人から批判されるかもしれないが「たて混んだ市内に手狭く住んでゐて、忙しい両親のそばで多くは道ばたに打やられて生長してゐる子供たちを大きく伸び〳〵と生かすには、従来の幼稚園式保育方針には数々の誤謬があると敢へて云ひたい」[36]と、新しい保育のあり方について主張している。

奥は、雑誌『労働世界』の記者を経て、1920（大正9）年より平塚らいてう、市川房枝らの新婦人協会に加わり、治安警察法改正運動にとりくんだ。1900（明治33）年に公布された同法は、5条1項で、軍人、警察官、未成年者とならび「女子」の政党への加入を禁じ、第2項で「女子及未成年者」に公衆の集まる政治演説会に参加すること、それを開催することを禁じていた。

改正運動は第2項の「女子及」の削除により、女性の政治集会への参加の権利を獲得し、婦人参政権獲得への第一歩とすることをめざした。奥は、幼い息子をおぶって代議士を訪ね、国会陳情に出かけ駈けまわった。ようやく法改正が実現したのは1922（大正11）年である。ところが、このように女性の政治的地位向上の画期的な前進が実現したのに、一般の女性たちには波紋も起きず、暮らしに追われる姿は以前とちっとも変わらない、演説会に婦人弁士が登壇しても、聴衆は男ばかりで女性は少ししかまじっていない。こうした状況にむなしさを感じた奥は、もっと女性の生活に即した運動をしようと考える[37]。

以後、雑誌『職業婦人』の発行、消費組合運動の組織、そして「婦人セツルメント」設立に至る。婦人セツルメント設立の趣旨は、「貧しい生活に喘ぎながら子供ゆえに働きにくがってゐる母たちや、労働婦人、職業婦人、又道ばたの悪あそびに打ちやられてゐる子供たち、その他経済的に精神的にいろんな悩みをもってゐる人たちのために、よい相談相手となって、つねに生活改善指導に役立」つこと、また一方「多くの婦人が働き寄ることに依って婦人に最も欠けてゐる社会的訓練を積んでゆくよすが」[38]にもしたい、というものである。

後年、奥は当時の「託児所」への思いを次のように書いている。

わたし自身、政治運動をしていた時には、いとけない長男を託児所に預けた。まだ託児所など社会の常識になっていない頃のこと。その託児所はわたしの家から歩いて三十分くらいの所にあった。…（中略）…母の帰り時間はまったく不定で、夕暮れ近く、人の顔が見えなくなっても帰らないことがある。…（中略）…まっ暗になった玄関のげた箱によろけて、転んだまま泣いて泣いて、泣き寝入りしてしまうこともあった。そこへわたしが息せき切ってころげ込む。そんな日は母子して泣きながら帰った。…（中略）…だからわたしは、働くお母さんが安心して十分に仕事をし終わるまで子どもを預かる託児所を、一生に一度は開いてみよう、と思い暮らしていた。明るい電灯のある託児所、親切な保母さんと、小使いさんが夜おそくまでいる託児所を開くことは、わたしの夢でもあった〔39〕。

戦時末期、1944年に本所の子どもたちに疎開命令がだされ、セツルメントは閉鎖された。1945年3月10日の東京大空襲で婦人セツルメントは全焼した〔40〕。

（3）子供の村保育園

1931年、平田のぶ（1895-1958）により、東京市深川区の同潤会清砂通りアパート内に「子供の村保育園」[*15]が開設された。1号館3階の50坪のクラブ室を借り、屋上も遊び場として利用した。幼児の保育とともに、「母様学校」「父様学校」など、子どもを育てる家族・地域をも対象とする教育活動がおこなわれた。

平田（旧姓篠木）は、1915（大正4）年に広島県三原女子師範学校を卒業し小学校教員となった。教育の場での女性差別に不満をもっていた平田は、1920年に新婦人協会が開催した女教員との懇談会に参加し、女教員の地位向上をめざし、団結を呼びかける協会の主張に賛同した。さっそく、新婦人協会広島支部を結成し、仲間を拡げようと活動を開始したが、支部結成5日目に県から女教員の政治的活動は不都合という干渉が加えられる（広島事件）。平田は、ほかの会員に迷惑をかけまいと支部を解散し、学校も退職してしまう。その後、師範学校時代の恩師の養女となり改姓し、姉のいた淡路島に移り、そこで小学校の教員として働く。

1923（大正12）年6月、野口援太郎、下中弥三郎らにより、新教育運動の団体「教育の世紀社」が設立され、その実験学校「児童の村小学校」の教員募集が広告された。平田は、熱烈な志願書を出し、面接を経て野村芳兵衛とともに採用された。1924（大正13）年4月開校した「池袋児童の村小学校」に就任し、教師として力を発揮し、とても楽しい授業をし、子どもを引きつけたという。子どもの個性を尊重しつつ、利己的なわがままを許さず、協力する子どもを育てる教育に取り組む。しかし、翌年9月、妊娠のため退職する。出産後は、婦人運動の方面でさまざまな仕事をおこなって、1929（昭和4）年には山梨県の農繁期託児所にかかわり、1930年に奥が婦人セツルメントを開設すると、その活動も手伝った。そしていよいよ「子供の村」に着手する。*16

平田が自力ではじめた保育園に「子供の村保育園」と名づけたのは、かつて働いた「児童の村」の教育を高

＊15　同潤会は、関東大震災に対して世界各地から寄せられた義捐金を原資に、住宅供給を目的とし設立された財団。アパートメント事業では、東京、横浜に大小16の鉄筋コンクリート造の住宅団地を建設した。清砂通りアパートは、そのひとつであり、1927年3月完成。4階建3棟、3階建13棟の663戸（佐藤滋他『同潤会のアパートメントとその時代』鹿島出版会、1998）。

＊16　以上、子供の村保育園の開始までの経緯については、主として宍戸健夫・半谷紀子「平田のぶ」『保育に生きた人々』風媒社、1971による。

く評価し、その考え方を継承する保育活動をめざしたゆえである。児童の村の母体「教育の世紀社」は、その教育精神を「吾々の信ずる教育は、個々人の天分を存分に伸展せしめ、これを生活化することによって人類の文化を発達せしむるにある」とうたった〔41〕。舘は、「子供の村は、一九一〇、一九二〇年代の時代思潮であった『児童の世紀』、『教育の世紀』の掲げていた理念、『子ども』を中心とする教育による社会変革を目指して、一九三〇年以降の日本の都市勤労階級による教育共同体を実現した」とする〔42〕。

「池袋児童の村小学校」の初期の実践は、徹底した自由と自治の尊重、大人による干渉の排除という方法がとられたが、その後、実践を通して修正がおこなわれ生活教育的な傾向を強めていく〔43〕。児童の村小学校野村芳兵衛は、子どもの自発的活動は生活訓練によってはじめて可能になりうるととらえ、生活訓練のありかたを「協働自治」として追求した。平田はそれに学び協働自治の理念を実践の基本とした。後述の保育問題研究会には園ぐるみで参加し、研究会で子供の村保育園における生活訓練の系統案を発表している〔44〕。

「子供の村」の活動は、同窓会（家族会）を中心にめざましいものであった。しかし、個人主義を否定し、子どもを「社会の子」としてとらえ、社会が子どもの成育を保障する「母」となるべきとする平田らの主張は、「日中戦争勃発を契機に国家が母子に注視し、国策に組み入れてくるようになると、社会批判としての力を失って」〔45〕いく。子供の村のシステムは、戦時体制下の「隣組」の先駆と評価され、平田は国策に率先して協力していった。

１９４１年、大政翼賛会の指導員が子供の村を視察し、子供の村の組織活動を国策に添うものとして高く評価したとき、平田は感激し、国策への協力を前提に国からの援助を願い出た。これに立ち会った父親代表と保育者は、国策に協力するのではなく生活に根ざした自治と協同の立場を貫くべきだと平田に正面から反対し、ほかの父母も平田に賛成する者、批判的態度をとるものに分かれた［46］。

こうした問題を含みつつ「子供の村」は、戦時末期子どもが減り、平田ひとりで保育する状況になっても閉鎖されず、1945年3月10日の東京大空襲で罹災するまで続けられた。平田は自身が経験した大空襲とその後の状況を克明に記録している［47］。

戦後しばらく平田の居室で保育した［48］が、「子供の村再建後援会」が生まれ、住民からの無償の土地提供により1948（昭和23）年にアパートの隣接地に子供の村保育園が建設され、それが今日まで続いている［49］。なお、1946（昭和21）年6月、平田を代表の一人とする深川区復興婦人協議会が、連合国軍総司令官総司令部に「請願書」を出している。半焼しているが手入れ可能な住宅営団（旧同潤会）住吉町アパート内の善隣館保育所を子どもたちのために保育所として解放してほしい、という内容である［50］。平田が、戦後いち早く、地域の保育所つくりのためにも活動したことがうかがえるエピソードである。

このように平田は、戦後も戦前期の活動を継続する意欲をもっていたと思われる。しかし、「戦後の平田のぶを一口でいうならば…（中略）…悪戦苦闘の歴史だった」［51］といわれる。「終戦以前の子供の村の形成原理を貫ぬこうとし、人びとにもそうした形成基盤を求め、そうした思いが受け入れられないことに絶望していった」［52］とも。1958（昭和33）年4月、平田は自死により生涯を閉じた。

（4）無産者託児所

昭和初期の不況は、子どもたちの生活にも多大な影響をもたらし、学校の教師たちは、貧困のために身売りされ教室から消えていく子ども、弁当を持参できない欠食児童をまえに、子どもたちを護る必要に迫られた。また、自らも給与の遅配欠配という事態に直面し、労働者としての自覚をもった教師の運動が始まった。１９３０年、日本教育労働者組合準備会（略称「教労」）が非合法で結成され、合法組織として新興教育研究所（略称「新教」）が発足した。無産者託児所運動[*17]は、これらの教育運動を基盤に開始された。

新興教育研究所の学齢前児童教育研究会では、１９３１年なかばから「無産者」（資本をもたぬ者、労働者）のための託児所の設立運動を開始した。この年の10月末、「無産者託児所設立準備会」が発足し、11月に「荏原無産者託児所」（所在地は、現在の東京都品川区）、翌年3月に「亀戸無産者託児所」（現、江東区）、4月に「吾嬬無産者託児所」（現、墨田区）という3か所の無産者託児所が誕生した。

ではなぜ、「無産者託児所」が必要だったのだろうか。

「無産者託児所設立準備会趣意書」[53]によれば、世界恐慌下の厳しい生活のなかで、労働者が心置きなく闘い、働くために子どもを預ける託児所を必要としている、しかし、既存の託児所は救貧的、社会防衛的なものであり、労働者による、労働者の子どものための託児所をつくることが必要であると訴えている。

荏原無産者託児所発行のニュース（1周年記念特別号、１９３２／11）によれば、在籍児は38名、毎日平均22～23名が民家を使った託児所に通ってきた。子どもたちはこの託児所でスクスク丈夫に育ち、一緒に遊ぶのが上手になった。経営は、父母と保姆、労農救援会の協力で進められたが、毎月未払いがでる苦しい状況で、維持会員の増加や行商により乗り切ろうと相談されている。特に冬を迎えるこの時期、寒さ対策が緊急課題であった。託児所は障子と雨戸だけの昔ながらの家だったため「冷たい風は、早午前中をすぎれば、遠慮なくガラス戸のない室の中へはいりこんで来ます。障子は張っても張っても赤ちゃんがむしりとってしまふのです」と

[54]。

そこでガラス戸の設置や火鉢、弁当あたため器購入のための「冬期カンパ」が訴えられる。このような厳しい状況ではあるが、1周年のお祝いは、思い切り楽しく過ごそうと計画された。大人も子どもも、この日に向けて劇の練習をしたり、昼食の海苔巻やおやつの準備をしたりと、あたたかく楽しそうな雰囲気が紙面から伝わってくる。

このように、無産者託児所の運営はすすめられた。しかし、それは長くは続かなかった。無産者託児所運動を支えていた労農救援会、医療同盟幹部が1933年6月から8月にかけて治安維持法により検挙されて運動は壊滅状態におちいり、無産者託児所の保姆たちも、ほとんどが検挙された。こうして荏原無産者託児所は1933年8月に、亀戸、吾嬬託児所は1934（昭和9）年2月に閉じられた。

吾嬬託児所は、その後「城東託児所」と名を変えて維持され、1938年西条憶重に引き継がれ、社会事業施設「厚生館」となった。今日も厚生館保育園として地域に根ざした活動がすすめられている[55]。

（5）帝大セツル託児部と児童問題研究会

関東大震災の被災者救護のために組織された学生有志の救護団の延長として、震災の翌年1924年6月に東京帝国大学セツルメント（以下、帝大セツル）の事業が開始された。労働者の街、本所（現、墨田区）にセツ

*17　無産者託児所については、勅使千鶴「無産者託児所運動について」『教育運動史研究』13号、1971、錦光山雄二「日本労農救援会と無産者託児所を語る」『保育の研究』3号、1982に詳しい。

ルメントハウスが建てられ、医療部、法律相談、労働学校などの活動に続き、1926（大正15）年4月に託児部が始まった。

①帝大セツル託児部

帝大セツル託児部は、無産者託児所運動が始まると、その精神に共鳴し、労働者の自主的な託児所をめざした。当初は社会運動意識が先行し、保育内容はないがしろにされがちであったが、1933年3月、かつて小学校教師として「新興教育」で活動した浦辺史が専従職員として帝大セツルに就職し、託児部の保育内容改善を推進した。鈴木とく、庄司竹代らが保育者として働いた。そこでは意欲的実践がすすめられ、その内容は『児童問題研究』誌（後述の児童問題研究会の機関誌）に報告されている。また、鈴木とくは後年発表した回想記[56]のなかで、帝大セツル託児部における保育の状況にふれている。

帝大セツル託児部の保育を伝える資料として、ここに給食の実践記録（抜粋）を紹介しておく。こころの成長の土台として食事に力が入れられ、給食を始めた経緯を知ることができる。また、給食の取り組みの様子から、子どもたちの状況や保育の姿勢がうかがえる。

資料　「給食日記」水野ユキ（『児童問題研究』1934年6月号）

四月三日

（前略）

八十人近くの子供達の、三分の一位はみんな三銭のパンを買ふ。残りのお弁当を開く子の副食物は？海苔、卵いり、香物、毎日々々、子供に大切な昼食が、全く不充分な状態のまゝ続いてゐた。…（中略）…い、子に育てるには、まづ第一番に、「健康」。せめて、私達は、昼食の副食物を、十分に栄養価値のあるものに、直して行かう。…（中略）…私達は、お母さん達も一緒に、給食の、是非なされなければ困ることを、セツルメントの指導者たちに願ひ、設備の為に維持会員の人々から三十円戴いて、台所の設備を、始めた。…（中略）…毎日、子供に二銭づゝ、持って来て貰って、大体経費を、それで上げることにする。…（後略）

五月十八日

（前略）

さー漸く出来上がった。十一時半だ。青組、赤組、黄組と三つの入物に分ける。お皿を拭く。

「みんな、お手々洗って御飯よー」

他の先生が、子供達を呼び集めてゐる。どやどや〳〵、腹ぺこの子供達は、ぶらんこから、砂場から、一斉に集って来る。

大きい子は、机をホールに出すのを手伝ってみんなはめい〳〵小さな自分の椅子を持って来る。そして、小さい子からお手洗だ。洗面所の前に、二列に並んで、結構おとなしく、みんな順番を待つ。洗面器の水は、変えても〳〵真黒けに砂の手が入る。小さい子はなか〳〵よく洗へない。手を拭いて口をすゝいで一人づつ、赤組の子は、赤いコップを、青組は青いのをはづして持って行く。

各組の机の前に、お皿と、副食物を運んで、次々分けて、一人づつ渡してやる。

「先生、僕にはたんと呉れ」

「このお魚入らないの」

「ぢゃ少し上げるから、これ丈食べて御覧なさいね。美味しいのよ。」

ガー〳〵みんな大さわぎだ。漸く分け終る。

「お手、おひざー」

「召し上れ。」

「戴きまーす。」がた〳〵みんな大元気で食べ初める。

「先生、今日僕んとこで食べてー」赤組の保が呼んでゐる。傍に丁度×もゐるので早速保の傍に腰掛ける。「水先生が来た。水撒き先生だ。」傍らの子も喜んで呉れる。私も、とても嬉しい。×は今日お弁当に海苔をかけて来て、お母さんが二銭持たして寄越さなかった。それは昨日、子供達の食べ馴れない、シチューをしたので、早速今朝母親が「おかず食べられないって言ひますから、海苔入れて来ました。」今迄は馴れないからと思い、子供達の好きそうなもの――と、ご機嫌取ばかりして来たけれど、それでは他のものなか〳〵食べれるようにならないからと思い牛乳を三立も使ってシチューを作ってやったら、今日はもう早速一つ問題が持ち上がって来てしまった。…（後略）

②児童問題研究会

1933年4月、帝大セツル内に「児童問題研究会」がつくられ、機関誌『児童問題研究』が7月に創刊された。松永健哉、菅忠道らセツラー、元セツラーと児童部・託児部の職員浦辺史らによりすすめられたものである。児童問題研究の「創刊の言葉」[57]には、会の目的と研究姿勢が明確に打ち出されている。すなわち、わが国において児童問題に関する研究は積み重ねられてきているが、帝大セツルにおける託児所や児童教育の経験から「『学問』の成果と日常の児童指導者との間には超ゆることの出来ない溝が存する」、この原因はいくつかあるが「児童とその生活の日常的全面的な研究、調査のための組織的系統的な機関の欠如」がもっとも重大であると。

このように子どもの生活実態に即した研究がめざされ、6つの研究部門がおかれた。このうち「保育研究部」は、次の4つの研究課題があげられた[58](要約)。

A　託児所及び幼稚園の理論的研究
　発達史、学齢前教育の重要性と各国の現状、学齢前教育の根本問題、各種の学齢前教育機関(工場付設、工場街、農繁期託児所、幼稚園など)

B　保育に関する教育的技術的研究
　保育案、実演童話、唱歌/音楽遊戯/リズムにあわせる行進、自然社会、作業教育(手技)、絵本、玩具、遊び、発音/文字/数、組織的訓練

C　その他
　設備、服装携帯品、食事、身体検査、野外教育、体操

D　託児所(幼稚園)と家庭、社会

母の会、父母の会、託児所委員会

『児童問題研究』は、しばしば財政的危機に遭遇しながら刊行が続けられたが、3巻2号（1935年3月号）をもって終巻となり、児童問題研究会も解散した。2年間という短期間で保育についてまとまった成果をあげたとはいいがたい。しかし、荒削りながら、現場に根ざした生きた研究、労働者の立場にたった科学的研究への意欲が研究報告や記事から読み取れる。

戦時下、帝大セツルは左翼運動の温床として当局から厳しい攻撃を受け、1938年3月に至り帝大セツル自体も解散を余儀なくされた。建物は恩賜財団母子愛育会に譲渡され、託児部は「愛育隣保館」として継続された〔59〕。

③東京保育研究会

児童問題研究会解散後、保育研究部に参加していた保育者たちは、1935年5月「東京保育研究会」を結成した。研究会の事務所は、帝大セツル託児部保姆の鈴木とく・庄司竹代宅に置かれ、会員は、浦辺史（帝大セツルを退職し、当時は深川天照園子どもの家保育者）、鈴木、庄司など50余名であった。会報『保育問題研究』[*18]が発行されている。資料として、会報（一部）の主要記事のタイトルを掲載した。紙上で「保育問題研究会」（後述）との関係が検討されている。会員の多くが保育問題研究会に参加するに至り、東京保育研究会は閉じられる。保育問題研究会の機関誌『保育問題研究』の創刊は、1937年10月である。東京保育研究会解散後、会報の名称を引き継いだということであろうか。

資料　東京保育研究会会報『保育問題研究』8～10号主要記事タイトル

第8号　1937・1・25

会報の発刊に当って　黒滝きよ子

託児所保育の方向　河崎なつ

保育研究会報告（※「保育問題研究会」参加報告である──筆者）

保姆日記から　庄司竹代

幼稚園の施設を観て　小谷賤子

時評：母子保護法立案さる

第9号　1937・3・11

内輪話から　大矢

参観記　河崎なつ

盛だった新年懇談会

広瀬川砂利採取場託児所を手伝って　片山糸子

生活記録の頁　私の場合　塩谷アイ

日記の中から　木下保子

＊18　会報は、活版印刷の新聞スタイル。A4判大、4頁。編集発行人鈴木とく。筆者は8～10号のみを確認している。図8の8号は「保育問題研究会会報第8号」とあるが、これは誤り。9号、10号は「東京保育研究会会報」となっている。

図8　東京保育研究会会報『保育問題研究』（第8号）の紙面

（1）　　保育問題研究會會報第八號　　1937. 1. 25

保育問題研究

昭和十二年一月二十三日印刷納本
昭和十二年一月二十六日發行
編輯印刷兼發行人　鈴木とく
東京市本所區平川橋四ノ八保育研究會
發行所　保育研究會
東京市本所區平川橋四ノ八

會報の發刊に當つて

私共の保育研究會も今日まで十三回の研究會を重ね、或わ理論的方面に、或わ實際問題にお互の經驗を分ち合い、助け合つてきました。

託兒所の仕事がどんなに意義ある大切なことかとゆうことわ、廣く理解されてはきましたが、毎日の保姆の人知れない苦しみや努方については、まだまだみとめられていないように思はれます。

毎日、保姆が「どうしたら……」とゆうなやみの中に仕事をしているその苦しみは全く豫想以上のものであります。その上、はなれ〴〵になつた保姆の一人一人が皆別々にそうした同じような問題を苦しみなやんでいるのわお互の尊い經驗や、なやみについての發表や交換がなかつたからではないでせうか。

その上私たち保姆にわ、女性として、又は主婦として、未來の母としての、社會生活から受ける樣々ななやみがあります。一日の保姆の生活から、そして又職業婦人の生活から解放された時にわ、家庭においての女性としての勞働が、非常な壓迫をもつて迫つてきます。こうした悩みわます〳〵ふえてゆく現狀だと思われます。

この「保育問題研究」わ、こうした忙しい生活からくるどんな問題でも互に打ちあけ合い、實際保育の問題の交換わもとより、ごく小さな個人的な問題さえも語り合い、お互の生活のよい伴侶となるようなものに發展させたいものです。

研究會としての日本の託兒所の普及發達のためにすゝめられている、生活記錄、保育案、保育項目等の系統的な研究の成果も勿論これによつて發表され、日々の實際保育に役立つてゆくことゝ思つております。

どうぞ、保育實際家やこれに關心をもつ皆樣の色々な活動を結び合せ、經驗を交換し、どうしたらよいかを研究し合ふ機關として、お互の尊い苦心を自分一人のものとしないで、心からなやみを訴え、意見や主張お出し合い、批判し合つて、この會報を本當に自分のものにしたいと思ひます。

（黒瀧きよ子）

託兒所保育の方向

河崎なつ

この頃日本でも婦人が家庭でする炊事、洗濯、その他の雜事は正しく「一つの公の社會的に必要な產業」であり、子供を生み、育てることは、人間生產への大いなる事實であるとして、婦人の仕事、母の生活への正しい理解が起り出した。ましてや「家の寶、社會の寶」としての「子供」であつてみれば、苟も、生れた限りは、一人のこらず健かに賢く育て上げる責任を、むしろその兩親以上に、國家社會が、負ふべきだ！と言はれ出した。

かうした「母と子供」への正しい見解は、一方には「母子法護法」となつて「母と子供」の生活を保證しようとし、一方は子供の健康と社會生活指導を完了する所としての、託兒所への關心が、澎湃として起つて來たのは晩時きながらも喜ばしい事實である。

ところが託兒所はかつては慈善事業の名によつててんでに營まれ、更に近年は社會事業家の手に委かせ切られてゐたので、いかに經營し、いかに育兒するかは、どこが責任を以つて考へてゐるといふこともなかつた。ただ社會事業の一種であるとして、內務省の社會局が、それを監督してゐるかの形であつたのであつた。

而も高まつて來た託兒所への昨今の關心は常設託兒所、農繁期託兒所、ともに、毎年一萬近くも開かれて來たので、社會局は漸く責任を感じ出し一層その增設の機運を煽ふると共に、どんな設備でどんな資格者に營ませて至當かと考究し、またその基準に照らして、全國の託兒所をしつかりとその監督下に置んと乘り出して來たのであつたが、はからずも文部省が「託兒所は幼稚園と同じく子供を育兒するのだから、文部省の管下に屬すべきで、文部省こそ、育兒內容設備規定を考究すべきである」と橫槍を入れて來た。「いや社會局だ」「いや文部省だ」と、一時は峙して下らなかつたらしいが、それほど託兒所は「今日」「明日」の社會の重要施設であるためにこれを、その所管下に收めることは、それだけ、その官廳の明日の仕事への好もしき展開を、意味するのであり、これを收め得なかつたとしたら、その官廳の明日への責任の大きな手落にさへなるからでもあるのでこのところ兩者大童になつたわけであつた。

かうして文部省と社會局との、どちらが託兒所を監督するにしても、今日の日本の託兒所は、その育兒の方向を、今日の日本の幼稚園に於てはならないので國民の九七%を占めてゐる、月

第10号　1937・6・15
東京保育研究会の将来について
あなたの託児所ではどんな幼児を受託しますか　―受託もれの子供が全然考へられていない
スラム街の託児所から　小谷賤子
託児所のお知らせ
働く母親はどんな託児所を要望してみるか
養成所の友より保姆へ
遊戯に就いての一考察　井出
街の母と子　星川悦

(6) 保育問題研究会

①研究会の発足

保育問題研究会は、1936（昭和11）年秋、教育科学研究運動から生まれた。「教育科学」とは、教育の事実そのものを実証的に研究する立場であり、主唱者城戸幡太郎は、学校教員等教育実践者の研究への参加をもとめて教育科学研究運動をすすめた。

城戸を中心とする「法政大学附属児童研究所」は、1936年6月、保育者を研究会に組織することを目的に、東京の500あまりの幼稚園・託児所に保育において困っている問題があれば知らせてほしい、というはがきを送った。こうして得られた回答をもとに、10月20日第1回の研究会が「幼稚園・託児所における保育案」をテーマに開かれ、ここに「保育問題研究会」が誕生した。

保育問題研究会には、児童問題研究会解散後、活動を継続していた前述の「東京保育研究会」のメンバーが合流した。それにより、無産者託児所運動、帝大セツル、児童問題研究会の流れをくむ人々が加わることとなり、会のあり方に大きな影響をおよぼした。2つの潮流が一体となったことにより、すぐれた研究活動が展開されたともいえる。[*19]

資料　保育問題研究会　趣意書（『保育問題研究』1巻1号、1937・10）

全国の保姆の皆さん！

幼児保育の実際にあたってゐると、子供の取扱ひ、その生活の訓練、保育の材料、遊ばせ方等困ってゐる問題が少なくはありません。そのためにいろいろの本を読んだり忙しい時間をさいて講習会に出てみたりします。然しさうした努力にも拘らず皆さんの日常保育上の疑問はなかなか解決できず、研究を深めれば深めるほど、かへってさまざまな問題が出て来て、子供の真の姿がつかめなくなるのではないでせうか。

子供は生きた社会に生活してゐます。子供の知性も、意志も、習慣も、みんな家庭や社会等の生活環境に強く影響されて、形作られてゆくのです。これを考へずには、而も又保育の実際を一番よく知ってゐる皆さんを外にしては、今困ってゐるいろいろな保育上の問題を本当に解決することは出来ません。

現在各地に保育会や保育研究会がないではありません。でもそれらの会の多くは有名な人やえらい人達の話を聴くばかりで、一般には思ふ様な発言も質問も出来ません。うっかり問題でもだすと若いくせに生意気だと非難されてしまひます。実際保育にあたってゐる私達としては、どんな小さい問題でもとりあげて解決し合へるやうな会がほしいものと思って、昨秋十月から幼稚園や託児所で働らく私達自身でささやかな保育問題研究会を開いて来ました。私達は幼児保育の理論的な問題、保健衛生、困った子供の問題、観察、言語教育、遊戯と作業等をひろく研究して、先ず幼児保育の日常困った問題を真に解決して、新しい保育の体系を立ててゆきたいと思ひます。

又その為には皆さんが著書の上などで知ってゐる知名の学者を指導者とし、膝をつき合せて皆さんの保育上の困った問題を懇談的に研究し解決してもゆきます。

全国の保姆のみなさん、どうぞ積極的に協力し合って、本研究会の将来の発展の為にご参加下さい。

②活動の内容

保育問題研究会は、月例研究会でそのときどきのテーマを検討するとともに、次の7つの研究部会が組織され、それぞれが継続的な研究をすすめた。

---

*19　保育問題研究会については、一番ヶ瀬康子他『日本の保育』ドメス出版、1962、浦辺史『日本保育運動小史』風媒社、1969、宍戸健夫『日本の幼児保育（上）』青木書店、1988など先行研究は少なくない。松本園子『昭和戦中期の保育問題研究会』新読書社、2003は、これらの先行研究をふまえ、保育問題研究会の全体像を描くことをめざした。発足の経過については、同書第一部第一章「保育問題研究会の成立」でふれている。

図 9　戸越保育所

戸越保育所の敷地は200坪程度で南北に長く、採光に難があった。設計者の図師により、この悪条件を克服するさまざまな工夫がなされた。各保育室に日光が東西から入るジグザグ型の平面型とし（写真上）、東と南はテラスとして保育室の狭さを補い、外気のなかで保育できるよう考慮された（写真下）。（参考：図師嘉彦「託児所建築について」『国際建築』15巻 8 号、1939）

（故畑谷光代氏提供）

第一部会　保育の基礎的な問題
第二部会　幼児の保健衛生
第三部会　困った子どもの問題
第四部会　自然と社会に関する観察
第五部会　言語
第六部会　遊戯と作業
第七部会　保育関係の政策的諸問題

さまざまなテーマがとりあげられたが、研究の方法については共通に、事実の把握（調査）と問題の発見↓問題解決の方法、方策についての探求（仮説の提示）↓仮説の実験（実践）↓結果の検討（仮説の検証）↓新たな問題の発見↓……という、実証的、実践的研究がめざされた。

このような実践科学の研究により、保育の実践に直結した成果をあげた。のみならず、会が計画当初から経営者大村鈴子に協力して開設し、保育実践研究の主たる場となった「戸越保育所」は、戦前期保育施設建築の到達点を示したといってよい（図9）。また、戦前期の全国の保育実態を明らかにした『本邦保育施設調査』を担い、調査に基づき新しい保育制度を提案したことなど、ひろがりをもった研究活動が展開された。[*20]

＊20　研究の内容について詳しくは、松本前掲書の第二部「研究活動」。戸越保育所については、第二部第二章三節「保育施設の条件」、五節「両親教育」、保育施設調査については六節、保育制度については七節でふれている。

③保育問題研究会の終焉

先にもふれたように、1920年代末から先鋭的な階級、労働、文化、教育運動が展開され、これらは治安維持法による厳しい弾圧により、1930年代なかばまでに、ほぼ壊滅させられた。その後は、治安維持法違反の口実を与えぬよう国体＝天皇制への抵触を避け、幅広い人々を巻き込む諸運動が取り組まれた。保育問題研究会も、そのひとつであったといえる。しかし、こうした運動も執拗な弾圧をうけた。教育関係では、生活綴方教師への弾圧（1940〔昭和15〕年11月）、「生活学校」同人検挙（1940年10月）、教科研関係者の一斉検挙（1941年8月）など。保育問題研究会も、会自体への弾圧があったわけではないが、中心会員の検挙が相次ぎ、これが終焉への引き金になった。

保育問題研究会の機関誌『保育問題研究』は、5巻3号（1941年3月）で休刊（実質的には終刊）している。その後、機関誌として発行された謄写印刷の「保育問題研究会月報」は、10号（1943年4月）まで確認できる。月報10号には、戦時保育の諸問題に貢献する「保育報国隊」結成の呼びかけや、研究部会の予告があるが、会の解散や改組を示唆する記事はない。その後、保育問題研究会の事務所が愛育会にうつった。保育問題研究会は、愛育会内の「日本保育研究会」という組織に改組されたと主要会員が認識しているが[*21]、その間の事情、経過を示す保育問題研究会側の文書は存在しない。

愛育会内「日本保育研究会」の動向については、1943年7月の『愛育新聞』（恩賜財団愛育会発行）に「日本保育研究会設立の趣意」が掲載されている。ここでは、保育問題研究会との関係はまったくふれられていない。保育問題研究会は、戦時末期に戦争協力の姿勢を示したものの1943年6月ごろ、もはや組織的に去就を検討することもできぬままに、事実上崩壊したのである。[*22]

保育問題研究会の〝実験保育施設〟ともいわれ、優れた実践をおこなった戸越保育所は、1944年3月、愛育会に譲渡され「大日本母子愛育会戸越保育所」となった。[*23] 第2節(4)で述べたとおり、戸越保育所と帝大セツルの後身愛育隣保館は、この年の秋より疎開保育を実施した。

保育問題研究会の後身ともいわれる「日本保育研究会」は、第6章第1節(3)で述べるように戦後活動を再開し「日本保育学会」の母体となる。

❖引用文献

〔1〕京都市社会課『京都市に於ける乳幼児保育事業に関する調査』1940、9~11頁

〔2〕『日本社会事業年鑑』昭和17年版、中央社会事業協会社会事業研究所、225頁

〔3〕米田俊彦「教育審議会の研究 教育行財政改革 ―付 国民学校・幼稚園審議経過―」『野間教育研究所紀要』第44集、㈶野間教育研究所、2002、311頁

〔4〕前掲書〔3〕、312~315頁

〔5〕前掲書〔3〕、326頁

〔6〕一番ケ瀬康子他『日本の保育』ドメス出版、1962、144頁

〔7〕宍戸健夫『日本の幼児保育 昭和保育思想史 上』青木書店、1988、127頁

*21 浦辺史、三木安正、海卓子、山下俊郎が、その認識を述べている。松本前掲書、182~183頁。

*22 詳細は、松本前掲書の第一部第三章「保育問題研究会の終焉」。

*23 その事情については、松本前掲書、376頁。

〔8〕「情報」『厚生問題』27巻5号、1943、88頁
〔9〕大庭正「生産増強と名古屋市の社会事業」『厚生問題』28巻1号、1944、12頁
〔10〕角銅利生「福岡県厚生事業現地報告」『厚生問題』28巻4号、1944、26頁
〔11〕大阪市立図書館編『大阪市立図書館50年史』大阪市立図書館、1972、63頁
〔12〕岡田正章「幼稚園の休園・改称」日本保育学会編『日本幼児保育史』第5巻、フレーベル館、1974
〔13〕菅原衛行『白銀の坩堝』江戸川聖書教会、1954、190頁
〔14〕岡田正章『日本の保育制度』フレーベル館、1970、84〜89頁
〔15〕髙田文子「非常措置と幼児教育」東京都立教育研究所編『東京都教育史　通史編4』東京都立教育研究所、1997、69頁
〔16〕岡田正章「空襲による被災」日本保育学会前掲書〔12〕、74頁
〔17〕前掲書〔16〕、76頁
〔18〕前掲書〔7〕、277頁
〔19〕「学童疎開の比較史的研究」平成5・6年度科学研究費補助金研究成果報告書（研究代表者佐藤秀夫）1995年
〔20〕前掲書〔19〕、46頁（勧奨とは、自発的疎開として「任意」というニュアンスをもつ）
〔21〕鈴木とく「はじめての幼児疎開」『保育の友』4月号、1966
〔22〕森脇要「幼児集団疎開について」『幼児の教育』第44巻第12号、1944、4頁
〔23〕宍戸健夫『保育の森』あゆみ出版、1994、105頁
〔24〕前掲書〔23〕、105〜106頁
〔25〕久保つぎこ『君たちは忘れない』草土文化、1982、142頁
〔26〕畑谷光代『つたえあい保育の誕生』文化書房博文社、1968、12頁
〔27〕蓮田市「広報はすだ」11月号、1995
〔28〕逸見勝亮「日本学童疎開史研究序説」『北海道大学教育学部紀要』1988、36頁

〔29〕前掲書〔19〕、48頁
〔30〕宍戸健夫「昭和前期の保育運動」日本保育学会『日本幼児保育史』第4巻、フレーベル館、1971、256頁
〔31〕『ともしび』3、4（発行者・発行年月不詳の冊子。丸山千代没後、関係者の追悼的文書を中心に編集されている）
〔32〕牧賢一「丸山千代女史を語る」『幼児の教育』33巻7号、1933、55頁
〔33〕宍戸前掲書〔30〕、258頁
〔34〕郷地二三子「丸山千代」『社会事業に生きた女性達』ドメス出版、1973、206頁（西窓学園を女高師に譲渡した経緯の詳細は不明である）
〔35〕「婦人セツルメント報告：保育部」『婦人運動』9巻5号、1931、25〜26頁
〔36〕前掲書〔35〕、24頁
〔37〕奥むめお『野火あかあかと ―奥むめお自伝―』ドメス出版、1988、45〜72頁
〔38〕「趣旨」『婦人運動』9巻5号、1931、4頁
〔39〕前掲書〔37〕、117〜118頁
〔40〕前掲書〔37〕、162〜163頁
〔41〕中内敏夫「教育の世紀社研究の課題と方法」民間教育史料研究会『教育の世紀社の総合的研究』一光社、1984、22頁
〔42〕舘かおる「子供の村」民間教育史料研究会前掲書〔41〕、387頁
〔43〕田島一「池袋児童の村小学校」民間教育史料研究会前掲書〔41〕、202〜205頁
〔44〕宍戸前掲書〔30〕、266〜268頁
〔45〕前掲書〔42〕、433頁
〔46〕福元真由美「子供の村保育園の成立とその意味」『東京大学大学院教育学研究科紀要』39巻、1999、418頁
〔47〕宍戸健夫「平田のぶの『子供の村罹災記』」日本保育学会前掲書〔12〕、1974

[48] 前掲書 [42]、395頁
[49] 宍戸健夫『保育の森』あゆみ出版、1994、89頁
[50] 加藤繁美「戦後児童福祉思想黎明期の保育と福祉」『現代と保育』80号、ひとなる書房、2011
[51] 宍戸健夫他「平田のぶ」『保育に生きた人々』風媒社、1971、319頁
[52] 前掲書 [42]、436頁
[53] 松本園子『昭和戦中期の保育問題研究会』新読書社、2003、46〜48頁
[54] 前掲書 [53]、54頁
[55] 『志をほほえみにつつんで —厚生館とともに— 西条億重追悼集』厚生館、1997
[56] 鈴木とく『感傷　ほいく野　迷い歩き』全国社会福祉協議会、1975
[57] 『児童問題研究』第1巻第1号、1933年7月
[58] 「研究会研究コース・第五部保育研究部」同前書
[59] 福島正夫、石田哲一、清水誠編『回想の東京帝大セツルメント』日本評論社、1984、467頁

❖ 参考文献

・浦辺史他『保育の歴史』青木書店、1981
・宍戸健夫『日本における保育園の誕生 —子どもたちの貧困に挑んだ人びと—』新読書社、2014
・東京都立教育研究所編『東京都教育史　通史編4』東京都立教育研究所、1997
・日本保育学会『日本幼児保育史』第4巻、フレーベル館、1971
・日本保育学会『日本幼児保育史』第5巻、フレーベル館、1974
・文部省『幼稚園教育百年史』ひかりのくに株式会社、1979

第6章

戦後保育制度の確立と展開

１９４５（昭和20）年８月15日正午、天皇の「玉音放送」で日本の敗戦が告げられ、戦争の時代が終わった。敗戦国日本は、連合国による占領下におかれたが、国民主権と戦争放棄をうたう「日本国憲法」が制定され、新しい社会建設の歩みが始まった。

１９５１（昭和26）年９月、サンフランシスコ平和条約が締結され、翌年４月28日に発効し、日本は主権を回復する。復興から経済成長をとげ、豊かさを獲得するなかで、さまざまな新たな困難に直面してきた。

本章では、戦後体制のもとで、現行の保育制度が成立し、社会の変化を背景にして、保育の量的・質的発展がすすみ、１９９０年ごろに転換期を迎えるまでの歩みをたどっていく。

第１節 戦後復興と保育 ―１９４５年～１９５０年代前半―

（１）戦後保育制度の出発

前章でみたように、戦時末期に保育施設は休止をよぎなくされ、建物自体が戦災などで失われたものも多

表１　戦争前後の保育施設数

年度	幼稚園			保育所		
	計	国公立	私立	計	公立	私立
1941（昭和16）年度	2,084	673	1,411	1,718	408	1,310
1943（昭和18）年度	2,076	691	1,385	2,184	—	—
1946（昭和21）年度	1,303	627	676	873	—	—
1951（昭和26）年度	2,455	952	1,503	4,529	1,469	3,060

資料：幼稚園は、文部省『幼稚園教育百年史』により作成。保育所は、『日本社会事業年鑑昭和18年版』常設保育施設に関する調（昭和16年10月現在）、『日本社会事業年鑑昭和22年版』常設保育施設に関する調（昭和19年３月現在）、常設保育所調（昭和21年３月）、昭和26年度は「厚生省社会福祉統計」より作成。

かった。表１は、戦争前後の保育施設数である。１９４４（昭和19）年度、１９４５（昭和20）年度については資料もなく、とくに都市部は壊滅状態であったと思われる。戦後の１９４６（昭和21）年度は、戦中の１９４３（昭和18）年度に比べて幼稚園、保育所とも激減している。この時期、都市部では焼け跡で青空保育がとりくまれ、子どもたちに楽しい遊びを提供した。

①一元的制度論

戦後初期、保育制度については、それまでの幼稚園と託児所という階層別二元制を廃し、すべての子どもを対象とする一元的制度を創出することが、保育に関心を寄せるもののいわば〝世論〟であった。

その一例として、第90回帝国議会において保育の問題がとりあげられ、１９４６年８月の衆議院で「乳幼児保育施設の整備拡充に関する建議」が採択された。ここでは「新日本建設の支柱たるべき乳幼児の保育問題」は緊急を要する問題として、乳幼児保育施設の普及、一元化などを建議している。

また、戦前の帝国教育会は、戦後「日本教育会」と改称し、新しい教育のあり方を検討していたが、その保育部会（部会長　倉橋惣三）

は、1946年「幼児保育刷新方策（案）」を公表した。ここでは、4歳以上は幼稚園（仮称）、1〜3歳は保育所（仮称）に統一するという一元的保育制度が提案された〔1〕。その理由は、次のように説明された。

> 従来の幼稚園、託児所、保育所等は夫々異なる設立趣旨、沿革を持つとは云へ、実際には凡てのものが教育と養護との両機能を持つこと、更に収容せられたる幼児を主体として考へれば、保育の平等がそこに確立せられて居ねばならぬはずである。又幼児の成長段階に応じて教育と養護の濃淡が自ら生ずることは自明の理にして、この点よりして年齢による統一が必要とされるわけである。
> 幼稚園（仮称）、保育所（仮称）、託児所としての統一は何等施設の画一化を企図するものでなく、専ら指導、監督、助成等取扱の面における均等性を与へんがためであり、現実に於て各様の形態、運営が許さるべきは勿論、その名称も亦支障なき限り、種々であって差支へない。
>
> （『幼児の教育』45巻1号、1946年10月）

しかし、後述するように、1947（昭和22）年3月に学校教育法が成立し、幼稚園が学校として制度化された。同年12月には児童福祉法が成立し、保育所が児童福祉施設として制度化される。制度確立によりその後、幼稚園も保育所も普及して、ほとんどの子どもが幼・保いずれかに通うという状況になったことの意義は大きい。ただし、二元体制はこれにより固定され、さまざまな問題を残し今日に至っている。

制度確立により一元化論は勢いを失ったが、当時、日本保育学会が実施した「幼児保育施設一元化問題に関する調査」（1950年5月実施）にみられるように（表2）、保育関係者の大半は依然として一元化を支持していた。

表２　保育制度についての保育関係者の意見（1950年５月　日本保育学会調査）

		幼稚園所属（203人）	保育所所属（172人）	その他（41人）	計（416人）
1　幼保の制度上の区別を廃して法令上一つのものにする		50.7%	65.7%	51.2%	57.0%
方法	イ　文部省系統の所管にする	33.5%	5.3%	12.2%	21.4%
	ロ　厚生省系統の所管にする	0.5%	33.1%	14.6%	15.4%
	ハ　両省の共管あるいはその他	13.8%	20.3%	19.5%	17.1%
	不明	3.0%	2.9%	26.8%	3.1%
2　幼保は現状通り法令上まったく別のものの方がよい		30.3%	10.5%	12.2%	19.7%
3　幼保は制度上は二元的にして同一施設に両法令を適用		9.4%	5.2%	7.3%	8.2%
不明		9.9%	18.6%	26.8%	15.1%

注：『戦後保育史』第１巻、フレーベル館、1980、468頁の第２表を調査票（465頁）を参考に修正。「その他（41人」は、その他の施設、行政庁、研究機関、その他を合計したもの。

②学校教育法と幼稚園

戦前期の教育制度は、校種ごとに制定された幼稚園令、小学校令（国民学校令）、中等教育令、大学令などによっており、戦後制度改革の課題は、統一的な学校体系を確立することであった。また、「教育勅語」にかわる新しい教育の理念を明らかにすることも必要であった。これらを背景に１９４７年３月、次に示す教育基本法と、教育基本法の理念に基づく学校教育法が制定された。

教育基本法（抜）

第１条（教育の目的）　教育は、人格の完成をめざし、平和的な国家及び社会の形成者として、真理と正義を愛し、個人の価値をたつとび、勤労と責任を重んじ、自主的精神に充ちた心身ともに健康な国民の育成を期して行われなければならない。

第２条（教育の方針）　教育の目的は、あらゆる機会に、あらゆる場所において実現されなければならない。この目的を達成するためには、学問の自由を尊重し、実際生活に即し、自発的精神を養い、自他の敬愛と協力によつて、文化の創造と発展に貢献するように努めなければならない。

このとき制定された学校教育法の第1条で、「学校とは、小学校、中学校、高等学校、大学、盲学校、聾学校、養護学校及び幼稚園とする」と幼稚園は学校の一種とされた。また、幼稚園の目的は「幼児を保育し、適当な環境を与えて、その心身の発達を助長すること」（第77条）と規定された。

当時、文部省青少年教育課長として学校教育法制定の準備にかかわった坂元彦太郎は、幼稚園が学校教育法に入ることの「最大の意味」は、「小学校などとならんで正規の教育の一環であることが認知される」ことであり、「一般大衆の教育機関の第一段階としての新しい出発」を意味することであったとしている。しかし、学校の一種とすることへの反対論もあった。幼稚園の目的規定に「保育」という文字を残したのは、「保護教育の略と考え、外からの保護と、内からの発達を助けることを一体として考え、これが幼児期の教育の特徴」だと考えたからだという[2]。

学校教育法における幼稚園の規定は、幼稚園令を基本的に踏襲しているが、入園年齢については3歳未満も入園可能（幼稚園令第6条）という文言がなくなり、3歳以上に限定された（学校教育法第80条）。保育者については、幼稚園令の「保姆」が「教諭」となり、「教諭は幼児の保育を掌る」（学校教育法第81条）となった。

③児童福祉法と保育所

児童福祉法成立以前にも保育所的保育施設は多数存在した。これらは、戦時の婦人労働力動員を目的とする戦時託児所などを除けば、基本的に貧困対策事業であった。１９４７年12月に児童福祉法が成立し、児童福祉施設のひとつとして「保育所」が規定され、ここに一般勤労者層に開かれた新しいタイプの保育施設が国の制度として誕生したのである。

一般勤労者を対象とする保育施設像は、戦後期の児童福祉法成立以前から存在していた。ひとつは後述する民主保育連盟などの保育施設づくりのとりくみにみられるものである。もうひとつ、行政側にも新しい保育施設像が認められる。たとえば、東京都が１９４６年３月に制定した「東京都保育園使用条例」には、保育対象の貧困要件はなく、「勤労都民」一般の子どもの心身の健全な発達を図ることを目的としている。また、国レベルでは、１９４６年5月の段階で厚生省社会局内で「保育所法」が構想されていた。このとき作成された「保育所法案要綱案」では、「保育所を整備して乳幼児を保育し、よってその養育者の勤労の権利を保障する」としている。[*1] これらは、広範な人々が「保育所」を必要とした当時の社会状況を物語っており、そうしたなかで、児童福祉法の保育所が生まれた。

児童福祉法成立の背景には、第一に戦後期の児童問題の深刻さとひろがりがあった。まず、戦争により家族を失った多くの子どもとその浮浪児化があり、「狩り込み」といわれた取り締まり的な収容対策がおこなわれたが、より根本的な対策が必要とされた。また、父親を失った母子家庭の生活は困難をきわめ、父母がそろっている家庭でも食糧難、住宅難に苦しみ、衛生状態も悪く、子どもたちの生活環境は劣悪であった。

＊1　東京都保育園使用条例、厚生省社会局の保育所法構想については、松本園子『証言・戦後改革期の保育運動』新読書社、２０１３、３４５〜３４７頁でとりあげている。保育所法案要綱案は、寺脇隆夫『続・児童福祉法成立資料集成』ドメス出版、１９９６、３５１〜３５３頁に収録。

第二に、敗戦の廃墟のなかで戦争への反省と、新しい日本建設の改革の気運がみなぎっていたことである。こうしたなかで、それまでの狭い児童保護ではなく、すべての子どもを対象とする、今日の視点からみても非常にすぐれた内容をもった児童福祉の総合法が成立したのである。

児童福祉法の冒頭には、児童福祉の原理として、次の3条が掲げられた。

第1条　すべて国民は、児童が心身ともに健やかに生まれ、且つ、育成されるよう努めなければならない。すべて児童は、ひとしくその生活を保障され、愛護されなければならない。

第2条　国及び地方公共団体は、児童の保護者とともに、児童を心身ともに健やかに育成する責任を負う。

第3条　前2条に規定するところは、児童の福祉を保障するための原理であり、この原理は、すべて児童に関する法令の施行にあたって、常に尊重されなければならない。

このような児童福祉を保障する場が、児童福祉施設であり、そのひとつとして「保育所」が定められた。保育所について、児童福祉法制定時の条文は、次のとおり。

第24条　市町村長は、保護者の労働又は疾病等の事由により、その監護すべき乳児又は幼児の保育に欠けるところがあると認めるときは、その乳児又は幼児を保育所に入所させて保育しなければならない。但し、附近に保育所がない等やむを得ない事由があるときは、この限りでない。

第39条　保育所は、日日保護者の委託を受けて、その乳児又は幼児を保育することを目的とする施設とする。

すなわち、第24条で保護者の労働などにより昼間家庭で育児ができない場合は、市町村が保育所での保育を保障しなければならないとしている。これは、第2条でうたわれた児童の福祉についての公的責任の具体化である。一方、第39条の保育所の目的規定では、乳幼児一般を保育することを目的とする開かれた施設としている。保育所という施設自体は、すべての乳幼児を対象とし「保育に欠ける」乳幼児の保育所入所について公的責任を明記している。したがって、前述の日本保育学会の調査にみられるように、厚生省系統の保育所を中心に保育施設を一元化するという可能性もあったわけである。

ただし、保育所の設置は遅れ、希望者すべてを受け入れることは難しく、実際には「保育に欠ける」子どもの入所が優先された。そして1951（昭和26）年の法改正で第39条は、「保育に欠ける」乳児幼児を保育する施設とされ、ここで幼稚園と保育所は、完全に二元化してしまったのである。

(2) 新制度のもとでの保育行政

①保育施設の普及

幼稚園、保育所とも制度成立後、急速に普及した。

● 幼稚園の普及

1950年ごろに幼稚園への入園希望者が増加したが、施設の不足などから入園難が全国的に深刻な問題となってきた。文部省は、このような事態に対し、1951年に次の通達をだした。

幼稚園に入園を希望する幼児の取扱について（昭和26年2月20日　文部省初等中等教育局長から各都道府県教育委員会、都道府県知事あて）[3]

幼稚園に入園を希望する幼児は、近年いちじるしく増加してきていますが、現状では、施設その他の事情から、その希望する幼児をことごとく入園させることは、はなはだ困難であると思われます。

さしあたり、今後幼稚園に入園を希望する幼児の取扱いについては、幼稚園教育の重要性にかんがみ、なるべく多くの幼児に、小学校入学前一年間の幼稚園教育の機会が、与えられるよう、格段の御配慮を願います。

なお、地方の実情に応じて、二部保育や適当な空施設の利用等の方法も考えられますので、じゅうぶん御研究の上、幼児教育の発展が期せられるようご指導願います。

通達を受けて、各地で一時的な対応ではあるが、二部保育や時差通園制、小学校の施設を使うといった対応がおこなわれた。やがて園舎も増設され、1950（昭和25）年には全国2100園、幼児数22万人、5歳児就園率9％だったものが、1955（昭和30）には5426園、64万人、就園率20％と急速な普及をみせた[4]。

●保育所の普及

保育所の普及も著しかった。１９５０年の全国保育所数３６８４か所、入所児童数29万人が、１９５５年には８３９２か所、65万人となった。保育所を必要とする子どもは多く、不足は解消されなかった。厚生省児童局は、要保育児童の一斉調査をおこない、保育所入所児以外の「保育に欠ける」児童数を、次のように推計した〔5〕。

○昭和25年６月調査
親の労働のため保育に欠ける児童８万２６２８人、親の病気等のために保育に欠ける児童９６１５人
計約９万２０００人
○昭和28年６月調査
親の労働または病気等のために保育に欠ける児童数26万６０００人

保育所にまだ入っていない「保育に欠ける」子どもが、１９５０年には約9万人、１９５３（昭和28）年には約27万人いたのである。

②保育所の入所措置と保育財政

児童福祉施設として誕生した「保育所」は、新しい理念を掲げたが、それまでの「託児所」の実態を残し、新しい理念は必ずしも十分には浸透しなかった。そのため、保育所行政は定着まで、さまざまな試行錯誤が

あった。

●入所措置制度

児童福祉法第24条による措置、すなわち市町村が「保育に欠ける」ことを認め、保育所に入所させる場合の認定の基準として、1949年に厚生省は「保育所入所の措置等について」(昭和24年4月19日、児童局保育課長通牒)[6]を通達した。「市町村長が監護を要する児童を措置して保育所に入所せしめる」のは、「児童の家庭が貧困であるか又富裕であるかを問わ」ず、「児童により良い環境を与えて、健全な育成を図ることを意味する」もので、認定要件は以下の三点であるとした。

1 保護者が働いている為に、その児童が家庭で充分な保護養育が受けられない場合である。この場合保護者の労働は、外勤労働でも家庭労働でも又自営労働でも差し支えない。

2 保護者が病気であるか又は病人の看護のために、その児童が家庭で充分な保護養育が受けられない場合である。

3 小家屋に多人数居住している等のために、その児童の生活環境が著しく不良な場合である。

このように、厚生省の通達において、保育所が貧困対策ではないことが、くり返し強調されているが、保育所が圧倒的に不足している状況では、貧困層の措置が優先されることとなり、貧困対策としての保育所という意識は行政にも、一般の人々においても長らく続いた。

当時、保育所入所手続きは、幼稚園と同様に各施設でおこなわれていた。つまり保護者が直接園に申し込み、入園の可否は園で決められ、しかるのちに園をとおして措置の申請がおこなわれる、という仕組みであった。園にとって、あふれる希望者の入園選考は、大変な仕事であった。*2

厚生省の「保育所運営要領」（1950年）には、「保育所に入りたい希望者の願書を、何等順位もなく片っぱしから受付けて、その願書の中に、困窮者の家庭があれば、市町村の役場と連絡して、措置費を出して貰うようなやり方で、希望してきた子供たちを保育所の対象児として来た保育所はないでしょうか」[7]とある。それだけ多くの子どもが保育所を必要としていたことを示すが、混乱の打開策として採られた方法は、1951年6月の第5次法改正で保育所の対象児を「保育に欠ける」児童に限定することであった。すべての乳幼児に開かれた保育所という理念の一角は、このとき崩されてしまった。

本章の第2節で述べるように、1961（昭和36）年には全国一律の「入所措置基準」が定められ、入所措置がシステム化される。

●保育財政制度と保育料

成立時の児童福祉法は、保育所保育に関する公費負担について、措置に関する費用は、市町村の負担（第51条）、国庫は市町村の負担する費用に対して10分の8を補助（第53条）、都道府県は市町村の負担する費用について10分の1を補助（第55条）すると定めている（第3次法改正で市町村の負担は「支弁」に、国庫、都道府

*2　松本園子『証言・戦後改革期の保育運動 ―民主保育連盟の時代―』新読書社、2013、356～364頁において、東京都北区労働者クラブ保育園における当時の入園選考の実際について紹介している。

県の補助は「負担」に用語変更)。また、保護者負担については、保育所に要する費用を扶養義務者から徴収するが「市町村長において、児童福祉司又は児童委員の意見を聞き、本人及びその扶養義務者が、その費用を負担することができないと認めるときは、この限りではない」(第56条)とある。

以上の費用負担の原則は、1949年8月のシャウプ勧告[*3]により、一時期(1950~1952年度)国庫負担が地方財政平衡交付金に切り替えられたことを除いては、そのときどきの運用や解釈の相違はあっても、長らく維持された。

次に、国庫負担の対象となる「措置に要する費用」についてであるが、これは実額が払われたわけではない。1948(昭和23)年5月から11月末までは、「児童福祉法による措置等のため支出する費用の程度に関する件」(1948年5月児童局長依命通牒)[8]によって実施された。その後、1948年12月に「児童福祉施設最低基準」が公布施行されたことにともない、「児童福祉施設最低基準施行に伴う費用の限度に関する件」(1948年12月29日、厚生省児童局長官房会計課長連名通牒)[9]がだされ、12月1日にさかのぼって実施された。ここでは、事務費、事業費の概念が明示され、その限度額が施設種別、収容人員のランク別に示された。この措置費の方式が第2節でふれる1958年の保育単価制実施まで継続された。

では、保護者が支払う保育料は、どのように徴収されたのであろうか。

1948年11月に開園した東京北区労働者クラブ保育園の場合、当初は、一律月額150円を徴収していた。この時点では、いまだ措置児として認定が得られず、おそらく保護者からの保育料と園からのもち出しで保育が実施されていたと思われる。1949年度に入り、園児が措置児として認定され、この園の場合は、全園児が措置児となった。収容定員120名のこの園の場合、事務費限度額と事業費は1人1か月350円ほどである。この金額が措置費（園の文書では「補助金」と記されている）として園に渡される。保育園は、各家庭の収入などを勘案して、保育料の減免申請をおこない、保育料を決めて徴収する。徴収した保育料は、東京都へ返還される。保育料は、各家庭の生活状態により減免し、全額免除23名、減額１０２名（負担額50～２００円）であった。労働者クラブ保育園の場合、補助金（措置費）だけでは人件費にも充たず、毎月の赤字に苦しんだ[10]。

●地方財政平衡交付金制度の弊害と是正対策

前述のシャウプ勧告により、１９５０年度から保育所等児童保護費は、平衡交付金に組み入れられることになったが、児童福祉を保障するうえで、さまざまな弊害が生じたため、１９５３年度から再び国庫負担制度が復活した。

その事情を厚生省当局は、次のように説明している。

> この平衡交付金は、各地方公共団体の財政力がそれぞれ異るため、その行政を実施してゆくために必要な経費（基準財政需要額）に対してその収入（基準財政収入額）が不足する場合に、この不足分を補って必要な行政を十分行うことができるようにするために、国が交付する金である。換言すれば、地方公共団体の財政力の調整をはかる金である。この平衡交付金は国庫負担金又は補助金と違って、特定の行政に使わ

＊3　シャウプ使節団日本税制報告書（通称シャウプ勧告）は、ＧＨＱの要請によって１９４９年に結成されたカール・シャウプを団長とする日本税制使節団による報告書。日本の戦後税制に大きな影響を与えた。

なければならないという、いわゆる紐付の金ではないために、保育所の経費として見込まれていた金が他の行政に使われたり、或いは財政力の貧弱な市町村ではその支出をできるだけ少くするため、比較的費用徴収の困難な要措置児童を保育所に入れないで、保育に欠けるところがなくとも費用を徴収できる家庭の児童を入所させるというような傾向も生じ、保育所の使命を達成するために、各種の支障が生じたのである。そこで児童保護費は是非とも従来通り国庫負担金制度にすべしという要望が起り、二十八年度からこれが実現したわけである。

（厚生省児童局保育課『保育所の運営』1954、20〜21頁）

さて、1953年度まで保育所の費用の徴収基準の内容は、市町村によってさまざまであった。平衡交付金制度のもとでとり扱われていた時期には、保育所の経費は、結局、市町村自体の財政で賄われていたので問題は表面化しなかった。しかし、国庫負担制度の復活により、市町村によって費用徴収の基準に差のあることは公費の負担が不公平になることを意味し、費用徴収基準の統一化が課題となったという。そこで、1954（昭和29）年度より厚生省が作成した徴収基準により、全国一律に費用を徴収することになった（前掲書『保育所の運営』21頁）。厚生省は、『昭和29年度における保育所運営の指導方針について』（1954年3月15日付、厚生省児童局長、厚生大臣官房会計課長より各都道府県知事宛通牒）により、次のような費用徴収の方針を示した。

第一に費用の徴収基準については、費用徴収は昭和29年4月より暫定的に「保育所入所児童に要する費用の徴収基準表」によりおこなうとした。施設の所在地ごとに生活保護法による級地別（1級甲〜5級）の基準表が適用される。世帯の収入が生活保護世帯、1級未満、1級〜15級の17ランクに分けられ、徴収金額は保護世帯0円、1級未満50円、1級は限度額の5%、収入階層に応じて徴収率があがり、3歳以上の場合10級で限度額の全額、3歳未満の全額徴収は15級と世帯収入の多寡により定められた。

第二に収入認定については、費用の徴収義務者が、児童の扶養義務者の申告に基き、実地調査によりおこない、かつ必ず社会福祉主事、児童委員の意見を聞くとした。徴収金額を決める世帯の収入認定は、世帯の動産・不動産、世帯員の職業、技能、稼働能力の状況など、生活保護の給付に際しての調査に似た複雑で綿密な調査をおこなうことが指示された。しかし、市町村においてこれを忠実に実行することは難しかった。1957年の行政管理庁の行政監察において、収入認定と徴収額の決定が通牒どおりおこなわれていないことが指摘されたが、「厚生省の指示する事務内容が複雑煩さに過ぎ、実施態勢の脆弱な町村においては、その実施が容易でないこと」〔11〕が原因のひとつであった。

第三に保育所の入所措置については、前年の通知「児童福祉法による措置費の国庫負担に関する限度及びその取扱について」(昭和28年7月6日、厚生省児童局長、会計課長)にあるように、昭和29年度より定員を超えて児童を入所させることは認めないとされた。

右のような方針で保育行政がすすめられたが、とくに全国一律の保育料徴収は、保育現場に多くの困難をもたらした。全国社会福祉協議会が1954年10月に各都道府県社協に依頼し、26府県の回答を得た調査によれば、保育料の値上げは保護者に影響が大きく、保育料滞納、退所、入所断念が続出し、保育所経営を圧迫し幼稚園に転換、あるいは閉鎖する施設もみられた〔12〕。

その後、1958(昭和33)年には保育単価制が導入され、保育料徴収基準も改定された。これについては第2節で述べる。

③保育内容の規定

●保育要領

1947年3月に、小学校、中学校について現場の教員のための手引書『学習指導要領』(試案) が発行された。こうしたものを幼稚園教員のためにもつくろうと、文部省に「幼稚園教育内容調査委員会」がおかれて準備が進められ、1948年3月、文部省より『保育要領 ―幼児教育の手引き―』が刊行された。「国が作成した最初の手引書であって、新しい方向を指向するものとして新風を斯界に吹き込んだ」という[13]。

保育要領作成については、従来GHQのヘレン・ヘファナンの主導で、倉橋惣三を中心にすすめられたと理解されてきた。しかし、保育要領作成経過に関するアメリカ側の文書を分析した最近の研究により、日本側の主体性と委員による民主的な討議があったことが指摘されている[14]。

保育要領の特色は、第一に自由保育の理念に基づく保育の内容・方法を示したことである。日課に関しては、「幼稚園における幼児の生活は自由な遊びを主とするから、一日を特定の作業や活動の時間に細かく分けて、日課を決めることは望ましくない」「教師は幼児ひとりびとりに注意を向けて、必要な示唆を与え、個々に適切な指導をし、身体的にも、知的、感情的にも、社会的にも、適当な発達をはからなければならない」(5 幼児の一日の生活) とし、保育内容については、見学、リズム、休息、自由遊び、音楽、お話、絵画、製作、自然観察、ごっこ遊び・劇遊び・人形芝居、健康保育、年中行事と「楽しい幼児の経験」を列挙している(6 幼児の保育内容)。

第二の特色は、「幼児教育全体の参考になる手引書として、幼稚園だけでなく、保育所、一般の父母に役立たせようとして書かれた」[15] ことである。保育要領の発表後、全国で普及のための講習会が開催されたが、これには保育所関係者も参加した。「そのころにはまだ幼稚園と保育所の区別がなかったのです。…（中略）…そのころはみな同志だったのです。保育所と一本ということが、ある意味ではありました」[16]と坂元は語っている。

●保育所の保育内容

保育所の保育内容についての国の指針は、1948年12月の「児童福祉施設最低基準」に示された。最低基準の第55条では、「保育所における保育の内容は、健康状態の観察、個別検査、自由遊び及び午睡の外、第13条第1項に規定する健康診断を含むものとする。…（中略）…自由遊びは、音楽、リズム、絵画、製作、お話、自然観察、社会観察、集団遊び等を含むものとする」とある。このようにごく簡単に示しているに過ぎないが、文部省の「保育要領」が保育所の保育も含めて詳細に書かれており、これを参照すればよいということであったろう。

1950年3月、厚生省児童局より『保育所運営要領』がだされた。「保育所の運営についての指針」（児童局長序文）として、保育所の意義、対象、任務など、運営全般にわたる内容であるが、保育所の保育内容について厚生省からのはじめての詳しい指針が示された。「保育の内容」は、（1）乳児の保育、（2）幼児の保育（3）学童の指導、[*4]（4）家庭の指導、に分けて記述され、1日の保育プログラム、1年間の保育カリキュラム

＊4　「学童」とは、1949年の児童福祉法第3次改正で第39条に保育所の対象児として加わった「その他の児童」のことである。放課後「保育に欠ける」低学年児童の指導をおこなう「学童保育」が制度化されたわけだが、実際には保育所における学童保育は、ほとんど実施されないままである。

についてもふれている。

④保育条件

●幼稚園基準

1947年4月に新学制がスタートし、学校の施設基準や教育課程の編成が問題となり、文部省は1949年に「学校施設基準法案」「学校の教育課程及び編成の基準に関する法律案」を準備し、各団体からの意見聴取を進めた。法案には、幼稚園関係の条文も含まれていた。しかし、法案の国会上程は諸般の事情で頓挫し、文部省はこれにかわるものをまとめる必要にせまられた。

1951年9月に「幼稚園設置基準作成協議会」が発足し、1952（昭和27）年2月「幼稚園の設置基準案」が答申された。文部省は答申をもとにして関係各方面の意見を聞くなどして基準案を作成したが、ただちに幼稚園設置基準として法的規制をするのは適切ではないと判断し、それを内容とした参考基準という意味で、1952年5月に「幼稚園基準」を事務次官名で通達した[17]。

幼稚園設置基準は、その後1956（昭和31）年12月に制定されるが、それについては第2節でとりあげる。

●児童福祉施設最低基準

児童福祉法は、児童福祉施設の設備および運営について最低基準を定めること（第45条）、最低基準を維持するために行政庁が施設を監督し、最低基準に達しないときには改善を命令、あるいは事業の停止を命ずることができる（第46条）ことを定めた。

厚生省児童局は、この規定を受けて最低基準制定の準備をすすめた。最低基準についての児童福祉施設関係者の意見のとりまとめを日本社会事業協会に委託し、「日本社会事業協会案」[18]を得た。これを基礎に児童局案がまとめられた。児童局案は、中央児童福祉委員会の審議を経て改訂、GHQ側との交渉による改訂、大蔵省との折衝を経て、「児童福祉施設最低基準」が、1948年12月29日厚生省令として公布制定された。保育所の基準は、設備、職員、保育の内容について第49～58条で示された。

児童福祉施設関係者の願いを反映した当初の「日本社会事業協会案」の基準は、この過程で次第に引き下げられ、敗戦直後の施設実態に近いものに変化していったという。現実とかけ離れた高い条件では、児童福祉施設をつくれない、というジレンマがあり、致し方ないことであったろう（しかし、このとき定められた基準が、豊かな時代になっても、改善されなかったことは、大きな問題である）。

最低基準の目的は、「児童福祉施設に入所している者が、明るくて、衛生的な環境において、素養があり、且つ、適切な訓練を受けた職員の指導により、心身ともに健やかにして、社会に適応するように育成されることを保障する」（第2条）ことにある。最低基準は、保育所設置のための認可基準としての役割とともに、保育所での処遇内容を一定水準に維持することを保障するものであった。そして、児童福祉法における費用の規定（第50、51、53、55条）で財政面から最低基準を維持するしくみがあり、保育を受ける子どもの立場を中心に置いたものともいえる。[*5]

*5　最低基準の制定過程については、寺脇隆夫「児童福祉施設最低基準の制定と保育所」『戦後保育史』第1巻、フレーベル館、1980、220～234頁を参照。

厚生省児童局は、1954年度より2年間、厚生科学研究の一環として、労働科学研究所、愛育研究所、社会事業研究所に委託して、最低基準に関する研究を実施した。綿密な科学的研究により、保育所における施設の広さ、保母数と児童数との関係が、児童と保育者の心身におよぼす影響に関する研究としてまとめられた[19]。当時、ハードルが高すぎるという批判もあった最低基準の意義を再確認し、さらに改善をめざしたものと思われ、今日的視点からみても注目すべき内容を含んでいる。しかし、残念ながらその後の施策の改善には、生かされてはいない。

⑤保育者

●幼稚園教諭

学校教育法第81条で幼稚園の保育者は「教諭」とされ、「教諭は、幼児の保育を掌る」とされた。幼稚園令の「保姆」にあった女子への限定はなくなり、教育職員免許法で「幼稚園教諭免許状」が規定された。

●保母

一方、保育所などの児童福祉施設の保育者については、「保母」という資格がつくられた。児童福祉法施行令（昭和23年3月）で、次のように規定された。

第13条　児童福祉施設において、児童の保育に従事する女子を保母といい、左の各号の一に該当する者を以てこれに充てる。

一　主務大臣の指定する保母を養成する学校その他の施設を卒業した者
二　保母試験に合格した者

「保母」という専門教育を前提とする専門資格が誕生した意義は大きい。しかし「女子」に限定され、職務も単に児童福祉施設において児童の保育に従事するとされたにすぎない。また、法律ではなく、政令での規定という不安定なものであった。同じ時期にスタートした幼稚園教諭とは、大きな差があった。

なおその後、児童福祉施設の増加、保母の増加のなかで、保母資格のあり方が問われるようになった。1977（昭和52）年に児童福祉法施行令が改正され、保母の規定は「男子に準用」するという一文が加えられた。ここで男性保母が公認され、一般には「保父」と呼ばれた。さらに、1998年の施行令改正によって「児童福祉施設において児童の保育に従事する者を保育士という」とされ、資格要件から性別が外れ、男女共通の名称が採用された。そして2001（平成13）年の児童福祉法改正により、保育士の規定が児童福祉法に新設され、保育士はようやく法定資格となった。

（3）保育関係団体と保育運動

①民主保育連盟

戦時末期に事実上崩壊した保育問題研究会（本書第5章第3節）の人々は、戦後をどのように迎えたか。疎開保育の保育者として敗戦を迎えた者も、治安維持法により検挙されたが敗戦前に釈放され、意に染まぬ生活を強いられていた者も、敗戦後も引き続き獄にあり１９４５年10月15日のＧＨＱ指令による治安維持法廃止によって、ようやく解放された浦辺史、菅忠道のような者もあった。

浦辺らは、しばし疲れを癒やしたあと、１９４６年早々に活動を再開した。戦争が終わった今、何か子どものためにできることはないかと「児童問題懇談会」を開き、食にも、遊びにも飢えた子どもたちの現状を語りあった。そこでまず、戦前の保育問題研究会の復活をもくろみ、３月末、愛育会に対し「日本保育研究会」の返還交渉をおこなった。しかし、それは不調に終わり、その後、保育にかかわる新しい組織つくりに着手した。準備をすすめ「民主保育連盟」[*6]創立をみたのは、１９４６年10月19日である。

民主保育連盟の目的や内容は、次の綱領と規約に示されている。

資料１　民主保育連盟綱領

一、この連盟は民主日本建設のにない手である乳幼児の完全な擁護と正しい教育の実現のために活動する

一、この連盟はあらゆる地域・職域において勤労家庭の要望にこたえる乳幼児保育施設の建設を期し、そのために必要な実際的研究と協力をする

一、この連盟は乳幼児保育担当者が自主的に結集してたがいに啓もうし合い社会的な自覚と向上をはかる

一、この連盟は乳幼児保育の諸問題を社会的政治的に解決するためあらゆる民主的諸団体と密接に提けいして活動する

資料2　民主保育連盟規約

（前略）

二、目的

この連盟は乳幼児を完全にまもり正しく教育するに必要な新しい保育施設をつくりひろめることにつとめ、保育にあたるものの教養をたかめ、その社会的地位をまもることを目的とする

三、事業

この連盟はその目的をはたすため次の事業をおこなう

イ、働く人ののぞむ保育施設を研究し、指導し、ひろめる

ロ、保育にあたるもののために研究会・講座・講演会などをひらく

ハ、乳幼児保育政策を研究してその実現のために働く

ニ、出版物を発行する

ホ、その他必要な仕事をおこなう

＊6　民主保育連盟については、浦辺史『日本保育運動小史』風媒社、1969、宍戸健夫「民間保育運動の出発　―民主保育連盟を中心に―」『戦後保育史』第1巻、フレーベル館、1980、宍戸健夫「民主保育連盟の結成とその活動」『日本の幼児保育』下巻、青木書店、1989のほか、これらをふまえた松本園子『証言・戦後改革期の保育運動　―民主保育連盟の時代―』新読書社、2013がある。また、松本園子編『編集復刻版・民主保育連盟資料』六花出版、2015には、連盟の機関誌および基本資料が収録されている。

図１　民主保育連盟の保育施設づくり（神谷保育園）

1949年東京都北区神谷公園で野外保育開始。1951年、都バスの廃車を公園に設置。バスは足立区新田保育園からゆずり受けた。

（神谷保育園『はばたく子どもとともに―福光えみ子先生追悼集』2000より転載）

四、会員

　この連盟はその目的に賛成する保姆・保健婦・教師・乳幼児研究家・両親・働く婦人などひろく乳幼児の生活をたかめる仕事に関係のある個人や団体で組織する

（後略）

　民主保育連盟は、乳幼児を護り教育することを目的に諸活動をおこなった。旧保育問題研究会を人的にも、内容的にも引き継いだ側面があり、また、二元体制固定化以前にスタートした組織であり、幼保の区別なく〝保育〟を対象とした。したがって、母親の労働との関係に特化された保育所づくり運動組織ではなく、地域の子ども会活動、幼稚園づくりの活動もおこなった。[*7] 規約四にみるように会員は、幅広い人々を対象としている。「保姆」とあるのは幼稚園令による幼稚園の保育者の呼称である。

民主保育連盟の活動は、新しい保育施設づくり[8]と、新しい保育のための研究・啓蒙活動[9]に大別できる。前者については、大きな成果をあげ、今日まで継続している保育施設（主として保育所）も多い。後者については、明確な成果をあげるには至らなかったが、その後、発展をみる新しい保育論の芽生えを形成した。

民主保育連盟は、1952年12月に解散した。占領下の難しい政治情勢を背景とした内部対立がその引き金となった。正味6年2か月の短期間の活動であったが、組織として保育の量と質の両方の発展を求め、努力したことは評価されてよいであろう。

②全国保育連合会

1947年6月、東京の公私幼稚園、公私保育園の園長などにより「東京都保育連合会」が結成された。中心的推進者は内山憲尚（聖美幼稚園長）であった。その動きを全国に拡大することが各地から要望され、同年11月、全国から東京に700人あまりの保育関係者が集まり「全国保育大会」が開催された。ここでは保育・保育施設のさまざまな問題について熱心に討議されるとともに、「全国保育連合会」の結成を決め、倉橋惣三

*7　その点で『戦後保育史』第1巻において、「保育所の保育」編で民主保育連盟をとりあげているのは疑問がある。
*8　詳しくは、松本前掲書（2013）の2部1章2節「民保の活動　―新しい施設づくり」、同2章「新しい保育施設づくり」を参照されたい。
*9　詳しくは、松本前掲書（2013）の2部1章3節「民保の活動　―新しい保育を求めて、研究・啓蒙活動」を参照されたい。

が会長に選ばれ、毎年各地もちまわりで大会を開催することとなった。[*10]

全国保育連合会は、公私幼保すべての保育関係者の連合体であったが、１９４７年12月に児童福祉法が制定され、二元行政が固まるなかで、運営の難しさが意識されるようになった。連合会の事務局長内山憲尚は、１９４９年７月発行の機関誌に「全国保育連合会の新使命」と題する一文を発表している[20]。

ここでは、連合会がめざした一元化への原理として、第一に幼保の教育の機会均等、第二に幼保の実際保育の共通性、第三に幼保の分離の根拠は役所の机上論であることをあげたうえで、制度上の二元化が成立した段階での連合会の使命は、保育の実際に携わる者が官公私立の別なく、幼稚園保育所の別なく、その共通部分においてできるだけ協同、提携し、日本の幼児を正しく育成していくとともに一般社会と政府首脳部に保育の重要性を認識させることである、としている。

全国保育連合会は、１９４８年第２回大会（奈良）、１９４９年第３回大会（新潟）、１９５０年第４回大会（福岡）、１９５１年第５回大会（仙台）と開催されたが、１９５２年第６回大会（松江）のおり、幼稚園、保育所関係者が別個に会合をもち、実質的に分裂し解散してしまった。[*11]

一方、制度別設置者別保育関係団体は、日本私立幼稚園連合会（１９４７年11月）、国公立幼稚園長会（１９５０年10月）、全国社会福祉協議会・保育部会（１９５２年）、東京私立保育園連盟（１９５５年10月）、全国私立保育園連盟（１９５８年９月）が、次々に組織された。

③保育研究団体

●日本保育研究会

本書第5章第3節でふれた愛育会内の日本保育研究会は、戦時末期は活動を停止していたが戦後再開された。「昭和21年7月20日発刊」と記された『日本保育研究会会報』再刊第一号（謄写印刷、B5判、全8頁）には、次のような経過報告が掲載されている（□は判読不能）。

昭和十九年後半及廿年は戦争に禍されて日本保育研究会は何等なす事もなく過し　終戦後の自失状態から漸く立ち上がって最初の幹事会を開いたのは廿一年の二月だった。その後度々幹事会を開いて会の性格を検討し方向方針等を話し合ひ　先ず最初の□□として三月に、民主政治への選挙の折柄、「幼児教育に関する各政党の政見を聴く会」がとり上げられたが都合により中止となった。
四月になって保育施設の開設□増したのを機会に、将来の研究会の行き方を知る為に、現在の保姆さんの気持ちを知り、保育法や研究会に対する希望を話し合うのを目的に保育巡回懇談会を開催した……（後略）。

「①民主保育連盟」でふれた、浦辺史らの愛育会に対する日本保育研究会の返還交渉は、このころである。愛育会側が返還に応じなかったのは、過去のいきさつはどうであれ、日本保育研究会として新しい時代にふさ

＊10　第1回の全国保育大会については、東京都保育連合会「全国保育大会報告」『幼児の教育』46巻10号、1947、「保育大会余録」(一)(二)(三)『幼児の教育』47巻1～3号、1948に詳しい。
＊11　解散の事情とその評価については、岡田正章「全国保育連合会の解散」『戦後保育史』第1巻、フレーベル館、517～522頁を参照のこと。

わしい活動を始めていたゆえであることが理解できる。日本保育研究会は、各種の講習会や研究会を開いているが、会の担い手は愛育会経営の愛育隣保館、戸越保育所の保育者であった鈴木とく、畑谷光代らであった。疎開保育（第5章第2節）の間に、両園の建物は戦災や建物疎開で失われてしまったが、戦後は愛育隣保館跡地で青空保育がおこなわれていた。彼らは愛育会の業務として日本保育研究会の活動をすすめる一方で、個人の活動としては民主保育連盟の創設に加わった。『日本保育研究会々報』3号（昭和21年10月5日）には、10月19日の「民主保育連盟創立の集り」への参加を誘う記事も掲載されている。

●日本保育学会

日本保育研究会会報は、13号まで確認できる。この号は発行年月日の記載がないが、山下俊郎「保育要領についで」という記事があり「学校教育法が施行されて一年、待ちに待たれた保育要領が去る三月初旬に出来上がり……」とあり、また5月第二日曜日の「母の日」大会開催報告もあるので、1948年5月ごろの発行であろう。その後、日本保育研究会は、1948年11月21日創設の「日本保育学会」に発展解消される。

●保育問題研究会

1953年2月、戦前の保育問題研究会の復活という形で「保育問題研究会」がスタートした。民主保育連盟解散（1952年12月）のあと、主として民主保育連盟旧会員により準備され、連盟の研究活動の側面を継承発展させる組織となった。新しい保育問題研究会は、その後、各地に組織され全国的な研究運動が展開され、今日に至っている。[*12]

④保護者を主体とする保育運動　―働く母の会―

1950年代なかばに始まった、働く母の会の共同保育運動は、保護者が労働と育児の両立を求めて地域の保育所づくりにとりくんだ新しいタイプの保育運動である。

それはまず、1953年に誕生した東大職組の共同保育を契機とする。東京大学職員組合は、1952年ごろ職場保育所設置を要求して大学当局と交渉したが成功しなかった。幼い子どもを抱え、保育所をすぐにも必要とする組合員が相談し、とりあえず職場に近い組合員の家を昼間だけ借りて、保育者を1人たのみ、鍋釜をもちより、子ども3人の共同保育を始めた。1953年6月のことである。のちに「ゆりかご保育園」と名づけられたこの共同保育は、新聞にも紹介され、大きな注目をあつめた[*13]。

岩波書店に勤務していた小林静江は、1953年春に出産し、しばらく子どもを乳児院に託していた。そのころ東大職組の共同保育の発足を知り、そこから学び、1954年4月から自宅で共同保育を開始した。また、共同保育の進展のために、友人知人十数人を集めて育児の問題について話し合い、職場と地域を含めた働く母親同士の相互扶助組織をつくる準備をすすめた。こうして1954年12月「働く母の会」が結成された。働く

＊12　戦後の保育問題研究会については、宍戸健夫「保育所保育の実践と研究　―保育問題研究会の活動を中心に―」『戦後保育史』第1巻、フレーベル館、1980や宍戸健夫「保育研究運動と集団保育の思想」『日本の幼児保育』下、青木書店、1989に詳しい。なお、幼保の区別なく、幼稚園関係者も多数参加しているこの組織を、『戦後保育史』第1巻において保育所保育の部分に位置づけていることに疑問を感じる。

＊13　「働く母親のために育児の悩みを無くそう」『朝日新聞』1953年9月27日（一番ケ瀬康子編『日本婦人問題資料集成』第6巻、ドメス出版、1978、774～776頁）、宍戸健夫「保育所づくり運動の展開」『戦後保育史』第1巻、フレーベル館、1980、383～385頁を参照

母の会の共同保育所第1号は、1955年6月、中央線高円寺付近の会員によってつくられた「大和町託児所」(東京都中野区)で、その後、次々に共同保育が組織される。*14

前述の民主保育連盟の地域の保育施設づくり運動においても、保護者(母親)主体の活動はあった。しかし、ここで活動した母親たちの場合、外勤者は少なく、家事や内職は忙しかったが、働くための保育所への切実な要求は前面には出てこなかった。運動の課題は子どものよりよい生活と遊びの場をつくることであった。*15 外勤の母親が求めたのは職場保育所であり、地域での運動の展開はなかった。

働く母の会共同保育の担い手は、戦後民主化により輩出した高学歴・専門職層の女性たちであった。児童福祉法の保育所はまだ少なく、相対的には、経済的に恵まれた彼らはなかなか利用できなかった。

共同保育に、1歳3か月の子どもを託したある母親は、その経験から、素朴な言葉で次のように保育の意義を語っている。

(前略) 母からは他人任せでと、まるで悪い事でもしている様に叱言を云われましたが、…(中略)…なまじ保育に未経験の母親より、子供にとってははるかに幸福ではないかと思います。大人の玩具の様に甘やかされて疲れ切ってしまうより、同年輩の大勢のお友達と生活する中には、子供は子供なりの知恵の育くみ方をするものでしょう。

(鈴木夏子「託児所に子供をあずけて」『働く母の会ニュース』No.3 [21])

広田寿子は、働く母の会の運動を「会員の多くが、戦争体験と敗戦直後の民主的な教育を積極的に受けとめて職につき、自立して行動できる意志と能力を職場の内外で養いつつあった」（婦人問題懇話会会報、22号、1975）新しい型の勤労婦人の組織による、日本ではじめての運動として評価している[22]。それは、1960年代に入り全国にひろがる広範な働く母親が参加する無認可共同保育所運動の先駆けとなった。

⑤国の政策・行政に対する要求運動

昭和29年度の予算大綱（1954年1月5日閣議決定）[23]は、「国際収支の著しい逆調、インフレ傾向の濃化の趨勢に鑑み…（中略）…思い切った引締め重点化の方針をとり…（中略）…これによって独立にふさわしい経済の自立と自衛力充実の基盤を確立する」という引き締め策を打ち出した。

とくに社会保障関係がターゲットになり、29年度予算の大蔵原案は、生活保護費、児童福祉費の国庫負担率の8割から5割への切り下げを含む、社会保障関係費の大削減を内容とするものであった。社会福祉関係者の反対運動が組織され、1月15日の政府案では国庫負担率は8割に復元された。しかし、保育所予算は、援護率30％（措置費から保護者徴収分を引いた公費負担率、実情は保護者からの徴収分は全国平均40％[24]であり、60％が必要であった）で計上され、保育所の危機が続いた。

私立保育所経営者として運動を組織した柴田敏夫は、日米相互防衛援助協定（MSA）締結を背景とする厳しい状況について次のように述べている。

＊14　働く母の会と共同保育については、一番ヶ瀬前掲書、776～802頁、宍戸前掲書、385～397頁を参照。

＊15　たとえば、横川橋保育園。松本前掲書、310～314頁を参照のこと。

この昭和二十九年度国家予算は、いわゆる〝一兆円予算〟の緊縮予算であり、二十九年三月の日米MSA協定調印、七月の自衛隊発足という情勢のもとで〝MSA軍事予算〟とも呼ばれたもので、社会保障予算をはじめ、国民の生活向上に関する予算はすべてなでぎりにされた予算でした。日本の戦後の歴史のなかで、社会保障制度が体制的にもっとも危機にさらされた時で、昭和二十七年、二十八年の両年度に施設数、児童数ともに急激に上昇率をみせた保育所にとくに風圧がきびしかったのも当然のことでした[25]。

こうした状況のもとで、名古屋私立保育園連盟、京都府園長会、東京私立保育園連盟（以上、1955年）、大阪私立保育連盟、全社協保母会、東社協保母の会（以上、1956年）など、保育所経営者や職員の組織が結成され、国への要求運動を展開していく。

第2節 高度経済成長期 ―1950年代後半～1970年代前半―

1954年、日本は朝鮮戦争特需の終了による不況に陥ったが、翌年前後には、国民所得が戦前を上回る水準に達した。そして、1955年から1973（昭和48）年の第一次オイル・ショックに至るまでのおよそ20年間、日本は高度経済成長を続ける。1960（昭和35）年末に池田勇人内閣が打ち出した「国民所得倍増計画」以降、経済成長率は10％以上で推移し、日本は経済大国として躍進をとげる。

高度経済成長は、産業構造の高度化により、生産力の飛躍的増大をはかるために、大量の労働力を必要とした。そのため、女性労働力の積極的な活用がはかられ、女性の社会進出が進んだ。さらに、核家族化の進行により、子どもや子育てをとり巻く環境も変化し、保育・子育てに対する社会的要求が高まっていった。

（1）戦後保育制度の修正

①幼稚園

●「保育要領」から「幼稚園教育要領」へ

１９５２年４月、サンフランシスコ平和条約が発効し、日本が独立を回復するのを契機に、教育界でも占領下におこなわれた改革を見直す気運が強まった。幼児教育に関しても、幼児教育全体の手引き書として、保育所や一般の父母にも役立たせることを目的に作成された１９４８年の『保育要領』に代わる幼稚園の教育課程を明確に示す基準の作成が求められるようになり、１９５６年２月に『幼稚園教育要領』が刊行された。

これは『保育要領』を改訂したものであるが、内容・性格が大きく変わった。『幼稚園教育要領』は、第１章「幼稚園教育の目標」、第2章「幼稚園教育の内容」、第3章「指導計画の作成とその運営」から成り、１章では、学校教育法第77、78条の幼稚園教育の目的、目標を、さらに具体的にした目標を示している。２章では、目標に照らして適切な経験を選ぶ必要があるとして、1．健康、2．社会、3．自然、4．言語、5．音楽リズム、6．絵画製作の6領域に分類し、それぞれの内容領域において予想される「望ましい経験」を表示している。3章では、「幼稚園の指導計画ということについては、ときとしてかなり懐疑的な考えを持たれることがある」が、「総合的な指導には…（中略）…分化的、専門的にはっきりした順序系統で指導するときよりも、いっそう計画が必要」として、指導計画のあり方について述べている。

坂元によれば、この要領は「一方では組織的系統的計画的であることをめざし、他方では幼児の具体的な生活経験をだいじにする、という両面を兼ね具えようとする努力をうかがうことができる」[26]ものであった。保育要領において示された、保育内容・方法観が、まだここでは一部受け継がれているといってよいだろう。

●「幼稚園設置基準」の制定

『幼稚園教育要領』の制定にともない、1952年の「幼稚園基準」に示されていた編制、施設・設備に改善を加えて、1956年12月に「幼稚園設置基準」が公布された。

これは、幼稚園を設置するのに必要な「最低基準」を示したものである。1学級の幼児数を40人以下とする原則は、明治期の小学校令施行規則、大正期の幼稚園令から引き継がれ、その後、1990年代まで継続された。園舎や運動場などの面積が設置基準に達していない園に対する経過措置もくり返し延長された。また、1園の定員規模についての規定がなかったため、後述するような私立幼稚園の大規模化（マンモス化）をもたらすことになる。基準以下の幼稚園をも容認し続けた「幼稚園設置基準」は、長らく日本の幼児教育が国際水準に劣ることになる背景となった。

●「幼稚園教育要領」の改訂　―法的拘束力の強化―

1963（昭和38）年9月、文部省の教育課程審議会は「幼稚園教育課程の改善について」答申をおこない、

『幼稚園教育要領』は翌年3月に改訂された。これ以降、幼稚園教育要領は、文部省告示として公示されるようになり、法的拘束力をもつ幼稚園教育の内容に関する国家的基準としての機能を有するようになる。それまで手引きとして示されていた小学校、中学校の学習指導要領が1958年に、高等学校学習指導要領が1960年に告示化され、幼稚園教育要領の告示化は、それに続くものであった。

第1章「総則」、第2章「内容」、第3章「指導および指導計画作成上の留意事項」から成り、総則の1「基本方針」では、「幼稚園は…（中略）…次の基本方針に基づき、幼児の教育を行わなければならない」と法的拘束性を前面にだし、11の基本方針掲げている。基本方針には「道徳性の芽生えを培う」という文言が盛り込まれた。

保育内容に関しては、前の教育要領と同様に6領域で示されたが、6領域の各事項を幼稚園教育修了までに指導することが望ましい「ねらい」として位置づけ、6領域の意義を明確化した。

「社会」領域では、「父母や先生などに言われたことをすなおにきく」「人に迷惑をかけたらすなおにあやまり」と、すなおであることが強調され、「幼稚園内外の行事において国旗に親しむ」という文言が加えられた。すなおでおとなしく、科学に強い子どもを求める政府・財界の人づくり政策の一環を担う保育内容の統制がすすんだ、ともいえよう。

②保育所

●保育単価制の導入

前節でも述べたように厚生省は、1954年度から保育所の保育料に全国一律の徴収基準を設定し、また保育所の定員厳守の指導を強化した。

しかし、この方針は市町村の実情に合わない点が多いため十分実施されず、さらに、1957(昭和32)年、行政管理庁と会計検査院から保育所の幼稚園化、保育に欠けない私的契約児が多く定員超過、保育料の徴収方法が不適切などの勧告を受ける。そのため厚生省は、「児童福祉法による保育所措置費の国庫負担制度の改正について」(1958年6月7日厚生事務次官通達)により、1958年7月、措置費の合理的な支出と、保育料の合理的な徴収をめざして保育行財政の抜本的な改革をおこなう[27]。

措置費の支出方式は、従来の事務費・事業費の区分をやめて、措置児童1人あたりに要する月額支出単価(保育単価、甲・乙・丙の地域差および5段階の定員差で全国一律)を設定し、それに在籍児童数を乗じた金額を支給する方式に改めた。保育料の徴収に関しては、家庭の収入認定が煩雑な従来の徴収基準を、課税額に応じたABCDの階層別(Aは生活保護適用世帯、ほかは所得税・市県民税の課税状況に応じて認定)と、3歳以上と3歳未満の年齢別に分ける方式に改めた。これが今日の措置費の支給・保育料の徴収方式の原型となり、現在に至っている。

この改革により、公費負担と保護者負担の公平化が図られ、保育所の行財政は一応の安定をみることになる。では、この制度による保育単価と保育料の実際は、どのようなものであったのだろうか。たとえば、1966(昭和41)年における甲地の定員91~120人規模の保育所の場合をみてみよう。この年度の保育単価は、3歳以上児が約2840円、3歳未満児が7420円である。保育料については、A階層・B階層は無料。3歳以上児のC1~3階層は800、1000、1250円、D1階層は1800円、D2~4階層は保育単価分であった。3歳未満児のC1~3階層は1150、1350、1600円、D1階層は2200円、D2階層は保育単価分、Ｄ３～４階層は４２００、６３００円であった。*16

保育単価は毎年改定され、保育料徴収基準の階層は細分化がすすめられ負担軽減がはかられた。それでも多くの共働き家庭にとって保育料は高額で、さらなる負担軽減のため徴収額を低く抑える自治体もあった。

●入所措置基準の制定

厚生省は、「保育に欠ける児童」の概念を明確にすることによって、市町村のまちまちな主観で措置権を行使することによって生じている市町村間の不均衡・国庫負担の不均衡を是正するため、１９６１年2月の児童局長通知「保育所への入所措置基準について」において「児童福祉法による保育所への入所措置基準」を定め、１９６１年度から実施した。

「入所措置基準」は「保育に欠ける要件」として、①居宅外労働、②居宅内労働、③母親のいない家庭、④母親の出産等、⑤疾病の看護等、⑥家庭の災害、⑦特例による場合の7項目をあげ、このいずれかに該当する場合に限り、保育所への入所措置をおこなうものとした。

●「保育所保育指針」の制定

１９６３年10月、全国社会福祉協議会保育協議会主催の第7回全国保育関係代表者研究協議会において、保育所に幼児教育の指針としての保育所要綱を作成する要望が出された。そして、全国社会福祉協議会保母会は、

*16　全国私立保育園連盟『保育所問題資料集　昭和41年度版』１９６６所収の「昭和41年度の国の定める保育単価内訳表」および「保育所措置費徴収基準額の推移」を参照した。

自主的に保育要領の作成をすすめると表明し、同年12月、保育要領作成委員会を発足させる。保育所は、幼稚園とは異なる使命をもつものであり、幼稚園教育要領をそのまま適用すべきではないという姿勢のもと、保育所独自の保育要領の作成をすすめ、１９６４（昭和39）年11月に「保育要領試案」を発表し、それを昭和40年度版とした。「保育要領試案」は、保育所保育の特質を明らかにすることで、保育所保育の指導的立場を明らかにしたと保育の現場からは高い評価を得ていた。

一方、１９６４年10月の中央児童福祉審議会保育制度特別部会第二次中間報告「いま保育所に必要なもの」も、保育所保育要領（仮称）を作成し、保育内容の充実をはかるよう求めた。中央児童福祉審議会保育制度特別部会の保育内容研究会で保育要領の作成をすすめ、１９６５（昭和40）年8月、『保育所保育指針』として刊行する。幼稚園教育要領が１９６４年の改訂で告示化され、法的拘束力をもつものになったのに対し、保育所保育指針は、厚生省児童家庭局長通達として出され、各保育所が自主的に保育内容・保育計画を作成するための参考・ガイドラインという位置づけであった。

なお、その後、全社協保母会の「保育所保育要領」改訂版が発表され、保母の受け持ち乳幼児数の改善を想定した内容が記されており注目された。しかし、保育現場の指針としては、もっぱら厚生省の保育所保育指針が使われることとなった。

保育所保育指針は、第1章「総則」の前文で、保育所は保育に欠ける乳幼児を保育することを目的とする児童福祉施設であること、保育は常に乳幼児が安定感をもってじゅうぶんに活動ができるようにし、その心身の諸能力を健全で調和のとれた姿に育成するように努めなければならないなど、保育所保育の理念を示した。そして、「養護と教育とが一体となって、豊かな人間性をもった子どもを育成するところに、保育所における保育の基本的な性格がある」と明記した。これまでの保育所行政では、保育所での子どもの指導に関して、「教育」という言葉は避けられていたが、保育所保育指針は保育所の機能のひとつとして「教育」を明記することで、保育所の教育性を強く打ち出すものとなった。

保育所保育指針の年齢区分と保育の内容構成は、次のとおりである。

1歳3か月未満と1歳3か月以上2歳までは、生活・遊びの2領域、2歳は、健康・社会・遊びの3領域、3歳は、健康・社会・言語・遊びの4領域、4歳・5歳・6歳は、健康・社会・言語・自然・音楽・造形の6領域で、幼稚園教育要領の6領域と、おおむね合致するようになっている。保育所保育指針は、遊びという子どもの生活特性を通してさまざまな指導をおこない、子どもの全面的な発達をはかるものであるとして、当時の文部大臣からも高く評価された[28]。

(2) 保育施設の整備拡充

①幼稚園

●第一次幼稚園教育振興計画

前節でみたように、1950年ごろから幼稚園への入園希望者が増加し、文部省は幼稚園普及策にとり組んだ。そうしたなかで、1960年から翌年にかけて、経済界から技能者養成を求める提言が、たびたび政府に出され、「人づくり論」が活発になると、幼児教育の重要性についての認識も高まるようになった。

これらにあと押しされ、文部省は1963年9月に幼稚園教育振興計画(7か年計画)を発表した。196

3年度の5歳児の幼稚園就園率は36・4％にとどまっていたのに対し、1964年度から7年間で約3000の公私立幼稚園を新設、既設の私立幼稚園は学級増で収容力の増加をはかるなどにより、人口1万人以上の市町村における幼稚園就園率を60％以上にまで高めるという方針を示したのである。そのために、施設・設備について国庫補助をおこなう、幼稚園教員の養成機関の増設など、具体的な措置を示した。

幼稚園教育振興計画（7か年計画）では、公立幼稚園の新設（学級増を含む）については、「当該市町村における小学校の空教室等の既存施設の活用をはかる」ことで、公立幼稚園の大幅な増加を企図していた。しかし、これに対して私立幼稚園団体からは、小学校の空き教室を利用するという安易な方法で公立幼稚園が乱立することによって、既存の私立幼稚園の存続が危うくなるのは不都合である、まず、私立幼稚園に対しての助成をはかるべきであるなど、強い反発の声があがった（日本私立幼稚園連合会「幼稚園教育振興に関する要望書」等[29]）。文部省は1964年度から、幼稚園がない市町村、著しく不足している市町村で新設または学級増をおこなう私立幼稚園に対して、補助や貸付をおこなうための予算を計上している。

●幼児教育義務化論と幼稚園ブーム

幼稚園義務化論の主張はしばしばみられたが、政府は幼児教育の義務制に関しては、一貫して消極的な姿勢をとり続けた。しかし、1963年に入って、現職の文部大臣が公的な場や私的な場で幼稚園の義務制について発言をくり返し、1966年以降も現職の文部大臣が幼稚園5歳児の義務就学について発言し、マスコミでも大きくとりあげられた。

発言に批判的な論調もあったが、能力主義的な教育政策が進行するなか、「幼稚園義務化」という言葉に幼児を育てる親は乗り遅れまいと敏感に反応し、子どもを幼稚園に入れようと殺到する、いわゆる「幼稚園ブーム」が全国に巻き起こった。幼稚園教育に対する保護者の需要が急速に増大し、幼稚園を短期間に拡大させるあと押しとなった。

●幼稚園の普及

1964年度からの第一次幼稚園教育振興計画の最終年度（1970年度）の幼稚園の普及状況は、「幼稚園ブーム」の到来により、1963年度には幼稚園数7687園、就園率36・4％だったのが、1970年度には1万796園、53・7％へと増加し、7か年計画の3000園新設の目標は達成され、就園率も目標の60％に近い数値にまで到達した。幼稚園数は1・4倍に、園児数はおよそ1・8倍にまで増加した[30]。

しかし、この7か年計画では公立幼稚園を2775園新設する予定が、実際にはその半分以下の1182園しか新設できず、園児数も24万9750人増の予定が11万728人増と同じく予定の半分以下にとどまった。岡田は、公立幼稚園の増設が計画どおり進行しなかった理由として、財政力の弱い町村では補助金の多い保育所を設置・運営しようとする傾向があったこと、都市部においては、すでに私立幼稚園が普及していたことなどをあげている[31]。その分、私立幼稚園が文部省の計画に比して、園数で8・5倍、園児数で7・7倍もの増加をみせ、幼稚園教育の普及に大きく貢献した。幼稚園児の75・9％が私立幼稚園に通園する状況になり、その結果、1970（昭和45）年時点での1園あたりの平均園児数をみると、公立園101・9人なの対して、私立園220・6人となり私立幼稚園の大規模化がすすむこととなった。

また、1970年の幼児教育に関する実態調査によると、都道府県別の幼稚園数の公私の比率は、徳島県のように公立96・1%、私立3・9%と圧倒的に公立幼稚園が多い県と、逆に栃木県のように公立2・4%、私立97・6%と私立幼稚園ばかりという県もあり、都道府県によって公私の比率に大きな偏りが存在していた[32]。

第一次幼稚園教育振興計画（7か年計画）による急激な幼稚園教育の普及は、私立依存、大規模化・マンモス化など、さまざまな問題も引き起こした。

●中央教育審議会答申の幼児教育構想

１９７１（昭和46）年6月11日、中央教育審議会は１９６７年7月以来4年間にわたって審議を重ねてきた「今後における学校教育の総合的な整備拡充のための基本的施策について」の最終答申を示した。この答申は、１９６０年代に経済界の要望に応えてすすめられた学校制度の多様化路線の総仕上げにあたるもので、能力主義、生涯教育の観点から学校教育体系を再編成し、選別教育や教育の国家統制を強化するものであるなど、各方面から問題点の指摘や批判が寄せられた。

答申は、当時を「技術革新の急速な進展」と「国内的にも国際的にも急激な変動が予想される」時代ととらえ、明治初年と第二次世界大戦後の教育改革に続く「第3の教育改革」に取り組むべきとき（前文）とし、「学校教育の改革に関する基本構想」を示している（第1編）。ここでは、戦後教育改革を「敗戦後の占領下という特殊な事情のもとに取り急いで行われた学制改革」と否定的にとらえ、それを「いつまでも唯一の望ましい学校教育として」考えるべきではないとする。6・3制を見直し、「漸進的な学制改革を推進するため」いくつかの「先導的な試行」を提案している。

そのひとつが「四五歳児から小学校の低学年の児童までを同じ教育機関で一貫した教育を行なうことに拠って、幼年期の教育効果を高める」という構想である。

これは、幼児学校・幼年学校構想として、「能力主義」に基づいて新しくつくられるエリートコースの学校体系の始めに位置するものととらえられ、批判的に受け止められる結果となった。ただ、中教審のメンバーとして先導的試行を提案した坂元彦太郎によれば、中教審は当時過熱していた幼稚園義務教育論、幼稚園における早期教育の促進などの主張に対しては消極的な姿勢で、いわゆる幼児学校・幼年学校は、今後の改革のためのデータを得るための特例として試行するという立場であったという[33]。

また答申は、「幼稚園教育の積極的な普及充実」のために、当面の施策として、次の幼稚園教育振興方策を示した。

①幼稚園に入園を希望するすべての五歳児を就園させることを第一次の目標として拡充をはかる。そのため市町村に設置義務を課す。
②公私幼稚園の地域配置の調整とともに教育の質的な充実と就学上の経済的負担軽減のための財政上の措置。
③幼稚園の教育課程の基準改善。
④個人立幼稚園の法人立への転換促進。

さらに、保育所との関係について「〝保育に欠ける幼児〟は保育所において幼稚園に準ずる教育を受けられるようにする」ことを当面の目標にし、「幼稚園として必要な条件を具備した保育所に対しては、幼稚園としての地位をあわせて付与する方法を検討」すべきとしている。

●第二次幼稚園教育振興計画

中教審答申に基づいて、文部省は1971年8月、幼稚園教育振興10か年計画を立案し、「幼稚園教育振興計画要項」として発表した。この第二次幼稚園教育振興計画は、1972（昭和47）年度を初年度とする前期5年・後期5年の10か年計画で、前期5か年の1976（昭和51）年度末までに、保育所入所児などを除く5歳児の全員就園を目標に、5歳児の在園率を66%、4歳児の在園率を50%とした。入園児の新規増員52万6700人、そのために4100園の幼稚園の新設と既設園に5300学級の増設を図るというものであった。このような幼稚園の新増設や学級増のための国の財政援助策として、施設費・設備費への補助、公立幼稚園の教員給与費の補助、私立幼稚園への委託費の補助、スクールバス購入費の補助などが示された。

10か年計画では、公立幼稚園の新設数（2028園）が私立幼稚園の新設数（1849園）を上回ったが、園児数では公立が20万344人増であるのに対し、私立幼稚園では37万4683人増で、10か年計画においても幼稚園の普及は、私立幼稚園側の努力に寄るところが大きかった。1957年2月に施行された幼稚園設置基準には、1園あたりの定員規模に関して規定がなかったこともあり、国からの助成がわずかな私立幼稚園は定員増によって経営の安定化を図ったため、学級増による定員増を進めた結果、私立幼稚園の大規模化・マンモス化が、さらに進行することとなった。

②保育所

●高度経済成長と女性労働の増加

高度経済成長は、大量の労働力需要を生み出し、女性を労働力として積極的に活用する施策が採られるようになる。一方、高度経済成長による経済発展は、生活費の高騰をもたらした。そうした事態への対応のために、既婚女性も働かざるを得ない実態もあった。高度経済成長は、第一次産業から第二次、第三次産業へのシフトによりもたらされ、男女とも雇用労働者が増加した。女性労働者については、従来未婚の若年者中心であったものが、表３のように既婚者の増加が著しい。

しかし、女性労働力は、不足する男性労働力の「代替」としてではなく、あくまでも「補充」的役割として必要とされ、それは政策的にも推進されていく。

１９６２（昭和37）年9月、内閣総理大臣池田勇人の諮問「今後に予想される技術革新の進展、労働需要の変化等に対応し、わが国経済を健全に発展させるためにとるべき人的能力政策の基本的方向いかん」に対して、経済審議会は、翌年1月に『経済発展における人的能力開発の課題と対策』を答申した[34]。

答申は、「人的能力の活用」の課題として「婦人労働力の活用」（32

表３　配偶関係別女子雇用者数（非農林業）の推移

年	総数 万人	未婚 万人（%）	有配偶 万人（%）	死別・離別 万人（%）
1961年	753	457（61）	209（28）	86（11）
1965年	893	449（50）	345（39）	99（11）
1970年	1,086	524（48）	450（41）	112（10）
1975年	1,159	440（38）	595（51）	125（11）
1980年	1,345	437（32）	772（57）	135（10）
1985年	1,539	482（31）	911（59）	147（10）
1990年	1,823	596（33）	1,061（58）	165　（9）

資料：労働力調査

頁から）にふれ、「人口の半分を占める婦人の能力を経済社会のすべての分野において活用することは、人的能力政策の重要な課題である」という。現状では、「婦人労働力の特性」すなわち妻として、母として、家庭の主婦としての役割のため勤続年数は少なく、もっぱら未熟練労働力として使われているが「婦人労働力を活用する必要性は増大」しているとする。

それは、第三次産業の比重の増大、技術革新による肉体的労働の比重の低下により事務やサービス的職業が増え、生産部門の職種についても女性に適した仕事が大量につくりだされていること、ハイタレント・マンパワーの需要が増大し、高度の専門教育を受けた婦人を積極的に活用することが必要であるゆえである。一方、婦人労働者の側にも、教育水準の向上、職業意識の成長が顕著で、「家庭の生活様式の近代化と出生率の低下を通じて主婦の家事労働や育児の負担も軽減」し、「婦人労働力の必要性に応じうる婦人労働者の主体的条件も徐々に整いつつある」とする。

答申は、このように婦人労働力の活用の必要を強調し、「婦人労働者の主体的条件」についても楽観論を示すが、現実に女性がおかれた厳しい家事・育児負担への認識は乏しく、女性が働くための社会的対応策の提案はない（別の部分で「保育所等の各種の社会福祉施設が必要」〔52頁〕とひと言ふれているのみである）。

答申の基礎資料として作成された「需要活用分科会報告」において、婦人労働力の活用について詳細に述べられている。ここでは「婦人の再就職の問題」（132頁）として、「今後も子供の出生を機会に退職する婦人が多い」と思われるが、子ども数が少なくなり、最後の子どもが学齢に達し、母親がパートタイムの職業をもつことができる年齢は若くなっている、とする。そして「アメリカにおける婦人の職業生活のもっとも一般的なパターン」である「学校卒業後就職し、結婚して子供が生まれると育児と家事に専念するため退職し、子供が大きくなるにつれパートタイムの仕事、あるいはフルタイムの仕事をもちはじめ、定年になるまで勤める」というライフサイクルを、日本における女性労働力活用の方向性を示すものとして紹介している。いわゆるM字型労働政策の提唱である。

●家庭対策の重視と保育所

急速な経済成長による社会構造の変化は、子どもをとり巻く生活環境も急速に悪化させ、共働きによる「鍵っ子」の発生、青少年の非行の増加、交通事故の激増などが社会問題となっていく。こうした状況への対応として、次の諸文書に見られるように家庭対策が強調される。

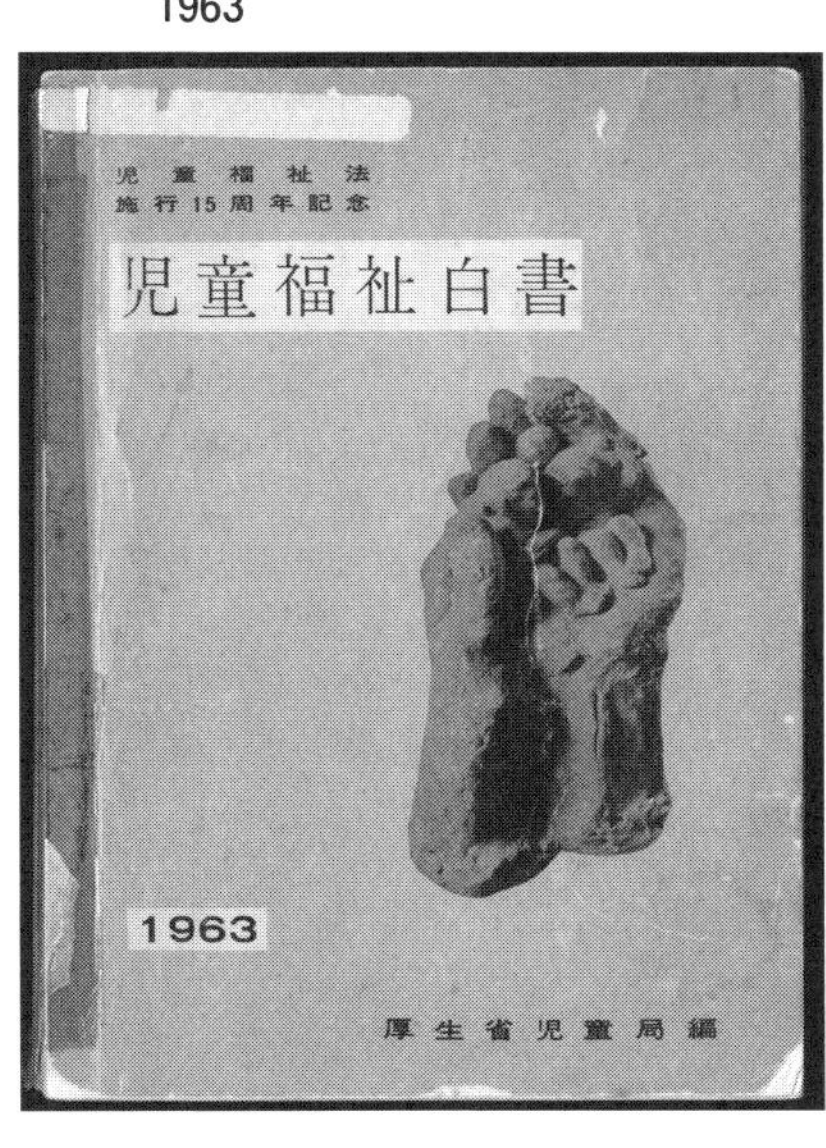

図2　厚生省児童局編『児童福祉白書』1963

厚生省児童局は、「児童家庭局」に改められ(1964年7月)、児童福祉に家庭対策が不可欠であるという姿勢が示される。家庭重視は、本来、保育所の施策と矛盾するものではないはずであるが、保育要求の増大と保育所不足のなかで、行政の保育所否定あるいは消極論に利用され、またその危惧を抱かせるものとなった。

1962年7月の中央児童福祉審議会答申「児童の健全育成と能力開発によってその資質の向上をはかる積極的対策に関する意見」は、子どもたちの危機的な状況の解決策として、家庭対策を第一に掲げ、よき家庭の建設、両親による周到な育児、これらに対する指導・助言制度の樹立を説いている。

1963年5月に、児童福祉法施行15周年を記念して厚生省が刊行した『児童福祉白書』は、「わが国の児童は、いまや天国はおろか危機的段階におかれている」と指摘し、世間の注目を集めた。危機的な様相が発生したのは、旧来の家庭像が第二次世界大戦後急速に崩壊し、新たな家庭像を再建する途上の「避けられない過程」であるとして、「家庭生活の安定策を目標とした社会投資、人間投資を強く発言することが必要」と家庭対策の重要性をくり返している[35]。

1962年3月には、中央児童福祉審議会に保育所問題について検討する保育制度特別部会が設置され、翌1963年7月に「保育問題をこう考える」という中間報告を発表した。報告は、1　保育問題の背景にあるもの、2　保育はいかにあるべきか、3　保育に欠けると思われる状況とはなにか、4　保育に欠けると思われる状況への対策、5　保育所その他の諸制度の当面の対策、から成る。

報告全体は、当時の状況に即した保育行政の改善・充実を求めるもので審議会の文書としては妥当な内容と思われる。ただ、「施策に一貫性をもたせる」ための「理想像」として「2　保育はいかにあるべきか」で示された「保育7原則」のみが注目をあつめ、両親による愛情に満ちた家庭保育がもっとも重要という文言などが、「母親よ家庭に帰れ」を意味していると強い批判を受けた[36]。保育7原則は、次のとおりである。

第一原則　両親による愛情に満ちた家庭保育

第二原則　母親の保育責任と父親の協力義務

第三原則　保育方法の選択の自由と、こどもの、母親に保育される権利
第四原則　家庭保育を守るための公的援助
第五原則　家庭以外の保育の家庭化
第六原則　年齢に応じた処遇
第七原則　集団保育

中央児童福祉審議会の保育制度特別部会は、１９６４年10月に「いま保育所に必要なもの」と題する第二次中間報告を答申した。保育制度に関する行政の責任の明確化を前面に打ち出し、保育の社会化に積極的に対応する姿勢を示した。保育制度に関しては、保育所のない町村をなくす、保育所の運営経費の適正化、無認可保育所に対する指導、農村漁村の保育所の充実強化を、保育内容に関しては、保育所保育要領（仮称）を作成して保育内容を充実させる、保母の社会的評価を高め、専門家として位置づけるための現任訓練の実現拡充、保母の給与等待遇の改善などを提言した。

第二次中間報告は、最後に「補説」として、前年の中間報告に対する各方面からの批判に答えている。ここでは、前回の中間報告の真意が、決して「母親よ家庭に帰れ」というものではないことを強調している[37]。

●保育所整備計画とその実施

保育所緊急整備5か年計画　厚生省は、１９６４年６月に全国３４２２の市町村に対して要保育児童数と保育所整備計画の報告を求めた。全市町村を対象とするはじめての要保育児童調査である。その結果、学齢前児

童数966万人中、保育所措置の対象とすべき要保育児童は121万人、調査時点の保育所数は全国1万969園、定員は計84万7242人であった。調査により全国の保育所必要箇所数は1万5618、要保育児全員を措置するためには4600園、36万人分の保育所が不足していることが判明した[38]。

これに基づき、厚生省は1967(昭和42)年度を初年度とする保育所緊急整備5か年計画を定め、1971年度までの5年間に、新設3690か所、増築250か所を整備し、36万人の乳幼児を新たに入所させることを目標とした。表4のように1967年度以前は、保育所の増加数は毎年200~400か所であったのが、1967年度以降は毎年500か所以上増加している。1971年度までの5年間に、目標の3690か所には届かなかったものの保育所数は3000か所以上増加した。とくに公立保育所の整備が大きく進んだ。これは、後述する保育所づくり運動、保育所要求運動などの成果ともいえよう。

入所児童数は、約43万人増となり、目標の36万人を上回る伸びをみせた。計画段階で1園の定員規模を平均90人としていたが、定員規模の大きな保育所の新設が多かったためである。

厚生省は、保育所増設のため、従来の保育所に関する施策の一部を変更する。これらも5か年計画の達成にあずかった。

第一に、1967年10月に「児童福祉施設最低基準」を改正し、保育室・遊戯室を2階以上に設けることを認めるという施設設備条件の緩和をおこなった。第二に、小規模保育所制度の実施である。従来、保育所の定員は60人以上と定められていたが、最低基準に示された子ども1人あたりに必要な土地面積を確保できず、60人以下の定員で保育している無認可保育所が都市部に多数存在していた。また、過疎地では人口減少で子どもの数が減り、60人の規模を維持できなくなった認可保育所が出始めていた。これらに対応するため、30人以上

表4　保育所数と入所児童数の推移（1960〜1975年）

西暦	和暦	保育所数			入所児童数		
		公立	私立	計	公立	私立	計
1960	昭和35	5,571	4,211	9,782	・・・	・・・	689,242
1961	昭和36	5,792	4,226	10,018	・・・	・・・	712,145
1962	昭和37	5,992	4,255	10,247	428,584	311,302	739,886
1963	昭和38	6,259	4,265	10,524	450,616	315,818	766,434
1964	昭和39	6,536	4,286	10,822	477,581	321,857	799,438
1965	昭和40	6,907	4,292	11,199	503,259	326,481	829,740
1966	昭和41	7,190	4,429	11,619	528,084	341,847	869,931
1967	昭和42	7,593	4,565	12,158	570,486	360,268	930,754
1968	昭和43	7,836	4,896	12,732	596,210	398,200	994,410
1969	昭和44	8,246	5,170	13,416	652,597	413,297	1,065,894
1970	昭和45	8,817	5,284	14,101	690,344	441,017	1,131,361
1971	昭和46	9,142	5,664	14,806	719,501	481,665	1,201,166
1972	昭和47	9,667	5,888	15,555	793,742	509,477	1,303,219
1973	昭和48	10,288	6,123	16,411	876,656	548,981	1,425,637
1974	昭和49	10,932	6,409	17,341	941,908	581,953	1,523,861
1975	昭和50	11,545	6,693	18,238	1,012,290	618,735	1,631,025

資料：厚生労働省「社会福祉施設等調査報告」をもとに作成

であれば小規模保育所として認可することとし、1968（昭和43）年10月以降、都市部とその周辺地域に、1971年度から過疎地域において実施した。

また、この時期、国がようやく乳児保育実施にふみだしたことも注目される。厚生省は、「保育所における乳児保育対策の強化について」（1969年4月1日、児童家庭局長通知）により、とくに都市部で要請の強かった0歳児保育に対して助成をおこなうようになる。低所得層の乳児が9人以上入所している保育所に対して、保母のほかに保健婦または看護婦を1人おき、保母と保健婦または看護婦と合わせて、乳児3人につき職員1人という体制で保育をおこなえるようにするための特別乳児保育対策を始める。後述の、1968年に開始された東京都の0歳児保育対策のあとを追う施策であった。

保育所第二次緊急整備5か年計画　厚生省は、第二次の保育所整備計画を立てるべく、1967年に要保育児童の全国調査をおこなった（地区抽出）。ここでは、要保育率14・5％、全国の要保育児童148万人と推定された。

それに基づいて1971年度を初年度とする第二次保育所整備緊急計画を立案した。1975年度には162万5000人の児童を保育所で保育することが求められるとして、1975年度末までに新たに38万人分の保育所を新増設することをめざした。表4にみるように、1975年度の保育所入所児童数は163万人を超え、当初の計画は達成した。しかし、働く女性の増加に保育所の整備は追いつかず、保育所の増設はさらに求められ続ける。

●認可外保育施設

児童福祉法により保育所制度が成立し普及したが、保育所と類似の目的、内容をもちつつ保育所としての認可を受けずに運営される保育施設も多数存在した。こうした認可外保育施設は、高度経済成長期に増加し、さまざまなタイプがある。公的な補助のないものが多かったが、以下のように国、自治体の一定の補助がおこなわれたものもある。

季節保育所　第5章第1節で述べたように、季節保育所（農繁期託児所）は、昭和10年代に国や地方からの積極的な助成により急速に増加したが、戦後助成は打ち切られた。しかし、常設保育所の補完施策として、季節保育所に対する補助金が1953年度から厚生省児童局の予算に計上された。1955年にいったん打ち切られたものの、1957年度から再び補助金が計上されることになり、「季節保育所設置要綱」（1957年5月、厚生事務次官通知）によりおこなわれるようになった。補助金が再開されて以降、1958年度にはおよそ1万か所だった季節保育所は、1959年度には1万6000か所に増加したが、1959年度をピークに減少を続け、1976年度には1400か所にまで減少した。

へき地保育所　認可保育所を設置する財政的余裕のない山間地や開拓地、離島などのへき地を対象として、厚生省は「へき地保育所設置要綱」（1961年4月、厚生事務次官通知）を定め、1961年度からへき地保育所制度が開始される。へき地保育所は市町村が設置する常設施設で、定員はおおむね30人程度、設備・運営に関しては最低基準に準じて地方の実情に応じておこなわれることになっていた。1962年度685か所だったへき地保育所の数は、1972年度に2459か所にまで増えるが、その後は減少に転じている。

各地の家庭的保育制度　厚生省が1968年に小規模保育所、1969（昭和44）年に0歳児保育制度を容認した背景には、国の施策に先駆けて各自治体が独自に設けた家庭保育制度の存在がある。共働き世帯の増加、年少幼児と乳児に対する保育の需要拡大に、国の施策も保育現場も対応しきれておらず、その解決策のひとつとして家庭保育を制度化した家庭保育制度を自治体が創設した。嚆矢は大阪市であり、1958年12月に「家庭保育実施要領」を定め、家庭保育制度を開始した。3歳未満児をおもな対象とし、受託者（保育ママ）1名につき乳児3名、幼児5名を限度として、8時間保育で食事は持参、間食は実費委託者（保護者）負担というものであった[39]。

東京都でも1960年10月から家庭福祉員制度を、神奈川県でも同年12月から家庭保育福祉員制度を開始する。家庭保育制度はその後、大都市から中小都市にも拡大し、名称（京都市の昼間里親制度、大津市の家族ホーム、気仙沼市の家庭保育園、堺市の赤ちゃんホームなど)、資格要件などは自治体で違いがあるものの、家庭を保育の場として、家庭的な雰囲気のなかで保育をしようとした点では共通している。乳児の受け入れの少ない保育所の受け皿として、家庭保育制度は今日でも多くの自治体で実施されている。

(3) 幼稚園と保育所の関係

①文部省・厚生省両局長共同通知「幼稚園と保育所との関係について」

1963年10月、文部省初等中等教育局長と厚生省児童局長の連名による共同通知「幼稚園と保育所との関係について」が、全国の知事、都道府県教育委員会あてにだされた。これは、わが国に保育施設が誕生して以降はじめて、幼稚園と保育所の関係について、それぞれを管轄する省が協議して同一の見解を示すという画期的な出来事であった。しかし、共同通知は、幼児期の保育と教育の不分離性を認めながらも、幼稚園は幼児への学校教育、保育所は保育に欠ける児童の保育と、その機能の相違を強調するもので、当時、高まりつつあった幼保一元化の世論に対して、幼保の二元体制のさらなる固定化の方向性を、文部・厚生両省が明確に打ち出したものであった。

通知は、「文部、厚生両省においては、幼稚園と保育所との関係について協議を進めた結果、今後下記により、その適切な設置運営をはかることにいたしました」と、6点の合意事項を記している(筆者要約)。

1　幼稚園は幼児への学校教育、保育所は保育に欠ける児童の保育を目的とし、両者は機能を異にする。

現状では両者とも普及が不十分であるから、それぞれが十分その機能を果たしうるよう条件整備する。

2　幼児教育は将来義務化についての検討を要するので、幼稚園は5歳および4歳に重点をおいて充実を図る。その場合、当該幼児の保育に欠ける状態があり得るので保育所は本来の機能を果たしうるよう措置する。

3　保育所のもつ機能のうち、教育に関するものは幼稚園教育要領に準ずるのが望ましい。

4　幼稚園と保育所のそれぞれの普及についてはじゅうぶん連絡の上、計画的にすすめる。

5　保育所入所児童の決定にあたっては一層厳正に行い、「保育に欠ける」以外の幼児は幼稚園の普及に応じて幼稚園に入園するよう措置する。

6　保母試験合格保母については幼稚園教育要領を扱いうるよう現職教育を計画する。

幼稚園教育要領準拠の方向に対し、保育所関係者は「幼稚園を主とし、保育所を従とする誤解を招く」として反発を示した。

また、共同通知の1か月前に「幼稚園教育振興計画（7か年計画）」が発表された。岡田は、「共同通達が出された意義の一つには、幼稚園と保育所の増設計画、とくに幼稚園の振興計画を強く打ち出すことにあったことがあげられましょう」と指摘している[40]。

共同通知の第4項の確認にもかかわらず、両省が調整や連携をはかることなく、幼稚園・保育所の整備・拡充を進めた結果、次節でふれるように1975（昭和50）年11月、行政管理庁から文部・厚生両省に、幼稚園と保育所の適正配置について改善するよう勧告が出されるに至る。

②中央児童福祉審議会の意見具申「保育所における幼児教育のあり方について」

前述の1971年中央教育審議会答申とほぼ同時、1971年6月10日に中央児童福祉審議会保育対策特別部会は、中間報告「『保育』と『教育』はどうあるべきか」を発表する。中教審の幼児教育構想は、すでにその中間報告で明らかにされていたので、中教審構想に対する児童福祉サイドの見解である。ここでは、幼児学校構想、幼稚園への画一化に批判的視点が示される。

この保育対策特別部会の中間報告を踏まえて、中央児童福祉審議会は同年10月「保育所における幼児教育のあり方について」で5点の意見具申をおこなう。

第一に「保育所および幼稚園の目的と役割」について、保育所と幼稚園は、本来その目的と機能を異にするものであり、「現段階においては、保育所と幼稚園を形式的に一元化することよりも、むしろ両者を併存させ」「それぞれの機能を十分に発揮させる方途を考えるべき」であると、幼保の一元化には反対する。

第二に「保育所が幼稚園としての地位をあわせもつこと」いわゆる「二枚看板論」に関しては、「児童福祉という総合的な観点から好ましくない」と否定した。

第三に「保育の充実向上」について、現在の保育所が設備や職員の点で幼児教育の場として不十分であるならば、それは「保育所自体の水準の問題として解決していくべきこと」として、児童福祉施設最低基準の改訂、保母資格に関する検討を示唆している。

第四に「保育所と幼稚園の適正配置」についての施策の推進、第五に「今後における保育対策」について、1963年に中児審保育対策特別部会中間報告「保育問題をこう考える」に示された広い意味での保育に欠ける児童の福祉推進を提起している。

③一元的保育施設の試み

幼保の二元体制が確立されて以降、幼稚園・保育所それぞれ拡充策が採られていったが、幼児人口の減少により、幼稚園では全国的に定員割れが起こる一方、保育所に入れない要保育児童のための保育所の新増設が懸案となる地域も多数存在していた。1960年代後半に入ると、このような幼保をめぐる、さまざまな現実に対応すべく、幼稚園・保育所関係者による「下からの」一元的保育施設づくりの多様なとりくみがおこなわれ始める。

その先駆けとなったのは、1967年4月、神戸市垂水区に造成された多聞台団地の子どもを対象に設けられた市立幼稚園と市立保育所を併設した保育施設で、多聞台方式と呼ばれたものである。多聞台方式は、幼稚園児と保育所児が「同一の場で同一の先生による同一の教育を受けさせてやることが望ましいのではないか」という理念のもと発足した。[*17]

保育所の5歳児は、保育所の4歳児以下の子どもと同様に午前8時前後に登園し、独立した組ではなく3、4歳児と混合保育を受ける。幼稚園児が登園してくる午前9時ごろに、保育所の5歳児はテラスをとおって幼稚園の保育室に移動し、幼稚園の保育終了後、幼稚園児は帰宅するが、保育所児は再び保育所に戻り、夕方まで保育を受けた。しかし、保育計画が幼稚園優先であるとの保育所側の批判や、行事の重複などによる保護者の負担増を理由に、多聞台方式は発足から8年で終焉を迎えた。

1969年4月、神戸市須磨区に造成された北須磨団地のなかに、北須磨保育センターが発足した。多聞台

＊17　1960年代後半の一元的保育施設に関しては、岡田正章『保育制度の課題　保育所・幼稚園の在り方』ぎょうせい、1982の第5章に詳しい。

方式は公立であったのに対し、北須磨保育センターは、兵庫県労働者住宅生活協同組合が設置者となって認可された私立の北須磨幼稚園（3年保育、定員160人）と北須磨保育所（2歳以上の幼児、定員160人）を統合した保育施設である。両施設は、同一敷地内でひとつの園舎を共有し、運営は全体を北須磨保育センターが一体的におこなっていた。両施設を一元的に管理運営する園長には、長年幼保の一元化を主張し続けていた発達心理学・保育理論の研究者である守屋光雄が就いた。

北須磨センターの幼稚園部と保育園部の区別は、短時間保育児（幼稚園児）と長時間保育児（保育園児）という時間の区別があるだけで、全園児が年齢別にクラスに混在して同じ保育を受けた。北須磨方式では、長時間保育児も短時間保育児も、同じ時間（午前8時半ごろ）に同じ門・入口から登園するなど、幼稚園と保育所の区別を子どもたちに感じさせない配慮をしたこと、幼稚園教諭と保母の区別も一切排除したことも大きな特徴である。

1972年4月、大阪府交野市にわが国の公立保育施設史上、はじめて幼保を本格的に一元的に運営した施設とされる市立あまだのみや幼児園が開設された。市立第一幼稚園と市立第一保育所が同一敷地内につながって設立されたもので、日常の呼称は園の所在する地名から「あまだのみや幼児園」とされた。

もともと農業地帯であった交野市は、大阪と京都のベッドタウンとして人口が急増し、私立幼稚園も増え、保育所に対する需要も増していた。しかし、交野市には、いまだ保育所を蔑視する風潮があったので、幼保は不離一体のものとして、保育所蔑視の風潮を一掃し、同一地域の子どもが同じ保育施設で保育を受け、ともに手をとり合って小学校へ進めることをめざして、あまだのみや幼児園は開設された。

1960年代後半から1970年代にかけて誕生した、これらの関西を中心とした一元的保育施設の試みは今日まで継続しているものもあるが、文部・厚生両省による幼保の縦割り行政のもと、積極的に追随する自治体はごくわずかであった。本格的な一元的保育施設の普及は、２００６（平成18）年の認定こども園制度の発足を待たなければならなかった。

（４）保育運動と革新自治体

①保育予算削減への反対運動

１９５７年度、１９５８年度の国の予算編成でも、保育所措置費の国庫負担率を８割から５割へ引き下げる案が提示され、世論の強い反発を招いた。１９５７年1月には保育所予算確保のため、保母ら保育所関係者が「保育所危機突破全国集会」を開催し、大蔵省への陳情や「保母の待遇を人並みに」などのプラカードをかかげ、「お手々つないで」「カラスなぜなくの」などの童謡を歌ってデモ行進をおこなうなど〔41〕、その抗議行動は「童謡デモ」としてマスコミでも大きくとりあげられた。

②保育所づくり運動の展開　―「ポストの数ほど保育所を」―

保育所づくり運動は、１９５０年代なかば、女性労働者の多い職場の労働組合婦人部が職場保育所を要求したことに始まる。しかし、その多くは組合または利用者による共同経営で、資金面で運営は不安定なものであった。１９６０年前後から活発になり始める組織的な保育所づくり運動は、国や自治体に対する公立保育所要求運動に発展し、さらに保育内容の充実や保育条件の改善など、さまざまな要求を含めた国民運動にまで発展する。

1955年6月に開催された日本母親大会では、働く母親中心に2400人あまりが集まり、子どもの教育問題などが話し合われたが、とくに乳児の保育にかかわる問題が多くとりあげられた。それ以降、毎年開催される大会で保育所づくりの経験が報告され、各地で実践されるようになる。

1954年に発足した「働く母の会」は、地域における保育所づくり運動を進め、当時つくられ始めていた大型の公団団地のなかでの保育所づくりにも積極的にかかわり、大きな影響力をもった〔42〕。

1956年4月、日本労働組合総評議会（総評）の婦人協議会が、婦人労働者の交流と学習の場として「はたらく婦人の中央集会」を開催した。合理化や男女差など厳しい労働条件が中心的な話題であったが、保育所問題でも交流がなされた。保育所問題は働く母親だけの問題ではなく、労働者階級全体の問題であり、保育所は新しい社会の担い手である子どもの教育の場であるという立場から、総評は1961年、長期的重要施策のなかに全国的な保育所建設の運動を進めることを加えた。

「新日本婦人の会」は、1963年に『わたしたちの保育所づくり　—ポストの数ほど保育所を—』を発行し、地域の保育要求を新日本婦人の会の班・支部が援助して、数多くの保育所づくりを実現した〔43〕。

これらの女性団体や労働組合の呼びかけた保育所づくりは、地域の行政に対する保育所要求運動として広まり、「保育所づくり協議会」が各地につくられていった。東京では1960年に「足立区保育問題協議会」「しんじゅく保育園を作る会」が発足するなど、23区と市町のほとんどに同様の組織がつくられ、1960年代を通して公立保育所が大幅に増設されていく。

また、名古屋では1962年にはじめて共同保育所が誕生し、同年保育所づくり連絡会が発足した。*18　196

図3　『わたくしたちの保育所づくり』新日本婦人の会

7年には名古屋市内8か所、名古屋市外5か所の共同保育所が集まり、愛知県共同保育所連合会が結成され、保育所運営にかかわる諸問題などに共同で解決をはかるようになる。名古屋の共同保育所運動は、名古屋市に1969年、託児室制度（共同保育所へ補助金を支給）を設けさせるなど、共同保育所に対する市の対応を引き出すばかりでなく、公立保育園を求める運動も刺激した。1967年「公立保育園父母の会」が結成され、「産休明け保育」や「長時間保育」を名古屋市に迫るようになる。

第一次保育所緊急整備5か年計画で公立保育所が大幅に増設された背景には、このような働く婦人たちによる保育所づくり運動があったのである。

＊18　1960年代から1970年代にかけての名古屋の共同保育所運動に関しては、東海ジェンダー研究所編『資料集　名古屋における共同保育所運動　1960年代〜1970年代を中心に―』日本評論社、2016を参照のこと。

③革新自治体の誕生と保育行政

高度経済成長政策による産業構造の変化は、都市部への人口集中を引き起こした。さらに、地域開発を優先する自治体では、公的な福祉・医療・教育などの分野が立ち遅れ、大企業主導の地域開発は自然破壊や公害による健康被害などの生活環境の悪化をもたらした。

その結果、都市部を中心とした労働者層に政治的不満が増大し、都市部に革新自治体が誕生するようになる。革新自治体では、住民の生活要求に即応した施策が進められ、京都（1950年～）、横浜（1963年～）、東京（1967年～）、大阪（1971年～）といった革新自治体は、それまで行政や政府が軽視してきた福祉分野の問題、保育問題も積極的にとりあげた。なかでも、1967年4月、東京都に誕生した美濃部革新都政（3期12年間、1979年まで）によって東京都の保育行政は大きく変化し、その影響は全国におよび、厚生省も保育政策の変更を余儀なくさせられる。

革新都政は、交通安全対策、都市公害対策、物価対策、心身障害者対策とならんで、保育所の新増設を軸とする保育対策を都政の緊急五大重点施策のひとつと位置づけ、脚光を浴びた。そして、保育所の新増設対策、無認可保育所対策（認可化の促進と運営費・施設改善費への助成）、保育時間延長対策（全施設への「予備保母」の配置）、0歳児保育対策（モデル保育所での0歳児保育の開始）などの保育対策が、1968年度以降実行に移されていった。無認可保育所対策、保育時間延長、0歳児保育の3つの対策は、ほかの自治体でも前例がなく、大きな反響を呼んだ[44]。

保育所の増設に関しては、都営住宅建設の際、関連公共施設として保育所を併設し、都営住宅の完成と同時に所在の区市町村に移管するという直轄方式と、公私立の保育所の整備費の補助率を2分の1から、4分の3

に引きあげるなどの間接的な方式が採られた。区市町村や民間が負担せざるをえなかった保育所建設にともなう超過負担の多くを都が代替することによって、東京都では昭和40年代から50年代にかけて、全国平均を上回る伸び率で保育所の増設が進んだ。

また、東京都では0歳児保育、保育時間延長、完全給食（1971年度から）などのさまざまな対策のために保母をはじめとする職員の増配置が進められた。とくに3歳未満の0歳児、1歳児の保母の配置は、国の基準（0〜2歳児ともに6対1）を上回る、0歳児3対1、1歳児5対1の体制がとられた。さらに、1971年度に始まる「民間社会福祉施設従事職員給与公私格差是正事業」により、民間社会福祉施設の職員と都職員との格差の是正をはかり、民間（私立）保育所職員の給与も改善されることとなった。

美濃部革新都政のこれらの保育行政改革は、前項でとりあげた働く女性たちの熱心な保育要求運動に応えようとしたものである。0歳児保育に関しては、東京都が国に先行してとりくんだことで、先述したように厚生省も条件つきではあるが、0歳児保育を認めるようになる。

第3節 安定成長期における保育の停滞 ——1970年代後半〜1990年——

20年近く続いた高度経済成長期（1955年から1973年までの実質経済成長率の平均は約10％）は、1973（昭和48）年秋の第一次石油危機（オイル・ショック）により終わった。本節でとりあげるその後の1974

（昭和49）年から1990（平成2）年までの時期は、景気変動をくり返しながらも、平均成長率4％程度を維持した〝安定成長期〟であった。この時期の最後にあたる数年は、企業の資金が土地投機へ向けられて好況を呈し、バブル経済と呼ばれている。1991（平成3）年にバブル経済が崩壊し、以後、低成長の時代となる。

（1）子ども・家族をめぐる状況

まず、この時期の子どもと家族をめぐる状況をみておきたい。

第一に、少子化がすすんだことがある（第7章の図1参照）。第二次ベビーブーム（1971～1974年）の1973年（出生数209万人、合計特殊出生率2・14）をピークに、その後は出生数、出生率とも毎年低下が続く。1989（平成元）年の出生率1・57が翌年発表され、丙午（ひのえうま）迷信による出産忌避があった1966（昭和41）年の出生率1・58を下回ったことが判明した。1・57ショックといわれ、少子化が政治経済の問題として、にわかにとり沙汰されるようになる。1990年代に入ると、さまざまな少子化対策がとりくまれる。

少子化をもたらした要因は複雑である。乳児死亡率の低下にみられるように、保健・衛生環境が向上し、生まれた子どものほとんどが成人できるようになったというプラス面も関係している。しかし、子どもを育てることのさまざまな困難性が産まない、産めないことの背景にあり、この時期にその問題が進行した。

第二に、妻も外勤する共働き家族が増えたことである。

前節で述べたように、高度経済成長期を通じて、第二次、第三次産業が拡大し、そのような場で働く女性が増えた。その多くは結婚前の若い女性であったが、結婚・出産後も働き続ける人は増え、保育需要が増加した。

前節表3にみるように、1970年までの段階では、女子雇用者のなかでは依然として未婚者が多いが、その後、有配偶者の数、割合は増加する。有配偶者の大部分は、夫も働く共働きであり、子どものいる家族も多い。この背景には、働くことを求める女性の主体的選択の側面と、妻も働かなくては生活できないという経済的必要性がからんでいるが、いずれにせよ保育所保育の必要は、さらに増大した。

第三に、生活環境が大きく変化したことである。

そのなかで、さまざまな問題にかかわる都市への人口集中についてみてみよう。仕事を求めての農村から都市への人口移動は、明治以来一貫してあった。しかし、人口移動は高度経済成長以降加速され、表5にみるように、1980年代には、日本人の約6割が、東京圏、大阪圏、名古屋圏など、国土面積の3％に過ぎない人口集中地区で暮らすようになった。ここに、遊び場の喪失、人間関係の希薄化、交通事故など、子どもの生活をおびやかす都市問題がうまれた。一方では、かつて独自の産業と文化をもち老若男女が生活していた地域が過疎化し、老齢化し、産業も文化も廃れ、子どもが育つ場として困難が増大した。

1979（昭和54）年は、国連で定めた「国際児童年」であり、日本でもさまざまな関連行事・とりくみがおこなわれた。世界の子どもたちの多くは、いまだに戦争と飢え、病気、児童労働の苦しみにさらされていた。一方、豊

表5　都市への人口集中

年	総人口 万人	人口集中地区の人口 万人（％）	人口集中地区の面積％ （日本の総面積に対する割合）
1960年	9,430	4,082（43）	1.0
1970年	10,467	5,600（54）	1.7
1980年	11,706	6,993（60）	2.7
1990年	12,361	7,815（63）	3.1

注：人口集中地区＝国勢調査において設定される統計上の地区
資料：国勢調査結果により作成

かな国となった日本の子どもたちも、さまざまな新しい危機のなかにあった。

総理府が、国際児童年事業の一環として実施した「児童の実態等に関する国際比較調査」(日本、フランス、韓国、タイ、イギリス、アメリカの10～15歳の児童と母親を対象)は、就寝が遅く睡眠時間が少ない、勉強時間が長く遊びの時間が少ない、自己評価が低く自信がない、とくに学校の成績に自信をもっている子どもがほかの国に比べきわめて少ない、といった日本の子どもの状況を明らかにしている[45]。これらは、何に由来するのであろうか。

この時期の子どもたちをめぐる状況について、1979年版『保育白書』では、第一に、乱開発、公害の発生などによる生活破壊、自然環境の破壊が子どもの生命を脅かしていること、第二に、「高度経済成長政策」がもたらしたさまざまな矛盾やゆがみが複雑にからみあって家庭生活に重くのしかかり、子どもの生活がゆがめられ、成長・発達が内側から蝕まれやすくなったこと、第三に、人格軽視、生命軽視の風潮がつくり出され、親子心中、子殺し、せっかんなどが多発し、これが子どもの世界にもひろがっていることを指摘している[46]。

実際このころから、子どもの心とからだのゆがみの問題、親による子ども虐待、学校におけるいじめ問題など、子どもにかかわる、さまざまな今日的問題が出現・拡大する。

(2) 保育施設と保育需要

①幼稚園需要の減少

第二次ベビーブームに生まれた子どもが幼稚園年齢となる1970年代末までは、幼稚園不足が問題で、幼稚園増設がすすめられた。しかし、１９７３年をピークに出生率とも低下が続き、この少子化の影響が、まず幼稚園入園児の減少につながった。ドーナツ現象で人口減の都心部は、早くから幼稚園の休廃園が生じるが、１９８０年代に入ると、全国的にとくに私立幼稚園での幼児減、経営難が問題となる［47］。

②保育所需要の増大

一方、保育所需要は、共働きの増加を背景に増加し、慢性的な保育所不足が続いた。

厚生省は１９７６年、保育所整備計画の基礎資料を得るために、全国要保育児童実態調査を実施した。[*19] 保育所入所措置基準に該当する世帯を「要保育該当世帯」とし、要保育率を18・6％と算出している。

表６にみるように、全国の要保育児童は２２７万人と推計され、保育所定員は47万人分不足、すなわち47万人分の保育所整備の必要が明らかになった。１９６７年に実施された同様の調査で推計された50万人分の不足は解消されているが、保育需要はさらに拡大し、一層の整備が必要

表６　全国の要保育率と保育所の不足状況

	1967年	1976年
A乳幼児数	1,024万人	1,221万人
B要保育率	14.5%	18.6%
C要保育児童数（A×B）	148万人	227万人
D保育所定員	98万人	180万人
E不足分（C－D）	50万人	47万人

資料：寺脇隆夫「「ベビーホテル」の増加を招く保育行政の欠陥」『保育政策研究』第２号、1981より引用（厚生省「全国要保育児童実態調査結果」（昭和42年、51年）などの数値により作成されている）

＊19　調査の概要は、全国保育団体連絡会、保育研究所編『保育白書１９７８年版』草土文化、１９７８、３４９～３５９頁を参照。

図４　働く女性の増加と保育所入所児童数の停滞（1965年～1990年）

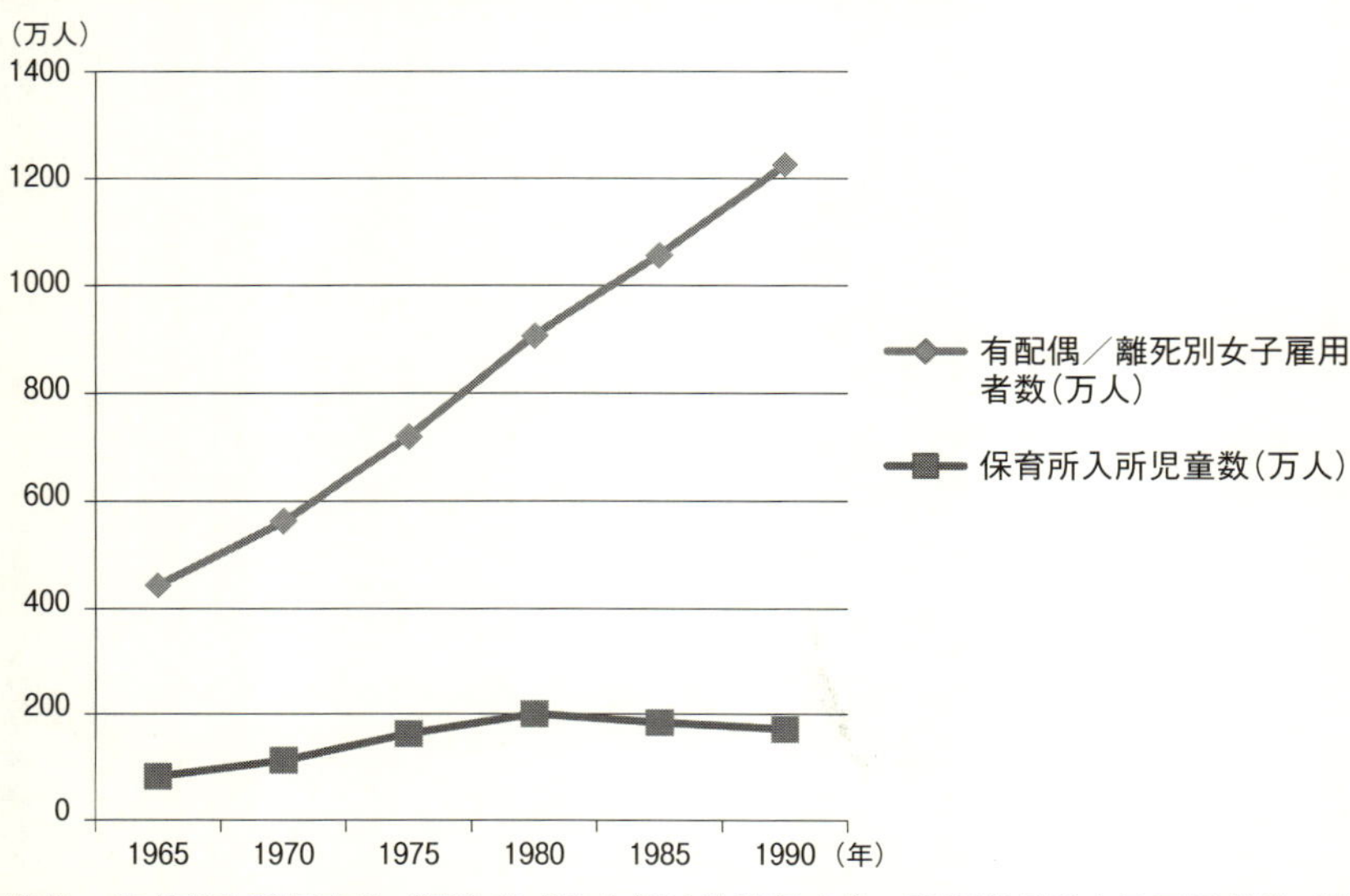

資料：保育所入所児童数（厚生省「社会福祉施設調査」）、配偶関係別女子雇用者数（総務省「労働力調査」）により作成

であることが明らかされた。

１９７６年以後も共働き家庭は増加し続け、要保育率・要保育児童数は、さらに増加したことが推測される。しかし、厚生省はその後、同種の調査を実施していない。その後、採られたのは次項でみる福祉見直し、保育見直し論を背景とした入所基準の引き締め、保育料の値上げなどの保育所抑制策であり、施設数については横ばい、入所児数については１９９５（平成７）年まで減少が続く。図４は、入所児童数の推移に、急増した有配偶および離・死別の女子雇用者数の推移をあわせて示したものである。これらの女性の何割かは、乳幼児を育てていると推測される。前者の停滞と後者の急増、これは何をもたらしたであろうか。

この時期も膨大な待機児童がいたはずである。しかし、１９７０年代末から保育所につ

図5　子どもの絵にみる保育（1970年代後半）

まえならえ

ゆきがっせん

戦後、野外保育から出発した神谷保育園（第1節図1）は、その後園舎を建て、地域に根ざした保育を続けた。年長組の子どもたちの絵をまとめ画集には保育園の生活をうかがえる。　　　　　　　　（かみやほいくえん『がしゅう』1979より転載）

いても定員割れが出現し、私立保育園の経営難が生じた。行政当局は、出生率の低下による乳幼児数の減少と説明したが、乳児保育には入所希望が殺到し、多くの乳児が認可外保育施設に預けられるのが常態となっていた。定員割れが生じる原因について「入所措置基準をきびしくすること、保育料の大幅引き上げ、幼児は幼稚園へという宣伝など、最近ますます激しくなってきた国や一部自治体による『保育所ばなれ促進』政策にあるといわねばならない」[48]という指摘は、的を射ているといえよう。この時期の保育所抑制策のさまざまなマイナスの影響については、詳細な検討が必要である。

③ベビーホテル問題

1960年代、都市部で父母や保育者が共同で設置し運営する共同保育所という形の認可外保育施設がつくられた。保育所不足のなかで、とくに産休明けからの乳児保育の受け入れがないなか、自分たちで協力して保育の場をつくるということで進められた。保育条件は貧しかったが、父母と保育者の共同は、保育をめぐる新しい人間関係のあり方を生み出した。乳児保育の実践面では、先駆的な内容を生み出し、その後の自治体、国の政策・行政にも影響をもたらした。

共同保育所は、1980年代も存続したが、1970年代末には認可外保育施設をめぐる新しい状況が生まれた。保育所不足に目をつけた保育関係外の業者が保育事業に参入し、営利を目的とする劣悪な託児施設が、次々に開設され死亡事故もおこった。それらは夜間の宿泊保育をともなうことから「ベビーホテル」と呼ばれた。

テレビの報道番組などマスコミでベビーホテルがとりあげられると、大きな社会問題となり、国会審議の対象となった。その結果、児童福祉法が改正され、認可外保育施設への立ち入り調査、業務停止命令の条文が新設された（1981〔昭和56〕年6月成立、第58条の2、現在の第59条）。これを受けて厚生省は、「無認可保育施設に対する指導監督の実施について」を通達し（1981年7月、児童家庭局長）、指導監督基準を示した。また、ベビーホテル対策として厚生省はこの年、乳児院の活用、保育所における夜間保育の実施、保育所における延長保育の実施の方針を示した。

一応の行政対応はなされたが、営利的託児施設の問題は、その後もあとを絶たない。認可保育所の不足という保育行政の遅れが原因であるとともに、夜まで働かなければならない、子育てを手助けしてくれる身近な人もない、という厳しく不安定な、孤立した生活をおくる家族の増加もその背景にある。

（3）福祉見直し論と保育所

高度経済成長を実現しながら、日本は社会保障の面では遅れた国であり続けた。しかし、1973年初頭、政府は「福祉元年」を宣言し、産業開発優先から福祉優先への転換を期待させた。ところが、その年秋のオイル・ショックを契機に経済不況となると、福祉優先は簡単に葬り去られ、不況対策優先が基調となった。

景気がもち直しても福祉優先は復活せず、1975年ごろから「福祉見直し論」が登場した。行政経費の節減合理化をすすめ、福祉の対象を社会的弱者に限定していく方向である。保育行政もその一環としてとりあげられ、国の保育予算圧縮策のもとで、入所基準を厳しくし入所を制限する、受益者負担論による保育料大幅値上げなどがおこなわれた。

1960年代後半から、反公害や福祉政策を掲げた革新自治体が各地に誕生し、ここでは積極的な保育行政がおこなわれ、国の行政にも影響をおよぼした。しかし、1970年代後半の首長選で敗退が続き、革新自治体は減っていった。[*20] それぞれの自治体にさまざまな事情があるものの、全体としてばらまき福祉で財政が悪化したという革新自治体批判キャンペーンが張られたことの影響が大きかった。

1981年3月、鈴木内閣は『増税なき財政再建』をうたい第二次臨時行政調査会（第二臨調）を発足させた。第二臨調は同年7月に第一次答申を発表し、教育・福祉については「自立・自助・自己責任」を強調した。臨調のねらいは、保育分野について次のようなものであった[49]。

1 保育所の新設は全体として抑制する。
2 保育所の費用徴収基準の負担能力に応じた強化、公平化をはかる。
3 地方公務員や補助職員などの増員は厳しく抑制し、増加をもたらすような配置基準の新設・改定は、原則としておこなわない。
4 給与などの経営事務費の抑制。
5 国の法令などによる職員定数の義務づけの廃止・緩和の推進。
6 保育所など社会福祉施設の民営化、管理運営の民間委託など。
7 自治体の上乗せ福祉をやめる。

臨調の行政改革は1983（昭和58）年度に実施に移された。1982（昭和57）年度版の『厚生白書』は、

「福祉サービスに対するニーズは多様化しつつあるが、行政がすべてこれらのサービスに対応するのではなく、市場機構を通じて供給されるサービスを活用していくことも必要であろう」と、政府としてはじめて市場福祉論を登場させている〔50〕。

こうした福祉見直し論、日本型福祉社会論は、児童福祉法による保育所の積極的な面を否定し、発展を阻むものとなった。

同じ時期、ほかの先進諸国も雇用労働に従事する女性が増えて少子化がすすむという、おおむね日本と同様の問題に直面していた。しかし、労働と育児の両立策を早くからすすめた国々では、女性の労働力率があがりつつ出生率の低下が押さえられている。[*21] また、このころ幼少期に保育を受けることの生涯にわたる効果を証明する研究が、アメリカやその他の国で実施され、[*22] 保育の受益者は、保育を受ける子どもと親だけではなく社会全体であり、保育に対する公費支出は、その何倍もの利益を社会に還元することが証明された。それらを受け

＊20　おもな革新自治体の首長（かっこ内は、その在任期間）。東京都：美濃部知事（１９６７～１９７９）、京都府：蜷川知事（１９５０～１９７８）、大阪府：黒田知事（１９７１～１９７９）、横浜市：飛鳥田市長（１９６３～１９７８）。

＊21　内閣府『平成19年版少子化社会白書』などに国際比較データが掲載されている。柴田悠『子育て支援が日本を救う』勁草書房、２０１６ではOECD28か国の１９８０～２００９年のデータを統計分析し、保育サービスを中心とする子育て支援に力を入れることが女子労働力率を増し、出生率をあげ、労働生産性を増し、経済成長率をあげるという傾向を見いだしている。

＊22　たとえば、１９６２年にアメリカミシガン州のペリー・プリスクールではじめられた実験的研究。１９８４年に『保育が人生を変えた』と題する報告書が発表された。

て、多くの先進国が保育に力を入れるようになった［51］。
しかし、日本は保育抑制策を続けた。少子化の危機に気づき保育所拡充へ政策転換を図ったのは、ようやく1990年代に入ってからである。

(4) 幼保一元化問題

①幼稚園・保育所設置状況の〝偏在〟〝不統一〟

幼保二元体制のもとで、幼稚園・保育所が、それぞれに普及していったのであるが、それが全国どの地域でも均等にすすんだわけではない。幼稚園の普及が保育所よりもすすんだ地域もあり、その逆もあった。それは地域の保育需要のありようや、自治体の姿勢により生じる地域差であった。

このようななかで、1975年11月、行政管理庁が「幼児の保育及び教育に関する行政監察結果に基づく勧告」［52］をおこない、幼保の不均衡を問題とした。行管庁は、これまで保育所に対する行政監察はおこなってきたが、幼稚園に対してははじめてで、「保育行政史上初めての幼保合同の行政監察」［53］であった。文部省・厚生省に対し、幼保の調整に取り組むよう政府機関が勧告するという注目すべき出来事であった。

勧告は、幼稚園・保育所がそれぞれ普及し、両施設に「入園所」している乳幼児は、5歳児人口の89％、4歳児人口の72％となり、いずれかの施設に入園することが常態となりつつあるとし、一方、保育所のみに入所する3歳未満児については、きわめて不十分な実態であるとする。また、保育所未設置市町村が約5％、幼稚園未設置市町村が39％あること、市町村によっては、幼稚園または保育所に極端に偏った施設整備がおこなわ

表７　市町村別保育所・幼稚園設置状況（1976年度調査）

設置状況／市町村数（％）	計	市町村の人口規模別				
		５千人未満	５千人以上１万人未満	１万人以上２万人未満	２万人以上５万人未満	５万人以上
計	3,279 (100)	448 (100)	1,002 (100)	897 (100)	524 (100)	408 (100)
幼稚園・保育所設置	1,948 (59)	51 (11)	380 (38)	620 (69)	489 (93)	408 (100)
幼稚園のみ設置	167 (5)	61 (14)	85 (8)	19 (2)	2 (0)	—
保育所のみ設置	1,068 (33)	266 (59)	514 (51)	255 (28)	33 (6)	—
幼稚園・保育所とも設置せず	96 (3)	70 (16)	23 (2)	3 (0)	—	—

資料：文部省「昭和51年度幼児教育関係施設の整備計画等に関する調査」『保育白書1978年版』草土文化、361頁掲載の表２を改変

れていることなどを問題点として指摘している。保育所のみ設置されている町村では、保育所を幼稚園の代替施設的に運用しており、幼稚園のみ設置しているところでは幼稚園に通園する保育に欠ける幼児が、降園後、無認可保育所や知人宅に預けられている事例があるとしている。

表７は、文部省が行管庁勧告の翌年に実施した全国の幼稚園・保育所設置状況調査である。行管庁の指摘どおりの偏在が認められるが、市町村の人口規模別にみると、〝偏った施設整備〟は、人口規模の小さな市町村にみられ、あながち非難さるべきことではない事情がうかがえる。その問題を、次に高知県のケースでみておきたい。

②高知県における幼保関係の問題

戦後、高知県の保育所普及率は、長野県とならんで常に全国１、２位であり、逆に幼稚園普及率は、低いほうの１、２位であった。

保育所普及率の高さは、県の保育所推進策の成果といえる。児童福祉法制定のころ、県の児童課長であった藤平栄は、第一次産業中心で女性も皆働いていた高知で「働く母親のきびしい労働と育児を援助し、過労的状態から解放するためには、保育所が最も理想的な社会資源と

なるので、幼稚園よりも保育所をつくるべきだと考えて、その施策を積極的に打ち出していきました」と回想している。藤平はさらに、県が保育内容の充実にも力をいれ、「一歳頃からの年少保育を積極的にやってきたこと、指導保母制度をおいて、県内・国内留学によって研修させ、保母の資格を高めてきたことなどが、今日の保育王国を築く基礎となったように思います」とする[54]。

ところが、このように地域の実情に即して「ほぼ保育所で一元化した」[55]という高知のあり方が、1960年代末ごろから幼稚園設置の遅れとして問題視されるようになった。そして前述の1975年行政管理庁勧告を契機として、高知県において幼稚園振興政策がすすめられた。へき地保育所が幼稚園に転換されるなどして県内各地に幼稚園がつくられ、5歳児は幼稚園入園という方針が採られた。結果、保育に欠ける5歳児が幼稚園降園後に1人で過ごす、あるいは幼稚園における「居残り保育」が実施されたものの、昼寝させておくだけの時間となったなど、さまざまな問題・混乱が生じた。

専業主婦家庭の幼児は幼稚園、共働き家庭の乳幼児は保育所へという幼保二元体制モデルは、高度成長期の都市部にはフィットしたかもしれない。しかしそれが、全国一律に、また時代貫通的に通用するわけではない。高知のように幼い子どもの母親も皆働くのが当たり前の地域では、当然保育所タイプの施設が必要で、地域の幼児が皆そこへ通う。こうした地域には、幼稚園を別に設置して子どもを分断する必要性はない。そもそも二元制度に問題があるのであり、高知の戦後期の行政担当者は、すべての乳幼児を対象とした児童福祉法制定時の保育所のあり方を、忠実に実施したといえるのである。

なお、松島のり子は、高知県と同様の「幼低保高」傾向を示す石川県の2市1町と「幼高保低」傾向の東京都の2区1市について、1980年までの幼稚園・保育所の普及にみる設置経緯の検討をおこなっている。その結果、幼保の混同や偏在の現象を問題とするのは、それが制度にそぐわない実態とみなされるからであるが、「そもそも制度が子どもの実態にそぐわないものだとすれば、幼稚園や保育所の混同も、幼稚園の保育所化、保育所の幼稚園化というあり方も、問題視することを要さない。すべての乳幼児が、保育の機会を得られるように保育施設を整備するための過程と、その結果として捉えることができるのではないだろうか」[56]と指摘している。

③１９７０年代の幼児教育のあり方の模索　―東京都の例―

東京都では、１９７２年７月に教育長の指示に基づいて幼児教育問題調査委員会を設置、同年度の第１次から１９７９年11月の第８次まで、「東京都の幼児の教育の在り方」を探るために、各年研究主題を検討し、調査報告をまとめた。委員は、多角的かつ能率的な審議をめざして、教育庁関係者、学識経験者、私学関係担当の総務局、保育所や婦人問題担当の民政局、乳児・幼児の保健衛生担当の衛生局、区市教育委員会、幼稚園・保育所関係者などによって構成された[*23]。

各回のテーマは、「幼児の教育の振興に関する地域計画作成の在り方」（第３次、１９７４年）、「保育者の総合的な研修体系の在り方」（第４次、１９７５年）、「幼稚園・保育所における望ましい施設、設備、園具及び教

＊23　調査委員会委員長は、坂元彦太郎。各回とも委員の構成は異なり、人数も８名から44名（うち38名は幼保小の教諭、主任、園長、校長）までと幅がある。各テーマの検討にふさわしい人選がおこなわれたと考えられる（「東京都における幼児教育の在り方について　―幼児教育問題調査委員会報告書要約集（第１次〜第８次）―」幼児教育問題調査委員会、１９８０年２月参照）。

材・教具の在り方」(第5次、1976年)、「幼稚園・保育所と家庭との連携並びに幼児の家庭教育相談事業の在り方」(第6次、1977年)、「幼稚園・保育所における人的環境の持つ教育機能」(第7次、1978年)、「幼児期の教育の質的一体化の在り方」(第8次、1979年)など、多岐にわたって徹底した調査と検討がおこなわれている。

そのなかで、幼児期における教育の内容・方法の基本的方針として、次の3点があげられている。

①幼児がその時期その時期の生活を充実し、人間形成に必要な経験を豊かに持つことができるよう、一層それらの充実を図るようにする。
②幼児にとって、豊かな経験が十分に行われるためには、環境による働きかけを重視し、幼児が自ら進んで意欲的に行動し、充実感を十分に味わえるように人的・物的環境を整えるようにする。
③ひとりひとりの幼児の理解に努め、幼児と保育する人、幼児同士の心の触れ合いを基調として、望ましい人間関係を持つようにする。

1969年の中央教育審議会では、幼稚園と保育所との調整の必要性が問われ、1971年の答申においては「将来は幼稚園として必要な条件を具備した保育所に対しては、幼稚園としての地位をあわせて付与する方法を検討するべきである」という、幼稚園令期から進展していないセクショナリズム的意識が表明されたなかで、本委員会では、「これまでの幼稚園・保育所の施設や教育内容を同一にするといった一体化の考え方とは異なり、それぞれの幼児の置かれている立場を尊重し、また幼稚園・保育所の持つ機能を明確にした上で、それぞれの保育を充実させ質的に同一にしようと考える」とし、さらに視野を公・私立の養護施設や、盲・ろう学校幼稚部、企業内の保育施設等に広げて「あらゆる広範囲は幼児の教育について考える必要がある」と述べている。報告書のまとめの一部を紹介する。

幼児が、どのような場や状況におかれていても、親やその家族、地域社会の人々、幼児の教育機関・保育施設の保育者及び、関係する行政当局など、幼児を取り巻くすべての人々が、教育の原点にかえり、その本質をふまえ、同じ観点に立ち、一体となって自己の資質を向上させ、人的・物的環境を整え、幼児期にあるすべての幼児に対してその望ましい人間形成を図っていくことが必要である。このような考え方を本調査委員会では「幼児期の教育の質的一体化」とまとめた。

幼児にかかわるすべての関係者に、その発達を援助するための自覚と責任をうながしていくこの結論は、当時の革新都政の方針を端的に表している。

④新たな保育制度論

これまでとりあげてきたように、幼保二元体制のもとで保育制度のあり方はしばしば問題とされてきた。幼保とも普及がすすみ、とくに5歳児については、どちらかに通うことが常態ともいえる状況となったなかでの制度論は、どのようなものであったろうか。前述の行政管理庁勧告は、幼保二元体制を前提に、どの地域にもバランスよく幼保が配置されるべきであり、保育所の普及が進んだ地域においては、本来保育所の対象ではない幼児が保育されていることを是正すべきとしている。

　この時期、幼稚園関係団体や保育所関係団体などから、さまざまな保育制度論が主張された。二元体制を肯定するものも一元化を主張するものもあり、一元化論の内容も、さまざまであった。

　こうしたなかで、自民党内で1979年7月「乳幼児保育に関する基本法（仮称）制定の基本構想（案）」[57]なる一元化構想が作成された。ここでは第一に、学校教育法・児童福祉法を超える何らかの立法措置を前提とする検討が必要とし、第二に、新しい保育観の創造をうたう。第三に、新しい保育制度の推進のために国および地方公共団体のとるべき対策のうち、保育一元化をすすめるために、まず内閣総理大臣のもとに乳幼児保育のあり方に関する臨時調査会を設置して実態調査と調査研究にあたること、また、当面の施策として、①国、都道府県および市町村に幼稚園担当部局と保育所担当部局の協議会を設置、②幼稚園または保育所の未設置市町村の解消、③私立幼稚園に対する補助を拡大強化し公私間の父母負担の格差是正、④幼稚園が保育時間の延長を措置しやすいよう国が援助、⑤保育内容の共通性の一層の確保、⑥現職教育の充実や交流により、保母と教員の資格・能力の一元化の方策を推進、⑦教員と保母の勤務条件・処遇等の一本化の方向を推進すること、⑧幼保設置基準の一元化の研究、を提案している。

　最後に、国際児童年にあたり「幼いこども達のために何を残しうるかは即ち国民の将来に何を残しうるかということであり、わが党に対する深い信頼と付託に応えるため〔乳幼児の最善の利益について最高の配慮をはらいつつ〕広く各界・各層の意を徴しもって〔乳幼児の保育に関する基本法〕（仮称）の立法化を図るものとする」と結んでいる。

　政権政党サイドの構想であるが、かなり大胆な内容であり、検討に値するものであった。この提案がたたき台として広く議論されれば、この時点で制度改革の何らかの進展があったかもしれない。しかし、２か月後の９月に自民党から公式に発表された幼児問題調査会／幼保問題に関する小委員会／石川要三委員長試案「乳幼児の保育に関する基本法（仮称）の制定」[58]は、７月の構想の具体的部分をそぎ落とした抽象的な文書となり、〝基本法〟に関するそれ以上の進展はなかった。

第4節 戦後保育の転換点 ―１９８９年「幼稚園教育要領」改訂―

（1）幼稚園教育要領 ―領域主義的段階―

文部科学大臣が公示する『幼稚園教育要領』は、国が示す幼稚園の教育課程の基準である。つまり幼稚園教育要領改訂の変遷は、日本における幼稚園教育のカリキュラムや内容というソフトウエア面を特徴づける。また、保育所にあっても、幼児期の教育については、幼稚園教育要領に準じた内容であるため[*24]、広く日本の保育カリキュラムの水準と特質を示しているといえる。

１９５６年の『幼稚園教育要領』は、幼稚園の教育課程の基準として大綱化をはかる観点から、『保育要

*24 本書第６章第２節を参照のこと。

領』の全面改訂をおこなったものである。幼児の生活に根ざした幼稚園教育の特性を、系統的に分類することによって小学校以上の「教科」との異なりを示すとともに、小学校との一貫性をも重視したため、結果として領域主義的な実践をまねくことになった。

第6章第2節で述べたように、その後、1964年の改訂では、この教条主義的な課題を克服して幼稚園教育の独自性を一層明確化することをめざしたが、大きな変革をもたらすことはなかった。このころの指導計画表の雛形では、6領域の枠ごとに「ねらい」を示して、経験や活動を事実羅列的に書き込むことが主流であったため、幼児の具体的・総合的な経験や、活動をとおした指導という考え方が浸透しにくかったのである。

(2) 1989年「幼稚園教育要領」改訂の意味

学校教育の量的拡大の一方で、家庭や地域の教育力の低下が指摘され、青少年の問題行動や学校に対する不適応の増加、学歴偏重による受験競争の過熱化が成長期の子どもにおよぼす影響などが問題視される状況を背景に、1984(昭和59)年に発足した臨時教育審議会は、21世紀を展望した教育のあり方についての審議の結果、4次にわたる答申を出した。教育改革の視点として示されたその基本的理念は、次の3点[*25]であった。

①学校中心の考え方からの脱却と生涯学習体系への移行の積極的推進
②個性重視の教育展開
③国際化、情報化など時代の変化に対応する教育の実現

産業構造や就業体系などのめざましい変化に対応するためには、学校教育だけでなく、社会のさまざまな学習機会の提供と意識改革が必要とされたのである。

１９８７（昭和62）年の第3次答申のなかで、就学前教育の振興が提言され、幼稚園・保育所はその目的を異にするが、幼児教育において重要な役割を果たしており、就園希望・保育ニーズに適切に対応できるように、それぞれの制度のなかで整備・充実を進めることとされた。この際、保育所が整備されていない地域などでの幼稚園の保育時間延長、臨時的要請に対応する保育所の私的契約など、両施設の運用の弾力化を進めることも示された。[*26] しかし、幼保一元化の問題は盛り込まれず、本章第3節で述べたように臨調を背景とした行財政改革の路線で議論されることとなった。

この臨教審と時期を重ねて、１９８５（昭和60）年9月に教育課程審議会に「幼稚園、小学校、中学校及び高等学校の教育課程の基準の改善について」が諮問され、学習指導要領の改訂にむけて準備が進められた。国際化、情報化、核家族化、高齢化などの進行の加速化が予測されるなかで、社会の変化に対応する観点から教育内容の見直しが求められたのである。2年後の１９８７年12月に出された答申において、１９６４年の告示から20年以上が経過しており、子どもをとり巻く状況が大きく変化している（本章第3節参照）ことにも鑑みて「幼稚園教育要領」の改訂の必要性が指摘された。

＊25 詳しくは『我が国の文教施策』文部省、１９８８を参照のこと。

＊26 １９８８年の幼稚園就園率（小学校第1学年児童数に対する幼稚園修了者数の比率）は、全国平均で63・7％である一方、約１０００の市町村に幼稚園が設置されていないなど、その普及には地域差があるとして、公私立幼稚園、保育所の適性配置の必要が指摘されている。

かくして、25年間もの沈黙を経て、1989年に「幼稚園教育要領」の大きな改訂がおこなわれた。浜口は、「現在の幼稚園、保育所等における就学前教育の状況を考えるとき、四半世紀前の1989（平成元）年に大幅改訂された幼稚園教育要領のもつ意味は重い」[59]と述べている。改訂の特徴を、次に示す。

①幼稚園教育は「環境を通しておこなうものであること」を明示した。
②幼児の主体的な活動としての遊びを通した総合的な指導、一人ひとりの発達の特性に応じた指導によって、幼児期にふさわしい生活を大切にすることが重視された。
③一人ひとりの子どもの発達をとらえる窓口としての5領域（健康、人間関係、環境、言葉、表現）を編成した。
④領域に示された「ねらい」は、幼稚園生活の全体を通して総合的に達成されるように期待される心情、意欲、態度などをまとめたものであり、そのために幼児が身につけていくことが望まれるのが「内容」であることを明確化した。

この改訂は、めまぐるしい社会変化に対応できるような力をめざすことを余儀なくされた時代背景にあと押しされて、幼稚園教育の特徴を明確な概念をともなった言語表現によって整理したものであり、その後の改訂の布石となった。

浜口は、改訂の基盤となったコンセプトの核心を、「子どもの自発性を重視する保育への転回」ととらえ、平成期の「子ども中心主義」と呼ぶことも可能であろうとしている[60]。幼児期の特性を学問的に裏づける知見が蓄積されるとともに、前項目でとりあげたような保育現場や各種団体における保育研究の成果が、その原動力であったといえよう。

「幼稚園教育要領」の本文は、改訂前の30頁を超えるものから、11頁にスリム化された。この点について、改訂にかかわった小田は、はじめて幼稚園と小学校が連携して教育課程の審議会をおこない、学校5日制に向かって進んでいくなかで[*27]、幼稚園が請われて教育内容の大綱化を先導的に施行したと述べている〔61〕。幼稚園教育と小学校教育とを改めて連続性の視点でとらえようとする動きも始まり、新科目「生活科」も1989年版「学習指導要領」に盛り込まれ、1992（平成4）年より全面実施された。

また、それまでの幼稚園では、「何々がわかるようになる」「何々ができるようになる」という到達目標であったものを、「気づく」「興味や関心をもつ」という方向目標に転換したと小田は説明している。「10まで数えることができるようになる」という目標に子どもたちを追い込むのではなく、文字や数にしても「日常生活のなかで数量や図形、文字などに関心をもつ」というように、気づき楽しむように切り替えたというのである〔62〕。

この改訂によって、それまで主流であった保育者主導の設定保育型から、自由遊びを中心とする環境構成型へと、子どもを中心とするまなざしに保育の軸が大きく転換していった。それは同時に保育者が「させる」指導型の保育から、「うながす」援助型の保育への転換でもある。このように保育者は、環境構成という方法で指導力を発揮するとした1989年改訂は、「保育者の指導性の在り方をめぐって現場に混乱を招いたとも言

*27 次期学習指導要領の改訂では、完全学校5日制の実施が計画されていた。

われ」[63]ているという。小田は、従来おこなっていた一斉保育から、環境にかかわって子どもから主体的に活動が生み出される自由保育に転換し、保育者は、「見えない指導をきちんとすることによってなされる行為」を「援助」として表現したが、「指導してはいけない」と解釈されたことが多々あったため、半年後に解説書の増補版を出すことになったと述べている[64]。

その後「幼稚園教育要領」の改訂は、1989年の改訂方針を大きく変えずに、キーワードである「環境構成」「子どもの主体的な遊び」とそれをうながす「保育者の援助」についての再確認がなされていく。また、そのキー概念の検討が1990年代以降の保育の質を問う議論の展開につながっていったといえる。

一方で、小学校における学級崩壊や、いわゆる授業中に立ち歩くなどの小1プロブレムの原因が自由保育の功罪のようにいわれたり、自由保育の意義が保護者に理解されにくいという理由から、旧来の教条主義的な保育者主導の保育をおこなう園もあった。このように1989年改訂をひとつの契機として、多様化した保育のあり方は、多くの私立幼稚園で閉ざされた園文化となっていったのである。

❖引用文献

〔1〕水野浩志「終戦後の保育会の姿」『日本幼児保育史』第6巻、フレーベル館、1975、193〜196頁、岡田正章「新しい保育を求めて」『戦後保育史』第1巻、フレーベル館、1980、420頁
〔2〕坂元彦太郎「学校教育法の成立」『戦後保育史』第1巻、フレーベル館、1980、14〜15頁
〔3〕文部省『幼稚園教育百年史』ひかりのくに、1979、707頁

［4］水野浩志「増大する幼稚園への要求と普及状況」前掲書［2］、103頁
［5］鈴木政次郎「保育所増設の推移」前掲書［2］、315頁
［6］児童福祉法研究会『児童福祉法成立資料集成』下巻、ドメス出版、1979、463頁
［7］厚生省児童局『保育所運営要領』1950、5〜6頁
［8］前掲書［6］、568頁
［9］前掲書［6］、570頁
［10］松本園子『証言・戦後改革期の保育運動 ―民主保育連盟の時代―』新読書社、2013、368〜375頁
［11］鈴木政次郎「財政危機と保育所の体制づくり」前掲書［2］、335頁
［12］全国社会福祉協議会連合会『保育所費用徴収基準実施影響調』1955
［13］坂元彦太郎「保育要領の作成」前掲書［2］、30頁
［14］加藤繁美「保育要領の形成過程に関する研究」『保育学研究』54巻1号、2016
［15］前掲書［13］、31頁
［16］前掲書［13］、42〜43頁
［17］玉越三朗「幼稚園基準制定への動きといきさつ」前掲書［2］、133〜135頁
［18］前掲書［6］、663〜709頁
［19］厚生省児童局『保育所の設備と運営 ―最低基準に関する研究調査報告』日本児童福祉協会、1955
［20］全国保育連合会『保育時報』第4号、1949年7月
［21］一番ケ瀬康子編『日本婦人問題資料集成』第6巻、ドメス出版、1978、785頁
［22］一番ケ瀬康子「第6巻解説」前掲書［21］、66頁
［23］「昭和29年度予算大綱」（リサーチ・ナビ国立国会図書館 https://rnavi.ndl.go.jp/politics/entry/bib01173.php）2017年6月20日閲覧
［24］柴田敏夫「保育所予算の削減と経営危機」前掲書［2］、343頁

［25］前掲書［24］、３４５頁
［26］坂元彦太郎「幼稚園教育要領の作成」前掲書［2］、１１７頁
［27］梅本純正『新しい保育制度の解説』財団法人日本福祉協会、１９５９、74頁
［28］岡田正章「保育内容の充実」『戦後保育史』第2巻、フレーベル館、１９８０、２３１頁
［29］水野浩志「第一次幼稚園教育振興計画の策定と幼稚園の普及」前掲書［28］９～10頁
［30］前掲書［29］、11～12頁
［31］岡田正章『保育制度の課題　保育所・幼稚園の在り方』ぎょうせい、１９８２、40～42頁
［32］前掲書［29］、13頁
［33］坂元彦太郎「中教審答申とその波紋」前掲書［28］、１１３～１１５頁
［34］経済審議会『経済発展における人的能力開発の課題と対策』大蔵省印刷局、１９６３（『日本現代教育基本文献叢書』日本図書センター、２０００所収）
［35］厚生省児童局『児童福祉白書』１９６３、２～３頁
［36］岡田正章「保育所の基本政策の策定」前掲書［28］、１９５頁
［37］「いま保育所に必要なもの」『資料・文献集：保育制度を考えるために』全社協・保育協議会編、１９７２、49～51頁
［38］岡田正章「保育所整備計画と保育所の拡大」前掲書［28］、２０７～２０９頁
［39］鷲谷義教『私たちの保育政策』文化書房博友社、１９６７、１９８～１９９頁。以下の家庭保育制度についても鷲谷同書１９９～２００頁を参照した。
［40］岡田正章「幼稚園・保育所に関する共同通達」前掲書［28］、23頁
［41］中村千代「保母会結成と童謡デモ」植山つる、浦辺史他編『戦後保育所の歴史』全国社会福祉協議会、１９７８、94頁
［42］橋本宏子『戦後保育所づくり運動史　―「ポストの数ほど保育所を」の時代―』ひとなる書房、２００６、１１２～１１７頁

〔43〕前掲書〔42〕、107〜108頁
〔44〕寺脇隆夫「革新自治体の登場とその保育政策」前掲書〔28〕、264頁
〔45〕総理府青少年対策本部『国際比較日本の子供と母親 ―国際児童年記念調査中間報告書―』1980、布施晶子「現代の貧困と家庭の危機」全国保育団体連絡会、保育研究所編『保育白書1982年版』草土文化、1982
〔46〕編集委員会「今日の子どもの状態と今後の課題」全国保育団体連絡会、保育研究所編『保育白書1979年版』草土文化、1979、62〜64頁
〔47〕須恵淳「圧迫される私立幼稚園の経営」全国保育団体連絡会、保育研究所編『保育白書1981年版』草土文化、1981、170〜175頁
〔48〕林直道「今日の経済的危機の特徴と『福祉見直し』」全国保育団体連絡会、保育研究所編『保育白書1980年版』草土文化、1980、10頁
〔49〕村山祐一「政府の保育切り捨ての手法とその矛盾」全国保育団体連絡会、保育研究所編『保育白書1982年版』草土文化、1982、38〜39頁より要約
〔50〕浦辺史「保育政策の動向」全国保育団体連絡会、保育研究所編『保育白書1984年版』草土文化、1984、214頁
〔51〕OECD編著『OECD保育白書 ―人生の始まりこそ力強く：乳幼児の期の教育とケアの国際比較』明石書店、2011（原著、2006）
〔52〕『保育白書1976年版』草土文化、1976、214〜228頁
〔53〕岡田正章「行政管理庁の勧告とその影響」前掲書〔28〕、402頁
〔54〕藤平栄「回想・保育王国を築くきっかけとなったもの」前掲書〔28〕、316〜317頁
〔55〕太田素子「〝保育王国〟高知における幼稚園振興政策 ―その展開と矛盾―」『保育政策研究』第2号、1981（高知の問題については、ほかに太田素子、才賀敬、坂本耕平、鈴木敏子、藤本稔子『地域を拓く保育―保育一元化と「保育王国」高知の未来―』いかだ社、1981．村山祐一、垣内国光「高知県の幼稚園・

保育所関係の実態調査報告」『保育の研究』第2号、1981を参照）

〔56〕松島のり子『「保育」の戦後史　―幼稚園・保育所の普及とその地域差』六花出版、2015、434頁

〔57〕前掲書〔48〕、347～350頁

〔58〕前掲書〔48〕、350～351頁

〔59〕浜口順子「平成期幼稚園教育要領と保育者の専門性」『教育学研究』第81巻第4号、2014、66頁

〔60〕前掲書〔59〕、68頁

〔61〕小田豊『幼保一体化の変遷』北大路書房、2014、48頁

〔62〕前掲書〔61〕、49頁

〔61〕前掲書〔59〕、68頁

〔62〕前掲書〔61〕、50頁

第7章

戦後保育体制転換の胎動

――失われた20年のもとで「子ども・子育て支援新制度」へ――

１９８０年代後半からの「バブル経済」が崩壊し、日本経済は低迷の時代へ突入した。若者の非正規雇用が増え、ニート、フリーターという言葉が登場し、「失われた20年」ともいわれる。２０００年代後半以降は、死亡数が出生数を上回る人口減少時代を迎え、家族や地域の姿も大きく変化した。

２０１５（平成27）年4月、子育て中のすべての家庭を支援すること、幼保一体化施設を推進すること、認可保育所に入れない「待機児童」を解消することをうたった子ども・子育て支援新制度が始まった。これは、政権交代を挟みつつ、10年以上かけて議論されてきた保育制度改革であり、本来は戦後の社会福祉構造改革の帰結点をねらったものだった。

直接的な経緯としては、民主党政権下の２０１２（平成23）年6月、自民、公明、民主の3党が社会保障と税の一体改革に関する合意（三党合意）をしたことから、同年8月に「子ども・子育て支援法」「就学前の子どもに関する教育、保育等の総合的な提供の推進に関する法律（以下「認定こども園法」）の一部改正」「子ども・子育て支援法及び就学前の子どもに関する教育、保育等の総合的な提供の推進に関する法律の一部を改正する法律の施行に伴う関係法律の整備等に関する法律」が成立。これら「子ども・子育て関連3法」に基づき、制度設計がされている。

しかし、たとえば子ども・子育てに関する省庁を一元化するといった思い切った改革には至らなかったため、一般の人には全体像を理解しにくいものとなった。未就学児の保育制度として、法律上は「幼稚園」「認定こども園」「保育所」の3種類のほか、市区町村の独自事業「小規模保育」「家庭的保育（保育ママ）」「事業所内保育」「居宅訪問型保育」が加わることになった。

制度ができた背景には、少子化対策、０・１・2歳児の保育需要の増加、社会保障制度改革、幼保一元化、社会福祉制度の構造改革など、さまざまな要素がからんでいる。そこで、新制度成立の過程とそのねらいについて、社会的課題、政治や政策の側面から解きほぐしていきたい。

❖

第1節 少子化対策としての保育制度

(1) 保育所の「多機能化」

1989(平成元)年の合計特殊出生率が1・57となったいわゆる「1・57ショック」以降、政府は出生率の低下と子どもの数の減少を「問題」として認識し、さまざまな施策を打ち出していく。「少子化対策」の始まりだ。

1994(平成6)年に策定された「エンゼルプラン」は、0~2歳の低年齢児保育、延長保育など「多様な保育サービス」の促進、地域の子育て支援の拠点となるべき「保育所の多機能化」「子育て支援」のための基盤整備など、現在の施策の原型ともいえるメニューが並ぶ。

1986(昭和61)年に施行された男女雇用機会均等法により、事務職が一般的だった女性にも総合職で働く道が開かれた。1992（平成4）年には、育児休業、介護休業等育児又は家族介護を行う労働者の福祉に関わる法律（育児・介護休業法）が施行され、法的には女性も男性並みに働きながら仕事を続けられる環境が整った。これにより、産休明け保育や、0歳児保育、延長保育など、多様な保育のニーズが高まっていた。エンゼルプランを実現するための「緊急保育対策等5か年事業」によれば、1994年当時の0~2歳児保育の人数は45万人。これを5年で60万人に増やす計画だった。

一方で、専業主婦家庭も支援が必要になってきていた。核家族化の進行や1989年にテレビコマーシャルから生まれた「24時間タタカエマスカ」というコピーが流行語に選ばれたように、企業戦士となった父親不在の家庭内で、母子のみの孤独な子育ての問題も顕在化し始めていた。子育てサークルの支援や地域子育て支援の拠点としての保育所の「多機能化」がいわれ始めたのもこのころからだ。

働く母親の「乳児保育や延長保育がないからもう1人産めない」、専業主婦の「子育てがつらすぎてもう1人産めない」といった声に応える形で、「少子化対策」としての保育所の機能整備がすすめられた。

1999（平成11）年に新エンゼルプランが策定され、2003（平成15）年には、事業主や地方自治体が行動計画を策定することを求めた次世代育成支援対策推進法や、少子化対策基本法が施行され、ようやく法整備が始まる。

しかし、少子化に歯止めをかける流れはつくれず、2005（平成17）年には、合計特殊出生率が1・26にまで低下した。同時に1899（明治32）年に人口動態の統計をとり始めて以来、はじめて出生数が死亡数を下回る事態になり、「新しい少子化対策」を迫られることになった。

図１　出生数と合計特殊出生率

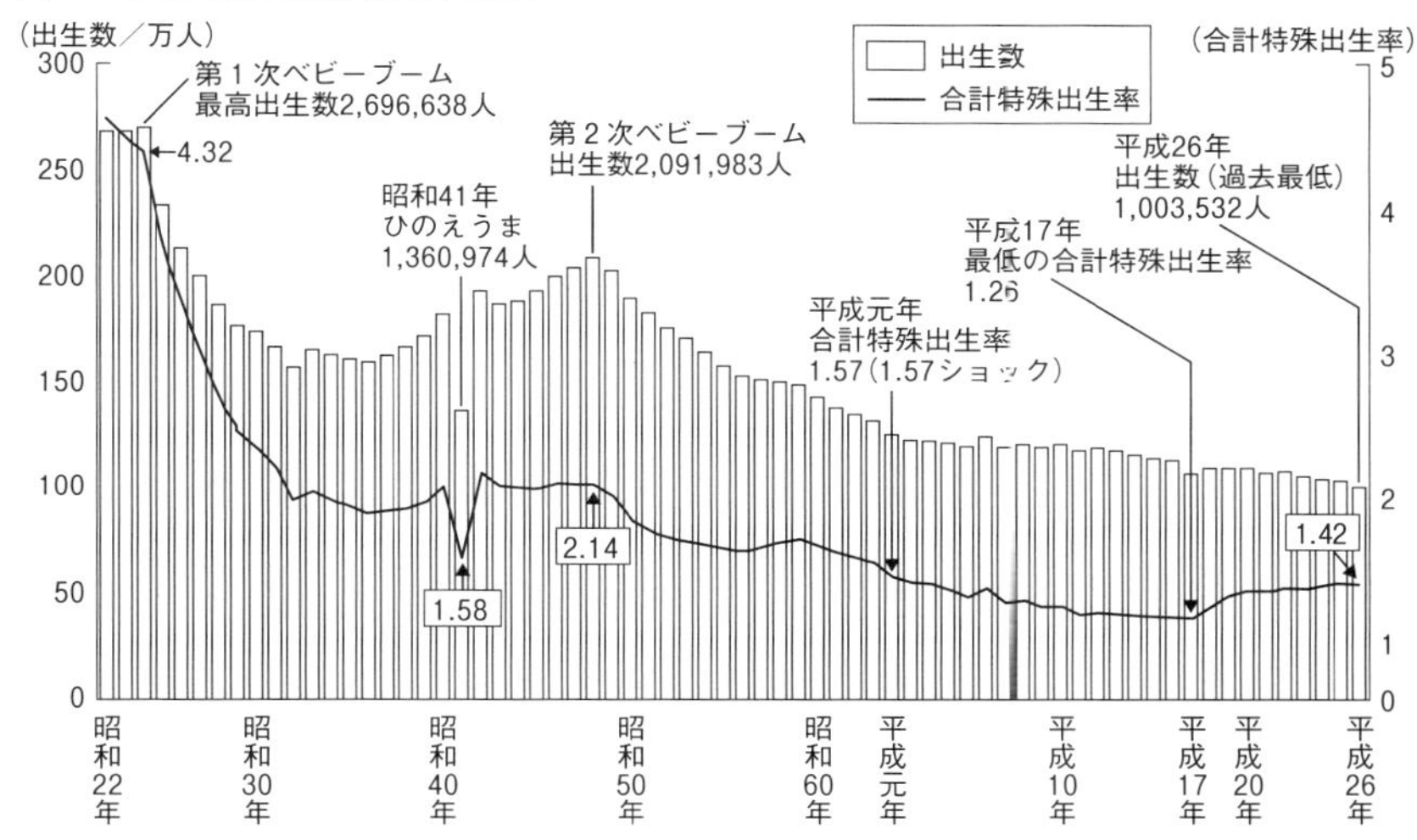

注）平成26年は概数である。

資料：厚生労働省「人口動態統計」より。

（2）財源確保の必要性の認識

２００６（平成18）年に打ち出された「新しい少子化対策について」は、社会全体の意識改革や、子どもと家族を大切にする視点に立った施策の拡充を掲げ、妊娠・出産期から未就学児、小、中学生から大学生までを視野に入れた「子育て支援策」と「働き方改革」のほか、「その他の重要な施策」として税制の検討や児童虐待防止策などもあげた。

少子高齢化で増大する社会保障費をどうまかなうのか。このころから、社会保障制度改革や消費増税の議論が表面化してくる。社会保障費の多くは医療、年金、介護に使われていることから、子ども・子育て関連支出を増やすべきという声も少しずつあがり始めた。２００５年には、子育て支援団体や研究者らが「消費増税するなら子ども・子育てにも」「社会保障の柱の４番目に子育て支援を」と求める運動体「４つ葉プロジェクト」を発足させた。子育て世代の選挙の投票率が低いことから、衆議院選挙への投票呼びかけから活動を始めた［1］。

日本の国会議員の女性比率は増加傾向にあるものの、衆議院における女性議員の割合は2001（平成13）年1月時点で7・5％［2］、2015（平成27）年12月の時点でも9・5％と、国際的にも低い水準だ［3］。政治家もマスメディア関係者も男性が多く、子ども・子育てに関する施策は、プランは立てられても実効性に乏しい側面があった。たとえば、エンゼルプランを実施するためについた予算は、1995（平成7）年度で360億円にすぎず、そもそも担当省庁が財源を確保するために、大蔵省（当時）を説得する材料も乏しかったと思われる。

2007（平成19）年12月に策定された「子どもと家族を応援する日本」重点戦略は、政府として支出が必要な金額を試算して明示した。政府として取り組むべきは「少子化対策」ではなく「家族政策」だとし、日本の児童・家族関連社会支出額が2007年推計で約4兆3300億円、対GDP比0・83％であり、欧州諸国の2～3％に比べて低いことが指摘された。そのうえで2007年当時、日本においては0～2歳の児童のうち、保育所を利用している児童の割合は20％に過ぎなかったため、これがスウェーデン並みの50％になり、働きたいと希望するすべての者が就業した場合、必要な政府の支出金額を1兆5千億～2兆4千億円と試算した。

新しい少子化対策の流れを受けて、2009（平成21）年2月の社会保障審議会少子化対策特別部会第1次報告において、保育需要の飛躍的増大、ニーズの深化・多様化などの社会環境の変化を踏まえ、新たな保育制度の必要性と、すべての子育て家庭に対する支援の必要性が盛り込まれた。自民党政権下のこのとき、新制度の設計の下地はできていたということである。

同じ時期（同年5月）に、評論家の樋口恵子や弁護士の堀田力、子育て支援関係のNPO法人代表らが発起人となって「にっぽん子育て応援団」が結成された。企画委員を務める元厚生官僚の椋野美智子は、「当事者の声が政治に届かず施策展開が遅れた」とし、子育て当事者サイドに立ち、財源確保と世代や党派を超えた合意形成をめざすのが、この団体の特色だと述べている[4]。介護保険創設時に、樋口が率いる「高齢社会をよくする女性たちの会」などの当事者団体ができたが、その子ども・子育て版という位置づけだった。

第2節 社会福祉基礎構造改革

(1)「措置」から「サービス」へ

保育新制度の誕生の背景に、社会福祉基礎構造改革の流れは欠かせない。少子高齢化や低成長経済、増大する社会保障費や財政赤字といった課題が顕在化した90年代は、戦後の生活困窮者対策から出発した「措置制度」から契約制度へ、福祉からサービスへ、転換の時期だった。

「措置制度」においては、市区町村が福祉サービス提供の義務を負っており、福祉サービスを受けたい人は、市区町村に申し込む。その人に適切な福祉サービスや施設を決めるのは利用者ではなく市区町村であり、費用の一部は利用者の収入に応じて徴収する(応能負担)。無差別平等の原則のもと、国が全国一律の最低基準を定め、施設の運営費は公費でまかなうしくみだった。おもに低所得者を対象とした「行政処分」による一律のサービス提供だったということができる。

保育所は、「保育に欠ける児童を保育する施設」と位置づけられていた。1997（平成9）年の児童福祉法改正では、「父母が入所を希望する保育所を選んで申請する」ことになり、措置制度は改められ、市区町村と利用者の「契約」に変わった。だが、市区町村が保育の責任を負うことなどの基本は変わらなかったし、都市部では認可保育所を希望しても入れない「待機児童」の問題がなくならなかったため、事実上、どの園に入りたいかの希望を出すことはできても、園を選ぶことはできなかった。

高齢者福祉の分野では、2000（平成12）年の介護保険の導入により、「措置」から「契約」へ、制度のしくみは抜本的に変えられた。市区町村は、要介護認定など、介護の必要性を認定する業務を担い、利用者はその必要度に基づき、サービスを選ぶ。サービス提供者と利用者は直接契約を結ぶしくみだ。続いて、障害者福祉の分野では、支援費制度が採り入れられ、2006年には、障害者自立支援法が成立している。

改革の最後に残ったのが保育分野だったといえる。2000年代に入ると、認可保育所に入れない「待機児童」問題が脚光を浴び始める。保育需要に対して供給量が増えないのは、硬直化した保育制度のせいだという批判が経済界からあがり、規制緩和や市場原理の導入が話題になる。

福祉基礎構造改革の柱にはもともと、多様な主体の参入、福祉サービスの質の向上や透明性の確保が掲げられていたため、保育所の運営には2000年、株式会社やNPO法人の参入が認められた。2005年には、保育所の第三者評価のガイドラインが示され、任意受審ではあるものの、質の向上や情報公開をめざし、第三者評価制度が導入された。高齢者福祉、障害者福祉に続く「改革」の下地づくりは、着々と進んでいた。

（2）保育所利用世帯と家庭保育世帯の不公平感

０～2歳の乳児保育には多大な公費が投入されていることから、家庭で乳児をみる専業主婦世帯と、共働き世帯の間の不公平感も議論の対象になった。

保育にはお金がかかる。理由は明快で、介護同様、人間が人間をみる仕事であるから、経費の大半は人件費（保育士の給与）とされている。０歳児は３人に１人、1歳児は６人に１人の保育士がつくことが最低基準で定められている。人員を上乗せする自治体も多いため、たとえば、東京都内のある区で０歳児１人にかかる費用は、月額41万1千円、1歳児は20万７千円となっている（２０１４〔平成26〕年度）。保育料は所得に応じた負担で、生活保護世帯や、第３子以降は保育料が無料となっている自治体も多く、この区の場合、保護者負担の平均額は０歳児で1万９千円と実際にかかる額の約20分の1、1歳児で２万円と約10分の1の負担となっている。保育にかかる費用は区と都と国が、０歳児１人あたり月39万２千円、1歳児１人あたり18万７千円を支出している計算だ〔5〕。

これに対し、０歳児、1歳児を家庭で育てる世帯は、児童手当や地域子育て支援事業の恩恵を受ける程度である。保育所の役割が、低所得世帯の支援とともに、女性の就労支援（労働力の確保）や、キャリアの継続といった側面をもってきたことにより、また、高額収入の共働き世帯も出てきたことから、不公平だという批判が出てくるのは当然ともいえる。

また、認可保育所に入れなかった場合、認可外保育所に預けると、保育料の負担が大きくなる。厚生労働省の調査では、認可保育所の保育料平均額は２万２千円なのに対し、認可外のベビーホテル利用者の保育料の平均は4万4千円となっている[6]。

保育にかかる多大な費用の財源をどう確保するか。不公平感をどう是正するか。案のひとつとして一時期議論されたのが、財源確保の手段としての育児保険だ。

(3) 育児保険

2000年から2年間、厚生労働省に、育児中の家庭への社会保険による実質的支援を目標に掲げる通称「育児保険研究会」が発足し、育児保険について議論を重ねた。研究員だった鈴木眞理子は、働いている母親の子どもにだけ公的負担で保育を提供する制度が、児童福祉の公平性の観点から妥当であるか、働くか働かないかという個人的選択に対する公的サービスの偏りではないか、と指摘し、育児の経済的、身体的負担軽減にもっとも期待される制度として育児保険をあげている[7]。

従来の制度では、施設に運営費補助という形で公費が流れるが、そこを改め、利用者に育児支援クーポンを配るという構想だ。それなら保育サービスにも、子育て支援サービスにも使えるため、すべての子育て世帯へ恩恵がいきわたる。年金制度と組み合わせ、必要に応じて育児保険料を徴収する試案を検討していた[8]。

佐賀県でも2006年、「佐賀県育児保険構想試案」をまとめて国に提言。ここでも、保育サービスを利用しない家庭には現金給付を上乗せするなど、公平性を意識した内容となっている。認可保育所は市区町村に申し込む(契約)しくみであることを改め、幼稚園や認可外保育所同様、すべて直接契約にすることも盛り込まれた[9]。

経済学者の八代尚宏、鈴木亘らも2006年、介護保険と対となる育児保険を提案し、市場原理の導入を唱えている。保育所は、やむを得ず働かなければならない世帯の「保育に欠ける」子どもに対して上から与えられる「福祉」ではなく、子育てと仕事の両立を図る幅広い階層を対象とした公共性の高いサービス産業として発展させるために、「市場を活用した制度改革が必要」とした。また、介護保険同様、「要保育認定制度」の導入も提案している〔10〕。

しかし、育児保険構想は広がらなかった。誰もが経験するかもしれない介護と違い、未婚者の増加、子どものいない世帯の増加により、育児は身近とはいえないこと、「子育ては家庭（母親）が担うもの」という意識が、とくに高齢世代で根強いことなどから、「社会全体で子育て」という国民的コンセンサスを得ることは難しい[*1]。加えて、子育て世代の政治への影響力が少ないこと、介護保険を検討していた当時より国も地方も財政状況が悪化していることもあげられている〔11〕。

佐賀県は2013（平成25）年、「子ども・子育て支援法や消費税関連法が成立し、新たな子育て支援の制度がスタートすることを区切りに、育児保険の実現については、一旦、国への提案を休止する」とした〔12〕。

＊1　議論の浮き沈みはある。2017（平成29）3月、自民党議員による「2020年以降の経済構想小委員会」がこども保険構想をまとめた。事業者と従業員から徴収する保険料を財源にするという内容で、若手男性議員らの提言であることから注目を集めた。

第3節

「官から民へ」「国から地方へ」規制改革・社会保障制度改革

（1）三位一体改革と公立保育所の民営化

最初に「待機児童ゼロ」を掲げたのは、2001年に発足した小泉純一郎内閣（～2006年）だった。小泉は政治家としての強いリーダーシップで郵政民営化を断行、「聖域なき構造改革」を掲げて、社会保障制度改革にも乗り出した。なかでも、保育所数や児童の受け入れ枠が増えないのは、さまざまな規制のせいだとされ、規制改革の圧力が高まった。

「官から民へ」「国から地方へ」の流れは、保育行政に大きな影響を与えた。小泉内閣は「小さな政府」をめざし、地方への権限移譲や行財政改革をすすめていた。保育の担い手は必ずしも公務員でなくてもよい、民間に委ねるべきだという点と、地方自治体も行財政改革をすすめること、予算についても国が目的別に補助金を配分するのではなく、地方自治体が予算の割り振りを考えるべきだという方針が示された。

2004（平成16）年度、三位一体改革により、公立保育所の運営費の一般財源化が実行された。それまでは国から保育所の運営費にだけ認められる「ひもつき」予算が降りてきたが、一般財源化により、地域の実情に応じて必要な支出を自治体が検討して充てるように、という趣旨に変わった。公立保育所の保育士は公務員なので、人件費がコスト増につながっている。地方行政の財政事情の多くは悪化しており、行財政改革や公務

図2　民間と公立の保育所の数の推移

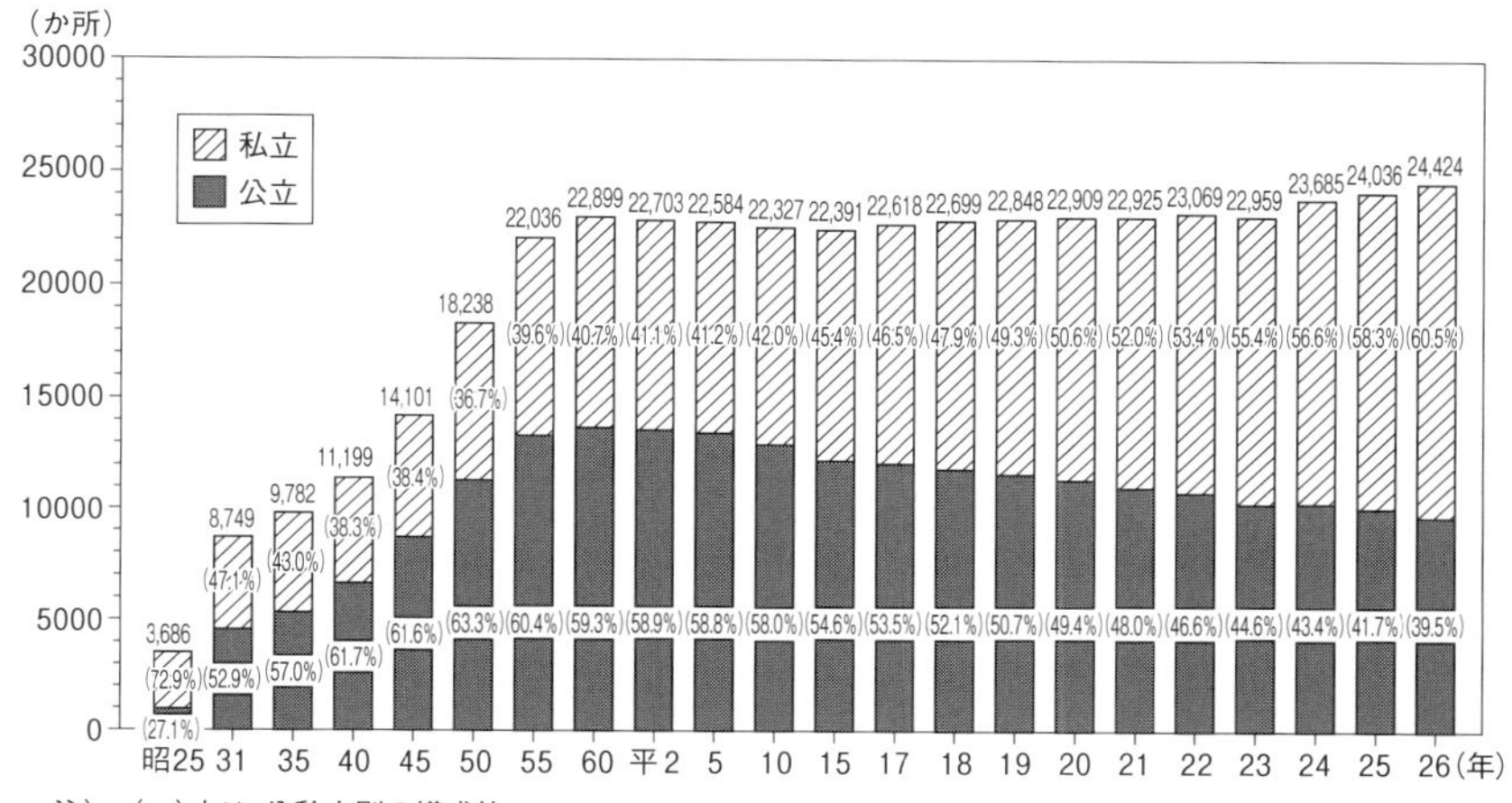

注）（　）内は、公私立別の構成比。

資料：昭和25年は「保育年報」、昭和31年以降は「社会福祉施設等調査報告」（10月１日現在）、平成17年～平成20年は「社会福祉行政業務報告」、平成21年～平成25年は「福祉行政報告例」（４月１日現在）、平成26年は「保育所の設置主体別認可状況等について」（４月１日現在）による。

員削減の流れを受けて、全国的に公立保育所を廃止あるいは民営化する動きが加速した。公立保育所が年間200か所近く減る一方、私立保育所は増え、2008（平成20）年には公私の数が逆転した。

しかし、民営化の初期のころは保育の引き継ぎもなく、4月1日を境に職員が全員がらりと変わるという乱暴な民営化も見受けられた。保育現場が混乱する例もあり、子どもたちが精神的に不安定になるなどの弊害も見られた[13]。大阪府大東市、横浜市などで保護者らが裁判を起こし、一部勝訴するなどした結果、引き継ぎに一定期間を設けるのが一般的になった。

(2) 新たな認可外施設の登場

規制改革の流れの中で、保育室の面積や人員配置などを全国一律に定めた「児童福祉施設最低基準（2011〔平成23〕年、児童福祉施設の設備及び運営に関する基準に改称）」をはじめ、認可保育所は設置に関する規制が多いとの批判にさらされた。最低基準は、都市部でも地方でも同じ保育が受けられることを保障するものだったが、少子高齢化が進む地方と、若い世代が集まっている都市部では、実態と制度にずれが生じていたのも事実である。子どもの数が減った地方では、経営的に成り立たなくなった私立幼稚園が姿を消し、未就学児が保育所に通うことが一般的になり、定員割れも生じ始めていた。一方、都市部では新たな土地の確保が難しいなどの理由で、最低基準を満たす認可保育所を増やしにくいという声があがり始めていた。

やはり強力なリーダーシップをもった石原慎太郎知事のもとで、東京都は2001年、園児1人当たりの面積を緩和し、保育士資格をもつ職員が半数でもよい（認可園は全員有資格者）など、独自の基準を設け、それを満たした保育所に補助金を出す「認証保育所制度」を始めた。産休明けから子どもを預かり、夜10時ごろまで開いているなど、都市部のニーズに対応しようという制度だ。仙台市や横浜市もこれにならい、基準を緩和し、独自に補助金を出す「せんだい保育室」や「横浜保育室」を始めた。法的には認可外保育施設だが、自治体が独自に運営費の補助金や、利用者へ利用料の補助金を出すしくみは、ほかの自治体でも首都圏を中心に広がった。

また、企業が従業員のための保育サービスを提供する事業所内保育所も以前から存在したが、2003年の次世代育成支援対策推進法の施行から、仕事と子育ての両立支援策のひとつとして注目されるようになった。面積や人員などの基準を満たせば、21世紀職業財団やこども未来財団から整備費や運営費の助成金が5年間出ていたが、2008年からは厚生労働省の労働部局からも補助が出るようになった。看護師確保対策として始まった病院内保育所も、女性医師の就労継続策にもなることから厚生労働省の医療部局からの補助が出ており

（2014年度から都道府県に移管）、設置が進んだ。

ただ、事業所内保育所は、職場の近くに設置されることから、朝夕の通勤が大変なこと、多くはオフィス街の園庭のないビルの一室などに設置されており、通う児童が住む地域もバラバラなため、運動や友達とのかかわりが重要になってくる3歳児以上になると居住地域の保育所などに転園する場合が多く、事実上は従業員の居住地で認可保育所に入るまでの急場しのぎ的な側面は否めない。

これらは、国や自治体から補助金が出ているとはいえ、当時すべて認可外保育所の扱いだったため、一定の補助金を受ける認可外と、受けない認可外が混在することとなった。補助金がない認可外保育所は、前章でも述べられているように、無資格者や少ない人員で保育を実施しているベビーホテルのような園と、月10万円以上など高額の保育料がかかるが音楽や体操教室などの「付加価値」をつけた園の二極化がみられるようになった。

東京都認証保育所や事業所内保育所などは、一定の基準が満たされ、利用料の軽減策などもあるため、認可保育所に入れない待機児童の受け皿の役割を果たすことになった。1998（平成10）年度に認可外保育施設の数は4783、児童数は14万9000人だったが、2014年度は8038施設、児童数は20万2000人となっている[14]。

なお、これらの認可外施設は、子ども・子育て支援新制度の施行により、認可化が進んでいる。2015年度以降、事業所内保育所は「地域型保育」のひとつとして制度のなかに位置づけられ、新たに「企業主導型保育事業」も制度化された。認証保育所など、自治体が補助金を出してきた認可外保育所も、多くが「地域型保育」の「小規模保育事業」へ移行するなど、認可化が進んでいる。

図3　子ども・子育て支援新制度について（平成29年6月）

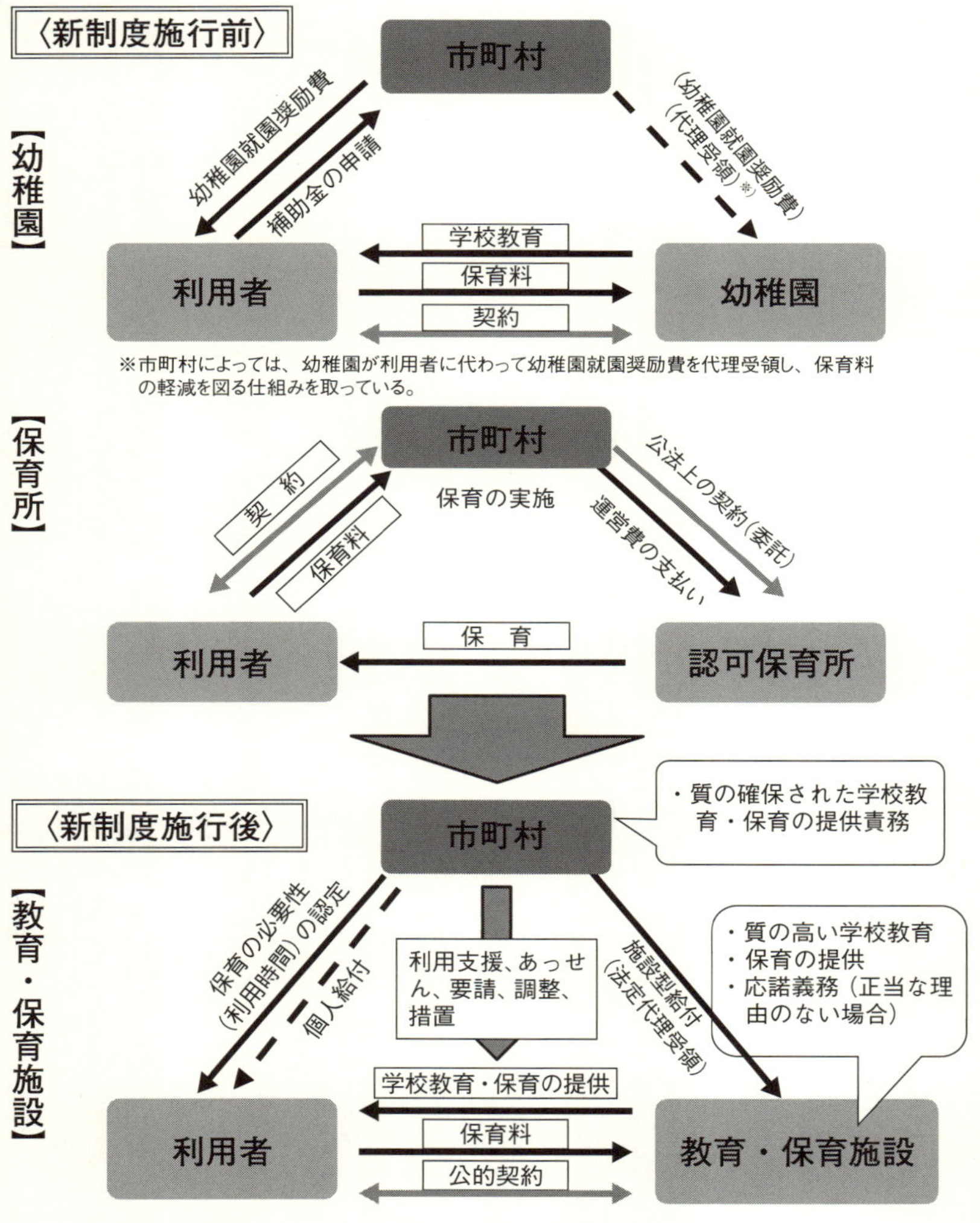

※ 児童福祉法第24条において、保育所における保育は市町村が実施することとされていることから、私立保育所における保育の費用については、施設型給付ではなく、従前制度と同様に、市町村が施設に対して、保育に要する費用を委託費として支払う。この場合の契約は、市町村と利用者の間の契約となり、利用児童の選考や保育料の徴収は市町村が行うこととなる。

（資料：内閣府「子ども・子育て支援新制度について」）

(3) 直接契約とバウチャー制度

認可外保育施設は、すべて施設と利用者の直接契約で、保育料は所得にかかわりなく一定額（応益負担）だ。東京都の認証保育所は、施設に対する運営費の補助のほか、利用者にも一定額の補助が出る。幼稚園の場合もやはり、直接契約で、保育料は一定額だが、利用料の補助が出ている。ならば、保育制度も所得に応じた保育料の負担（応能負担）ではなく、一律の保育料にし、所得に応じた利用料補助を出せばいいという議論も出てきた。

さらに、施設への運営費補助をやめ、利用者には保育や教育に限定して使える利用券（クーポンや切符ともいわれる）を配り、保育所でも幼稚園でも利用者が選べるようにするしくみについての議論も一時期盛んになった。いわゆるバウチャー制度である。施設側には利用者獲得のために競争が生まれ、利用者のニーズに沿ったサービスが提供されるということで、2001年「規制改革推進3か年計画」に、保育所へ導入できないか検討することが盛り込まれた[15]。

バウチャー制は海外でも導入事例があり、本来は多様なものである。育児保険の研究会にも加わり、保育バウチャーの検討をした駒村康平は、バウチャー制について、費用抑制やサービス供給を拡大するまでの政策効果はないことを指摘し、保育現場などから出ていた公的責任の低下や利用者の経済状況に左右されるのではといった懸念については、バウチャー制度に必ずともなうものではない、とした[16]。

しかし、バウチャー制度は早々に議論の対象からはずされた。2003年8月に厚生労働省から出された「次世代育成支援施策の在り方に関する研究会」の報告書では、「自由価格制の下で追加的な差額負担が家計に生じる仕組みを我が国に導入することは、ア　市町村の公的関与が後退するのではないか、イ　低所得者などの利用が事実上排除・制約されるのではないか」といった懸念があるとして、「我が国への導入は不適当」とされた。

バウチャー制は見送られたが、直接契約に関する議論は続いた。当初、市区町村の保育の実施義務をなくし、利用者と施設が直接契約を結び、保育料も一定額の応益負担にするしくみが議論されたが、幼稚園や保育所の運営事業者や利用者などのヒアリングのなかで、市区町村の保育の実施義務がなくなることに懸念の声が相次いだ。新制度では、契約については利用者と保育所が「公的契約」を結ぶこととされ、保育料も応能負担のまとなり、市区町村には一定の責務が課されることになった。

（4）地域主権と最低基準

2009年7月の衆議院選挙で自民党に代わり民主党政権が誕生した。骨格が固まっていた新たな保育制度は、「子ども・子育て新システム」と名称を変え、議論は引き継がれた。民主党はマニフェストに幼保一体化を掲げており、子ども・子育て新システムでは財源の一元化とともに、省庁一元化を図る「子ども家庭省」構想も浮かんでいた。子ども手当のような現金給付と、保育サービスという現物給付については、地方自治体が配分を決められるしくみにすることをうたった。幼稚園教育要領と保育所保育指針を統合した「こども指針」の制定、幼稚園教諭と保育士という2つの資格の統一なども検討課題にあげられ、一部議論も始まっていた。

「地方分権」改め「地域主権」を掲げた民主党政権は、真っ先に最低基準の撤廃を打ち出した。全国一律の基準を改め、地方自治体が条例で基準を定めるようにする方針だった。これに対しては、保育団体や利用者らから反対の声があがった。撤廃どころか、基準の引きあげが必要との主張だ。

児童福祉施設最低基準は、1948（昭和23）年に制定されたが、保育室の面積基準についてはそれまで60年以上、変わっていなかった。折しも、2009年3月に全国社会福祉協議会が出した調査研究報告書では、日本の子ども1人当たりの面積基準は米英仏独など諸外国と比較して低い水準であることを指摘、子どもの観察調査などを通して「最低基準の切り下げは1人ひとりの発達に応じた保育を困難にするため、現行の最低基準以上となるよう取り組みを進めることが重要」と指摘した[17]。

結局、面積基準や人員配置基準は全国一律で「従うべき基準」、衛生管理や職員の健康診断などは、地方自治体が定めることができる「参酌すべき基準」として示されることになった。ただし、待機児童が多く地価が高い都市部に関しては、実情に応じ、独自に基準を定めることができるようになった[18]。

第4節 幼保一元化

(1) 認定こども園制度の誕生

戦後の二元化保育行政により、幼稚園は3～5歳児が1日4時間程度の教育を受ける教育施設、保育所は両親の就労などで「保育に欠ける」子どもが0歳から利用できる福祉施設、とイメージされてきた。しかし、地域で孤立した子育てが深刻化し、共働き家庭が増えるなか、幼稚園にも子育て支援や長時間保育が求められるようになってきた。文部科学省は私立幼稚園に対し、１９９５年から、子育て支援事業の推進、１９９７年から、夕方まで預かる「預かり保育」の推進のための予算をつけるようになった。私立幼稚園では3歳児からの保育が主流となり、２歳児からの保育も一部で始まっていたことから、実態として、とくに3歳以上の幼児が通う場としての幼稚園と保育所の垣根は、年々低くなってきていた。

幼稚園と保育所を一体的に運営する「認定こども園」制度は、小泉政権下での閣議決定「経済財政運営と構造改革に関する基本方針２００３」で打ち出され、規制改革の流れから生まれたものだった。もとになった総合規制改革会議の答申では、「幼保一体化」ではなく、「幼保一元化」が盛り込まれた。幼稚園は文部科学省、保育所は厚生労働省という二元化行政を改め、一元化することや、幼稚園と保育所で異なる職員配置や施設の基準の統一を提言した。その実現のためには、構造改革特区において、幼稚園と保育所のどちらかに課せられている規制は緩和・撤廃し、施設設備や職員配置は基準の低いもの以下に緩和するよう求めた。たとえば、保育所に課せられている調理室の必置義務などを廃止し、「保育に欠ける」子どもだけでなく、すべての子どもが入れるようにすることや、学校法人しか運営を認められていない幼稚園への株式会社参入などが必要とされた。

こうした提言に対しては、「子どもが育つ環境を悪化させる」と、保育所団体と幼稚園団体の双方が反発。調理室は原則設置、株式会社参入は認めないなど、各方面の意見を採り入れた結果として、２００６年に認定こども園制度が始まった。

しかし、二元化行政の垣根を越えるのは容易ではなかった。幼稚園は利用者との直接契約で、保育料も施設側が決め、額は一律だ（応益負担）。一方、保育所は利用者が市区町村に申し込むしくみで、保育料は収入に応じての負担だ（応能負担）。当初は、このしくみがそのまま残っていた。事務的には幼稚園児と保育所児は区別され、保育内容は一緒でも、幼稚園児の保護者は定額の保育料、保育所児の保護者は収入に応じた保育料を払い、運営費補助金は幼稚園部分は文部科学省、保育所部分は厚生労働省と別々に流れてきた。このため会計も、大根1本でさえ、幼稚園部分と保育所部分に分けなければならなかった[19]。

また、0～5歳児の受け入れが可能で幼稚園と保育所の機能をあわせもつ「幼保連携型」、幼稚園から移行した「幼稚園型」、保育所から移行した「保育所型」、その他の「地方裁量型」という4つの類型があり、法的性格がそれぞれ異なる。認定こども園は内閣府の所管であることから、幼稚園（文部科学省）、保育所（厚生労働省）に加えて「三元化した」という批判もあった。国は2年間で2000か所以上の設置を目標にしたが、想定をはるかに下回るペースでしか認定こども園は増えず、2008年は229園にとどまった[20]。

一方、第6章第2節でみたように、現場レベルでは長年、親が働いている、いないにかかわらず、すべての子どもに同じ幼児教育を、という実践もあった。幼稚園に行くか、保育所に行くかは、親の都合にすぎず、同じ地域に暮らす子どもたちが同じ小学校に通うように、乳幼児期も同じ保育を受けてしかるべき、という考え方だ。

自治体が独自に幼保一体化を試みる例もあった。愛知県豊田市では2008年、公立幼稚園と、公立・私立の保育所を一体化した「こども園」を創設。カリキュラムを統一し、自主財源を使って保育料も統一した。

民主党政権下では、認定こども園よりさらに一体化を強めた総合こども園構想がもちあがり、保育制度改革案にも盛り込まれた。しかし、2012（平成24）年に自民党政権に戻ったときに、既存の認定こども園制度の活用の方向へ先祖返りした。幼稚園教諭と保育士という2つの資格の統合や、幼稚園教育要領と保育所保育指針の統一などの検討は民主党政権下からすすめられており、2014年には幼保連携型認定こども園教育・保育要領が策定されている。

2015年に子ども・子育て支援新制度に移行した際、「幼保連携型」では、認定こども園教育・保育要領が適用され、保育士と幼稚園教諭の両方の免許をもつ保育教諭が配置されるなど、少しずつ「一体化」のとりくみはすすんでいる。新制度初年度は、都市部の認定こども園で補助金の金額が減ってしまい混乱したが、2年目からは改善され、幼保連携型の補助金は内閣府で一本化されて流れてくるようになった。施設数も2017(平成29)年4月の時点で、認定こども園の4つの類型の合計で5081園まで増えている[21]。

第5節 働く女性の増加、「孤育て」と虐待

(1) 待機児童問題

認可保育所に申し込んでも入れない子ども「待機児童」の問題は、何十年来かの課題だ。新制度になって解消すると期待されたものの、利用者の期待も高まったためか、新制度が始まった2015年度は待機児童が前年度より約1800人増えた。

２００1年の「待機児童ゼロ作戦」、２００8年「新待機児童ゼロ作戦」、２０１０（平成22）年「待機児童解消『先取り』プロジェクト」、２０１3年「待機児童解消加速化プラン」と、政府は4回もの施策を打ち出したが、いずれも一定の効果にとどまり、解消には至っていない。

保育所の利用児童数は、１９９5年以降右肩あがりで増え続けるが、これはちょうど、専業主婦世帯数を共働き世帯数が上回った時期と重なる。働く母親が増え、保育需要が増えたことが待機児童を増やしているとみることができる。

育児休業取得者の増加も一因だ。１９９6年度は49・1％だった女性労働者の育休取得率は、２０１5年度は81・5％（男性は2・65％）となっている。派遣など有期契約労働者の育休取得率も73・4％と増加した[22]。かつて出産を機に2人に1人が退職していたのが、いまでは8割以上が働き続ける選択をしている。男女共同参画、雇用均等、次世代育成などの施策の結果でもある。

しかし、少子化なのに、なぜ保育所が足りないといわれるのか。なぜ保育所に入れない子どもが出てくるのか。正確にいえば、保育所が足りないのではなく、0〜2歳の乳児保育所が足りていない。3歳児の9割弱、4、5歳児のほとんどが幼稚園か保育所に通っているが、0〜2歳は保育所しか選択肢がなく、0〜2歳児全体のうち、保育所を利用している子どもの率（利用率）は約3割に過ぎない[23]。まだまだ潜在需要があるとみることができる。

待機児童の86・8％は0〜2歳児だ。うち1、2歳児が7割を占める。育休明けで復帰する人が増えた分の受け皿が追いつかないと推測される。0〜2歳児の保育所利用率は２０００年に14・7％だったのが、２００7年に20・3％と2割を超え、２０１６年には32・4％へ上昇している[24]。0〜2歳児を育てながら働く女

図4　待機児童数の推移グラフ

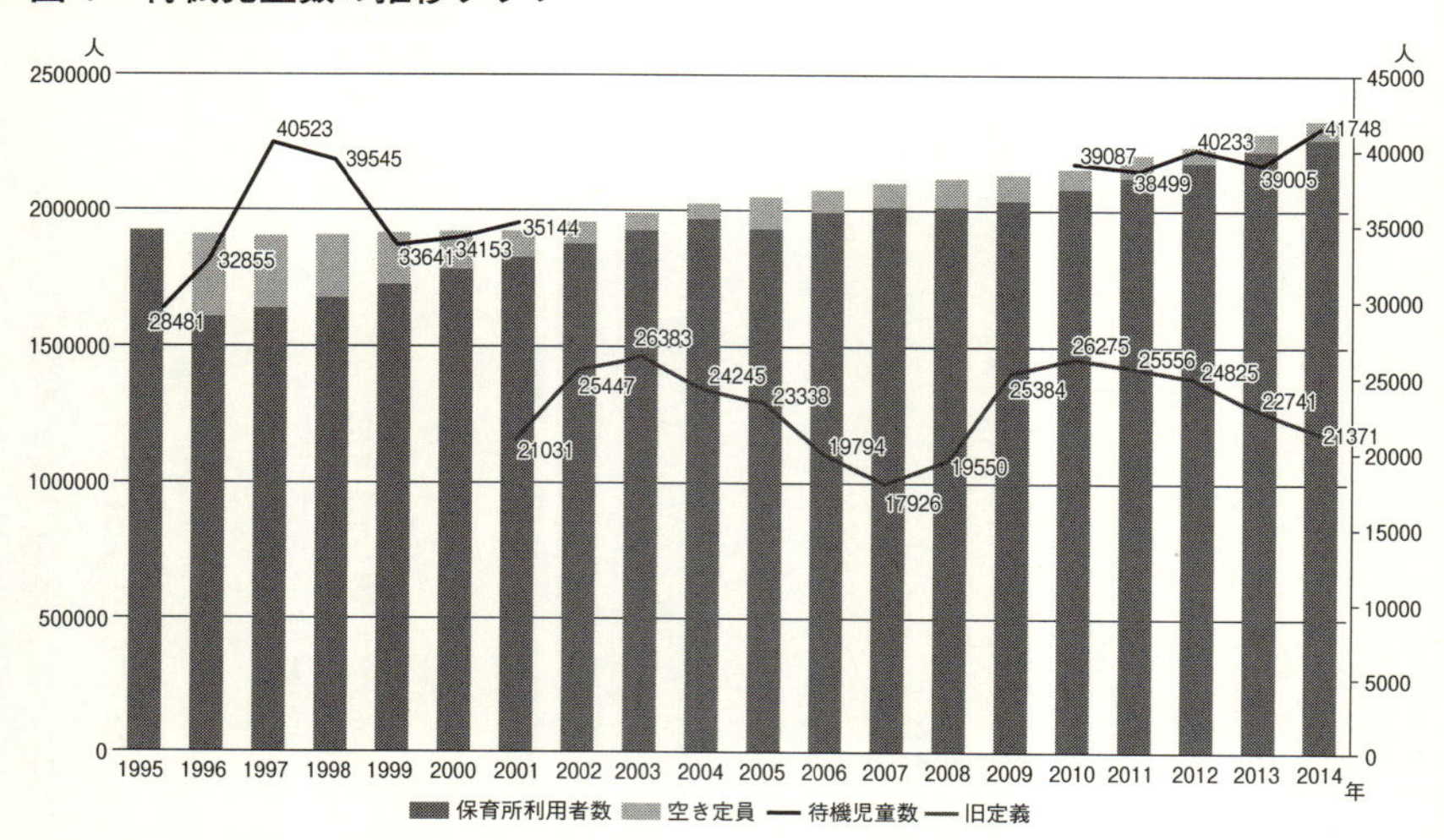

注）1995年から2000年は、厚生労働省「保育サービス需給・待機の状況（平成12年4月1日）」。ただし、1999年は、厚生労働省「保育所の入所待機児童数（11年4月）等について」。2001年から2009年は、厚生労働省「保育所の状況（各年4月1日）等について」。2010年から2014年は、厚生労働省「保育所関連状況取りまとめ　（各年4月1日）」より作成。なお、保育所定員と入所者数は、後に修正されていますが、いずれも発表当時の数のままにしています。

資料：立命館大学・佐藤敬二作成

性は2000年に7人に1人だったのが、2007年には5人に1人となり、2016年には3人に1人になった、とみることもできる*2（367ページ）。

近い将来、0~2歳児を育てながら働く女性が2人に1人ぐらいになる可能性はあるため、0~2歳児の保育の潜在需要は、まだあるとみることができる。これが、子どもの数が減っているにもかかわらず、待機児童が増えている理由であり、自治体担当者が「保育園をつくればつくるほど需要を喚起する」とぼやく背景にある。

子どもの数が増えているのは東京都の都心など、一部の都市部だけだ。3歳以上からは幼稚園という選択肢もあるため、保育需要は満たされているとみることができる。2012年のベネッセの調査では、私立幼稚園の79・4%、国公立幼稚園の94・2%

図5　共働き世帯と専業主婦世帯の割合の変化グラフ

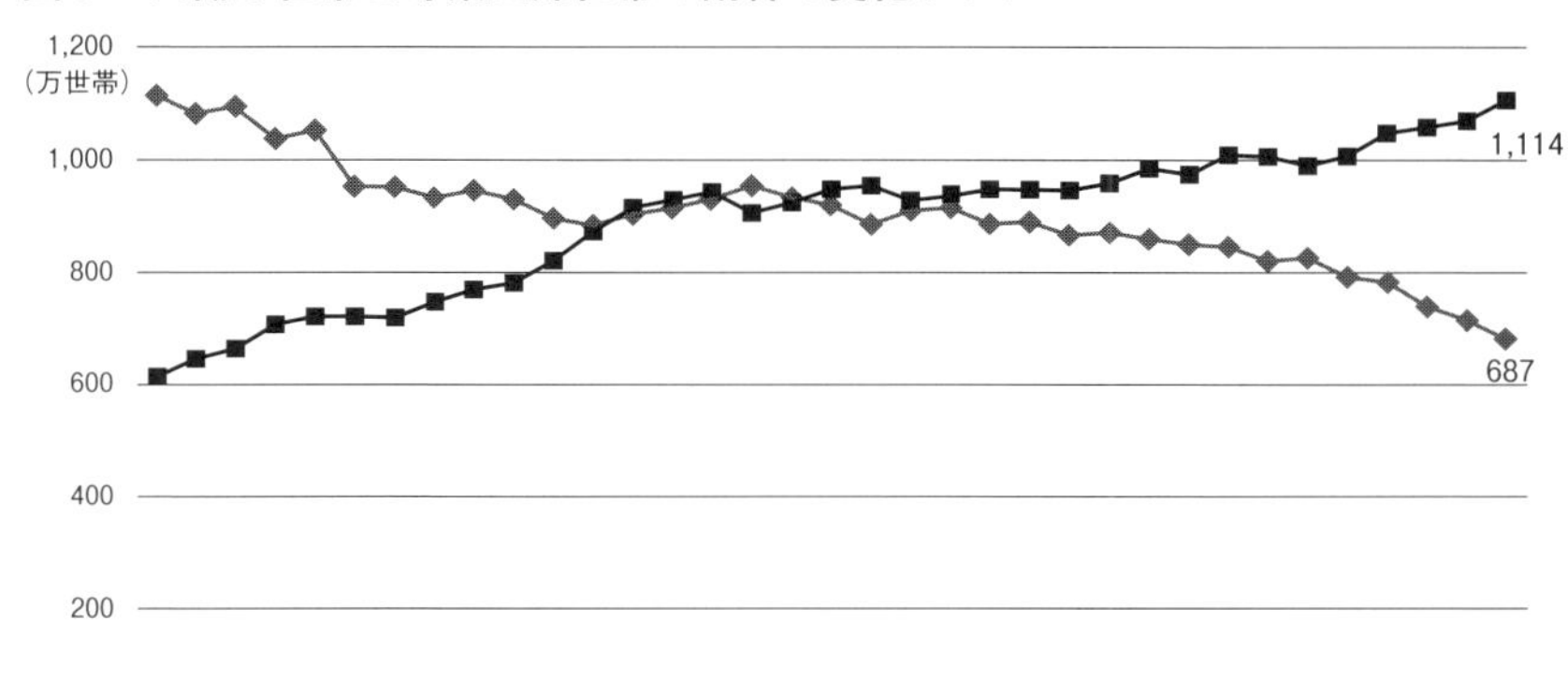

(注) 1．「男性雇用者と無業の妻からなる世帯」とは、夫が非農林業雇用者で、妻が非就業者（非労働力人口及び完全失業者）の世帯。
2．「雇用者の共働き世帯」とは、夫婦ともに非農林業雇用者の世帯。
3．平成23年は、東日本大震災の影響により、全国の調査結果が公表されていないため、掲載をしていない。
4．「労働力調査特別調査」と「労働力調査（詳細集計）」とでは、調査方法、調査月などが相違することから、時系列比較には注意を要する。

資料出所：昭和55～平成13年は総務省「労働力調査特別調査」、平成14年以降は総務省「労働力調査（詳細集計）（年平均）」を基に作成。

資料：厚生労働省「厚生労働白書」、内閣府「男女共同参画白書」（いずれも平成26年版）および総務省「労働力調査」（詳細集計）（夫婦とも短時間労働者の共働き世帯数はJILPTで統計を転記）※独立行政法人労働政策研究・研修機構統計情報Q&Aより

が定員割れしている[25]。整備すべきは0~2歳児を受け入れる保育施設だということがデータをみてもわかる。

ただし、0歳児の保育所利用率は、2000年の5・6%から3倍に増えているものの、2016年でも14・2%であり、0歳児を預けて働く人はそう多くない。0歳児保育については、ニーズはあり、1歳児では保育所に入りにくいからと育休を切りあげて0歳児から復職する人もいるものの、愛着形成の観点などから、施設だけの整備については賛否両論がある。

1960年代から、家庭保育福祉員とか保育ママなどといわ

れる個人が、乳児を家庭内で3人程度預かるしくみが各自治体で制度化されてきた。待機児童解消策として注目され始めた2001年には国が自治体へ補助金を出す事業を始め、2010年には家庭的保育事業として児童福祉法に位置づけられた。家庭的保育者（保育ママ）が2、3人集まって6〜9人を保育するグループ保育の試みも自治体レベルで取り組まれ、待機児童解消の一助になると期待された。小規模保育のひとつの形態として新制度にも組み込まれた。

（2）悪化する保育士の待遇

2016年2月、「保育園落ちた日本死ね！」と題したブログが話題になった。育休から復帰するため、認可保育所に申し込んだが入れなかった女性が、子育て環境や政治への不満を過激な言葉でつづったものだが、これが国会で取りあげられたことがきっかけで、保育所や待機児童問題に世間の注目が集まるようになった。2016年夏の参議院選挙や東京都知事選では、待機児童解消や保育士の給与アップが各党や各候補の公約に掲げられた。

都市部では保育需要の高まりで保育所の新設が相次いでいるが、「保育士不足」の問題も起きている。その要因のひとつに、保育士の待遇の低さがあげられている。保育にかかる経費のうち、人件費率は社会福祉法人が運営する私立保育所で約7割だが[26]、株式会社や異業種からの参入が相次ぐ近年は、人件費率が5割台に下がっているという指摘もある。[*3]

公立保育所の保育士は公務員であるから、給与や待遇は公務員と同等に保障されている一方、民間運営の保育所に働く保育士の給与は他産業に比べて低い。民間事業者の保育士の平均給与は月額21万3千円で、全産業平均の30万4千円に比べ、大きな差がついている[27]。女性労働者全体の賃金は上昇傾向にあり、1990年代は保育士の給与は女性労働者全体の平均を上回っていたのに、2000年を境に保育士の賃金はむしろ下降している[28]。規制改革による株式会社など多様な主体の参入や、非正規保育士が増加した時期とちょうど重なり、要因のひとつであると考えられる。

筆者は保育所を辞めた保育士を複数知っているが、事務作業などで残業が多い、仕事の割に給料が安い、経営側の運営方針に賛同できない、体調を崩したなど、保育の仕事が好きなのにもかかわらず辞めざるを得ない保育現場の状況を伝え聞いている。新聞でもそのような状況が報道されている[29]。

配慮を要する子どもの増加や困難家庭の増加で、保育に人手を要する時代になったのに、0歳児3人に保育士1人、1、2歳児6人に保育士1人、3歳児20人に保育士1人、4、5歳児30人に1人という人員配置についての最低基準は、手厚くする方向に向かっているとはいい難い。3歳以上児の人員配置は国際的にみても低いレベルである[30]。

＊2　双子や乳児のきょうだいなどを預けるケースもあるため、正確な表現ではない。

＊3　2013年8月8日、日本共産党横浜市議団の記者発表資料によると、横浜市内の民間園の決算資料を分析した結果、株式会社運営の保育所の人件費率は2010年度が53%、2011年度が53・2%だったと指摘している。

（3）「孤育て」と虐待

都市部も地方も、核家族化の進行や、地域のつながりが薄れてきたことにともない、孤独な子育てが課題となっている。1980年代から育児ノイローゼや育児不安がクローズアップされ、1990年代以降は育児不安を抱える母親が増えていることが指摘された。1998年に発行された厚生白書は、「子育てに不安を感じている親への積極的な援助活動を通じて、子どもの健全な成長・発達を保障するとともに、虐待発生の防止、虐待の早期発見と積極的対応が求められている」と述べ、子育て相談体制の整備の必要性を指摘。「保育所・幼稚園においても、地域全体の子育て支援が求められている」として、育児不安についての相談・助言や地域の子育てサークルへの支援などの必要性が指摘された[31]。

児童虐待の件数も増え、2000年に「児童虐待の防止等に関する法律」（児童虐待防止法）が制定された。全国の児童相談所で対応した虐待相談件数は2000年度に1万7725件だったのが、2015年度には10万3260件と約6倍増加している[32]。

児童相談所だけでは対応しきれないことは明らかで、2004年の児童福祉法改正で、市区町村による相談や、「要保護児童対策地域協議会（子どもを守る地域ネットワーク）」が法定化され、幼稚園・保育所もネットワークのなかに組み込まれた。2008年の児童福祉法改正では、生後4か月の乳児のいる家庭をすべて訪問する「乳児家庭全戸訪問事業（こんにちは赤ちゃん事業）」や、さらに養育支援が必要と判断された家庭を訪問する「養育支援訪問事業」も法定化され、加えて、民間や自治体でとりくまれてきた子育てひろばなど、保護者同士の交流や相談の場を設ける地域子育て支援拠点事業も法定化された。

虐待は身体的、精神的、社会的、経済的など、さまざまな要因が複雑にからみ合って起こると考えられている。リスク要因はある程度わかってきている。保護者側のリスク要因は若年妊娠、産後うつなどの精神的に不安定な状況、育児に対する不安などがあげられ、子ども側は未熟児や障害児、多胎児などがリスク要因となり、養育環境のリスク要因は経済的に不安定な家庭や、親族や地域社会から孤立した家庭、未婚を含むひとり親家庭、内縁者や同居人がいる家庭などがあげられている[33]。リスク要因の多くがあてはまると必ず虐待が発生するわけではないが、虐待予防にはリスク要因を減らすことが第一だ。地域から孤立させないこと、相談できる場を設けることは大事で、幼稚園や保育所というインフラの重要性は高まる一方だ。

（4）「保育に欠ける」から「保育を必要とする」へ

子ども・子育て支援新制度は、これまで述べてきた少子化対策も、社会保障制度改革も、地方分権も、幼保一元化も、待機児童解消も、虐待予防も、すべて実現させようという制度である。本来は消費増税による財源とセットでスタートするはずだったが、当初２０１５年秋に予定されていた消費税10％への引きあげは先送りされた。

「保育に欠ける」要件は改められ、就労の場合はフルタイムだけでなくパートタイムや夜間、居宅内の労働も認められ、求職活動や就学、虐待やドメスティック・バイオレンス（ＤＶ）のおそれがあることなども認められた。これらは10項目の「保育を必要とする事由」とされ、あてはまれば「保育認定」されるしくみになった。

保育を必要としない家庭でも、一時預かりや子育てひろばなどの地域子育て支援拠点事業やファミリー・サポート・センターなど、地域の子育て支援制度を利用できる。すべての家庭と子どもに、メニューは用意された。

その後も、２０１６年度に企業主導型保育事業が創設されるなど、細かな修正は加えられているが、待機児童解消には至らず、新制度に移行しない幼稚園もある。利用者側からすれば、保育が必要だと認定されても、都市部の待機児童の多い地域では、保育所を選ぶことはできないし、場合によっては入園することさえできない状況になっている。たくさんの要素が盛り込まれた制度なだけに、開始１、２年でねらい通りに進まないのは当然かもしれない。

しかし大事なのは、保育とは一体、誰のためのものなのか、今一度よく考えることであろう。

少子高齢化により、社会保障の担い手が減り、労働力が減る。だから、女性が産みやすい環境を整えるとか、女性の就業率を高めるとか、こうした大人の視点が、これまでの保育制度改革や施策の議論の中心になってきていなかっただろうか。

保育の現場は、子どもだけでなく大人も含め、人間が育つ場である。未来を担う子どもが育つ場を、どう整えていくのか。保育の「サービス」でない部分を、どう充実させていくのか。保育の制度や政策に、子どもの視点がもっと盛り込まれていくよう努力するのが、大人の責務であるといえよう。

❖引用文献

[1] 朝日新聞「各党の子ども施策、ブログに 育児中の親に衆院選投票呼びかけ」2005年9月6日付朝刊

[2] 内閣府「第1部第1章第1節 国の政策・方針決定過程への女性の参画」『平成13年版男女共同参画白書』2001

[3] 内閣府「第1部第1章第1節 国の政策・方針決定過程への女性の参画」『平成28年版男女共同参画白書』2016

[4] 椋野美智子「にっぽん子育て応援団の結成」『週刊社会保障』(6月1日) 2009、30~31頁

[5] 板橋区ホームページ (http://www.city.itabashi.tokyo.jp/)

[6] 厚生労働省「平成24年 地域児童福祉事業等調査結果の概況」2014

[7] 鈴木眞理子編著『育児保険構想』筒井書房、2002、26~30頁

[8] 前掲書[7]、65~73頁

[9] 佐賀県ホームページ (https://www.pref.saga.lg.jp/)

[10] 八代尚宏、鈴木亘、白石小百合「保育所の規制改革と育児保険」『日本経済研究』№53 (1)、2006、196~201頁

[11] 山崎泰彦「育児保険（子育て基金）構想」『日医雑誌』第142巻第3号、2013、569頁

[12] 佐賀県ホームページ (https://www.pref.saga.lg.jp/)

[13] 朝日新聞「保育園民営化、混乱の現場」2009年2月6日付朝刊生活面

[14] 厚生労働省「平成26年度認可外保育施設の現況とりまとめ」2016

[15] 内閣府ホームページ「バウチャー入門コーナー」(http://www5.cao.go.jp/keizai3/2001/0706seisakukoka8-q.html)

[16] 駒村康平「保育バウチャー」前掲書[7]、141頁

[17] 全国社会福祉協議会「機能面に着目した保育所の環境・空間に係る研究事業総合報告書」2009、395頁

[18] 朝日新聞「保育所の面積基準を緩和　来春から35市区で3年間限定」2011年8月3日付朝刊総合面
[19] 朝日新聞「認定こども園、普及に壁　幼稚園＋保育園、所管省庁は別々」2008年12月26日付朝刊総合面
[20] 朝日新聞「認定こども園整備進まず、目標の1割、改善策を検討」2008年10月21日付朝刊生活面
[21] 内閣府子ども・子育て本部「認定こども園に関する状況について（平成29年4月1日現在）」内閣府、2017（http://www8.cao.go.jp/shoushi/kodomoen/pdf/kodomoen_jokyo.pdf：2017年10月18日閲覧）
[22] 厚生労働省「平成27年度　雇用均等基本調査」2016
[23] 文部科学省（教育課程部会幼児教育部会）「就学前教育・保育の実施状況（平成25年度）」『幼児教育に関する資料』2015
[24] 厚生労働省「保育所等関連状況取りまとめ（平成28年4月1日）」2016、厚生労働省「保育サービスの需給・待機の状況（平成12年4月1日）」2000、「保育所の状況（平成19年4月1日）等について」2007
[25] ベネッセ教育総合研究所・次世代育成研究室「第2回幼児教育・保育についての基本調査報告書」2012、42頁
[26] 独立行政法人福祉医療機構「平成25年度　保育所の経営状況について」2015
[27] 厚生労働省「平成27年度　賃金構造基本統計調査」
[28] 垣内国光他「揺らぐ現代の保育労働者」『日本の保育労働者』ひとなる書房、2015、28頁
[29] 読売新聞「保育士が足りない」2016年11月16～18日付朝刊家庭面連載
[30]「機能面に着目した保育所の環境・空間に係る研究事業総合報告書」23～25頁
[31] 厚生省「平成10年版　厚生白書」
[32] 厚生労働省「平成27年度　児童相談所での児童虐待相談対応件数〈速報値〉」2016
[33] 厚生労働省「子ども虐待対応の手引き（平成25年8月改正版）」2013、26～29頁

❖参考文献

・内閣府（子ども・子育て本部）「子ども・子育て支援制度について」２０１７
・内閣府・文部科学省・厚生労働省「子ども・子育て支援制度　なるほどＢＯＯＫ　平成28年４月改訂版」２０１６
・内閣府「平成28年版　少子化社会対策白書」
・前田正子「子ども・子育て支援新制度開始にあたって～これからの子育て支援行政について」国際文化研修、２０１５年夏、88巻、12～17頁
・大島正彦「『社会福祉基礎構造改革』の問題点」『文京学院大学人間学部研究紀要』９（１）、２００７、２７５～２８３頁
・三栖郁子「介護保険制度の成立と社会福祉基礎構造改革」『青森保健大学紀要』１（２）、１９９９、１２７～１３２頁
・「佐賀県の『育児保険』試案」『読売ウィークリー』２００６、20頁
・「『育児の社会化』に向け、育児保険構想を提案　佐賀県」『月刊ガバナンス』２００７年１月号（№69）、ぎょうせい、30～31頁
・恒次欽也・庄司順一・川井尚「いわゆる育児不安に関する調査研究（１）」『愛知教育大学研究報告、48（教育科学編）』１９９９、１２３～１２９頁
・吉田弘道「育児不安研究の現状と課題」『専修人間科学論集、心理学篇』２（１）、２０１２、１～８頁

おわりに

私ども5人の著者のうち、髙田文子（教育史）と松本園子（保育・児童福祉史）は、白梅学園大学の教員として、それぞれの担当授業のなかで保育の歴史をとりあげていました。ときどき情報交換をするなかで、学生に参考文献として紹介するのに適当な、正確で、コンパクトな保育の歴史の本がないのが困りますね、と話しあっていました。それが本書を計画した発端です。

では、自分たちでつくりましょうと非力を顧みず着手したのは２０１３年です。汐見稔幸（教育哲学）、矢治夕起（教育史）、ジャーナリストとして保育問題にとりくんできた森川敬子が加わり、先行研究の検討や地方保育史（旭川市、京都・大阪）の調査活動にとりくみ準備をすすめました。

本書の企画にあたってモデルとしたのは、１９６２年に刊行された一番ケ瀬康子、泉順、小川信子、宍戸健夫共著『日本の保育』です。同書の冒頭「この本について」で「いままで、保育の歴史が、社会事業史と、幼児教育史とに分裂して学ばれ研究されてきたことへの反省をおこない、まず、その両者の社会的な背景を基盤とした有機的な結合を、こころざした」と述べられており、この視点に共感しました。また、適切な資料が随所に配置されていることにも感心しました。当時、全員30代であった4人の共著者が、新しい保育をめざして情熱をもってとりくんだことがうかがえる本です。

ただ、50年以上前に刊行された本であり、その後の研究によって補足・修正されなければならぬことも多々あります。また、扱っている時期は、当然ながら１９６０年代初頭までです。今日までの50年を加えた、この本の現代版をつくりたい、というのが私たちの思いでした。

本書の執筆分担は巻末に示したとおりです。執筆過程で原稿を読みあい、編集会議で検討しました。それによって補足修正した部分も少なからずありますが、最終的な責任は執筆者にあります。

本書には、19世紀後半から21世紀初頭まで１５０年の日本の保育の歴史を描きました。第7章では日本経済が低迷の時代に入った１９９１年以降、今日までの保育をめぐる状況を述べました。学校教育法の幼稚園と児童福祉法の保育所という戦後保育体制の転換が目論まれ、一応の帰結として「子ども・子育て支援新制度」が２０１２年に成立し、２０１５年より施行されました。

日本の保育１５０年の歴史をみてきたなかで、今一度、歴史から学び、これからの社会にふさわしい、よりよい保育のシステムをつくらなければならないと切に思います。本書が、これからの保育を考える資料として活用されることを期待するものです。

本書は『日本の保育』をはじめ、多くの先輩の先行研究から学びつつ、これらの誤りや不十分性も指摘しました。本書もまた、読者からのさまざまな批判を受けるかもしれません。それを通じて、本書が保育の歴史研究伸展に何らかの貢献ができれば幸いです。

なお、先行研究が書かれた時代と現在の研究環境の違いについて、ひとことふれておきたいと思います。今日あたりまえの、複写機による資料のコピーが容易になったのは１９７０年代以降と思われます。それまで研究者は、資料を筆写していました。入手困難な書籍や雑誌の復刻版の刊行、資料の電子化、インターネットによる公開などもすすみました。パソコンの利用により、執筆や資料の整理分析も容易になりました。現在のわたしたちの研究が、こうした技術進歩に少なからず助けられていることを忘れてはなりません。今後も、このような条件を活用しつつ、容易に入手しアクセスできる資料にのみ依存する弊に陥らず、先人に負けず手間も時間もかけて事実を明らかにしていく努力を怠らぬよう、保育の歴史の研究をさらにすすめたいものです。

本書刊行までには、多くの方にお世話になりました。とくに、宍戸健夫先生は、本書で著書をしばしば引用、参照させていただいたのみならず『日本の保育』の現代版をつくりたいという私どもの計画をよろこび、励ましてくださいました。

萌文書林の赤荻泰輔氏は、度重なる編集会議をコーディネートし、予定どおりに進まない執筆を気長に励まし、支え、刊行に漕ぎつけてくださいました。ご尽力に心より感謝申し上げます。

２０１７年11月

著者一同

巻末資料

巻末資料として年表のほかに「明治大正期保育所的保育施設設置状況」「人口動態」「保育施設数の推移」なども用意しました。しかしこれらは頁数の都合で割愛し、萌文書林のホームページに掲載しました。ご活用いただけましたら幸いです。

●保育の歴史年表

西暦	和暦	国の保育関連政策・行政（保育、教育、福祉など）	保育関係動向（地方、民間団体、個人など）	内閣	一般
1700年代			1770 フランス オーベルラン保育施設設立		1760年代より イギリスで産業革命
1800年代			1816 イギリス オーエン性格形成学院の幼児学校設立 1833ごろ 佐藤信淵『垂統秘録』で保育施設構想提示 1840 ドイツ フレーベル幼稚園創設		1853 ペリー浦賀に来航 1854~56 日米、日英、日露、日蘭和親条約 1858 米、蘭、露、英、仏との修好通商条約 1858 安政の大獄 1867 大政奉還（11月）
1868	明治元				1 王政復古の大号令 1~ 戊辰戦争 4 五箇条の誓文 10 改元 この年の1月1日まで遡って「明治」とする
1869	明治2		2 日田県（大分）知事の松方正義が日田養育館（孤児・貧児養育）設立		6 戊辰戦争終結 7 版籍奉還
1870	明治3				1 東京・横浜間電信開通
1871	明治4	6 棄児養育米給与方（太政官達）	10 横浜に亜米利加婦人教授所開設（混血児救済）		5 戸籍法（壬申戸籍） 8 廃藩置県 9 日清修好条規
1872	明治5	8 「学制」頒布（幼稚小学の規程あり）			10 新橋・横浜間鉄道開業 11 人身売買禁止・芸娼妓解放令 12 太陰暦を廃し太陽暦を採用する太政官布告（旧暦明治5年12月3日を明治6年1月1日とする）
1873	明治6	3 三子出産の貧困者に養育料給与方（太政官布告）			1 徴兵令公布（太政官布告） 2 満年齢導入の方針「年齢計算方ヲ定ム」太政官布告 7 地租改正条例
1874	明治7	12 恤救規則布達			1 民撰議院設立建白書 5 台湾出兵

1875	明治8	11 東京女子師範学校開校（1890年女子高等師範学校）	12 京都の柳池小学校に「幼稚遊嬉場」開設 ——堺県（大阪）で「子守学校」設立、その後各地に開設		5 ロシアとの間に樺太・千島交換条約 9 江華島事件
1876	明治9	11 東京女子師範学校附属幼稚園開設			2 日朝修好条規 3 廃刀令 8 金禄公債証書発行条例（秩禄処分）
1877	明治10	7 東京女子師範学校附属幼稚園の規則制定			2 西南戦争
1878	明治11	6 東京女子師範学校に幼稚園保姆練習科を付設（応募なく開講せず）	2～ 東京女子師範学校附属幼稚園に大阪より見習生2名派遣さる（6か月）		
1879	明治12	9 「学制」を廃し「教育令」公布	4 鹿児島幼稚園設立 5 大阪府立模範幼稚園設立		
1880	明治13	12 「教育令」改正、各府県に師範学校を設置	4 東京桜井女学校附属幼稚園開設（はじめてのキリスト教幼稚園） 6 大阪に愛珠幼稚園開設		
1881	明治14				10 明治14年の政変 10 松方財政開始
1882	明治15	12 文部省示論、簡易幼稚園を奨励	——このころ鳥取県美穂村で筧雄平農繁期託児所を開始（1887年または1890年開始の説もあり）		
1883	明治16		2 渡辺嘉重　茨城県小山村に子守学校を開設		
1884	明治17	2 文部省、学齢未満の幼児の小学校入学を禁じ、幼稚園の方法で保育することを通達	9 渡辺嘉重『子守教育法』刊行		10 秩父事件（自由民権運動の激化）
1885	明治18	8 「教育令」改正、地方教育費の節約等		第1次伊藤博文内閣　1885・12～88・4	12 太政官制を廃し、内閣制度確立
1886	明治19	4 「小学校令」公布（尋常小学校4年を義務教育とする）			
1887	明治20		9 石井十次　岡山孤児院設立		
1888	明治21			黒田清隆内閣　1888・4～89・12	
1889	明治22		9 京都市保育会結成	第1次山県有朋内閣　1889・12～91・5	11 「大日本帝国憲法」発布

西暦	和暦	国の保育関連政策・行政（保育、教育、福祉など）	保育関係動向（地方、民間団体、個人など）	内閣	一般
1890	明治23	10「小学校令」を改正（規定は幼稚園にも適用することとなる。学齢児童の教育は公立小学校において行うべき原則確立） 10「教育ニ関スル勅語」発布	—新潟の赤沢鍾美は私塾新潟静修学校開設、生徒の弟妹を保護。その後、保育事業実施へ		11 帝国議会（第1回）
1891	明治24		12 石井亮一 濃尾地震による孤児救済（のちに知的障害児施設滝野川学園に）	第1次松方正義内閣 1891・5~92・8	5 大津事件 10 濃尾大地震
1892	明治25		9 女子高等師範学校附属幼稚園の分室を設置して、下層階級の幼児を保育、簡易幼稚園のモデルとする	第2次伊藤内閣 1892・8~96・9	
1893	明治26				
1894	明治27		—東京深川の東京紡績に工場託児所設置（その後、各地で工場託児所が開設される）		7 日英通商航海条約 8 日清戦争開始
1895	明治28				4 日清講和条約調印 4 三国干渉（遼東半島の返還）
1896	明治29	女子高等師範学校保姆練習科再開（1901年まで続けられ廃止）	4「フレーベル会」創設（1918年「日本幼稚園協会」に改称）	第2次松方内閣 1896・9~98・1	6 明治三陸地震（津波発生）
1897	明治30	3「感化法」公布（1933年「少年教護法」） 10「師範教育令」公布（師範学校に保姆講習科設置可）	3 片山潜 東京神田三崎町にキングスレー館設立（三崎町幼稚園付設） 10 神戸市保育会、大阪市保育会結成 11 京阪神三市聯合保育会第1回総会		10 金本位制導入
1898	明治31		7『京阪神聯合保育会雑誌』創刊	第3次伊藤内閣 1898・1~98・6 第1次大隈重信内閣 1898・6~98・11 第2次山県内閣 1898・11~1900・10	
1899	明治32	6 幼稚園保育及設備規程（文部省令）			
1900	明治33	8 小学校令施行規則（文部省令）「幼稚園保育及設備規程」を吸収	1 野口幽香、森島峰、東京麹町に二葉幼稚園開設	第4次伊藤内閣 1900・10~01・6	3 治安警察法公布 6 清国義和団の乱
1901	明治34		1 フレーベル会『婦人と子ども』誌創刊（1919年『幼児教育』、1923年『幼児の教育』に改題）	第1次桂太郎内閣 1901・6~06・1	4 日本女子大学校開校
1902	明治35				1 日英同盟締結
1903	明治36				—この年、東北地方凶作

西暦	和暦	保育関係事項	保育関係事項	内閣	一般事項
1904	明治37	4 下士兵卒家族救助令（勅令）、生業扶助のため保育施設設置方針	――「神戸市婦人奉公会児童保管所」など、出征軍人遺家族のための保育施設が各地に開設される		2 日露戦争開始
1905	明治38				9 日露講和条約 9 講和反対の国民大会、焼討事件
1906	明治39	女子高等師範学校に保育実習科を置く	9 日本キリスト教幼稚園連盟結成	第1次西園寺公望内閣〈立憲政友会〉 1906・1～08・7	
1907	明治40				――この年、労働争議急激に増加 ――小作争議増加
1908	明治41	4 女子高等師範学校を東京女子高等師範学校と改称 4 奈良女子高等師範学校設立 9 内務省第一回感化救済事業講習会を開く	10 中央慈善協会（のち中央社会事業協会）発会	第2次桂内閣 1908・7～11・8	
1909	明治42	2 内務省より全国の優良救済事業に奨励金下付（以後毎年）	――二葉幼稚園、神戸市婦人奉公会などが内務省補助金を受ける		10 伊藤博文暗殺（ハルピン）
1910	明治43				5～ 大逆事件 8 韓国併合（大韓帝国を植民地化）
1911	明治44	7 「小学校令施行規則」改正（幼稚園の保育内容、保育時間の自由化の方向を示し、保姆免許状について規定）		第2次西園寺内閣〈立憲政友会〉 1911・8～12・12	2 日米通商航海条約（関税自主権の回復） 3 工場法公布（1916年施行） 10 辛亥革命
1912	明治45 大正元			第3次桂内閣 1912・12～13・2	7 明治天皇没（即日改元）
1913	大正2		6 桜楓会託児所開設（東京）	第1次山本権兵衛内閣 1913・2～14・4	2 大正政変
1914	大正3			第2次大隈内閣〈立憲同志会〉 1914・4～16・10	7 第一次世界大戦勃発 8 日本参戦、ドイツに宣戦布告
1915	大正4				1 対華21カ条要求
1916	大正5	8 文部省、幼稚園保姆講習会を開催	7 二葉幼稚園、二葉保育園と改名し社会事業施設に転換	寺内正毅内閣 1916・10～18・9	9 工場法施行
1917	大正6		11 倉橋惣三、東京女子高等師範学校附属幼稚園主事に就任、保育内容改革を指導		3 ロシア2月革命 11 ロシア10月革命
1918	大正7		1 石井記念愛染園愛染橋愛染託児所／愛染幼稚園（大阪）	原敬内閣〈立憲政友会〉 1918・9～21・11	7 『赤い鳥』創刊 8 シベリア出兵 8 米騒動 11 第一次世界大戦終結

西暦	和暦	国の保育関連政策・行政（保育、教育、福祉など）	保育関係動向（地方、民間団体、個人など）	内閣	一般
1919	大正8	12 文部省、奈良女子高等師範学校に保姆養成所を置く	7 大阪市公立託児所開設		3 朝鮮半島で三・一独立運動 5 中華民国で五・四運動
1920	大正9	8 内務省社会局設置	11 京都市公立託児所開設		6 国際連盟設立
1921	大正10		10 東京市公立託児所開設	高橋是清内閣〈立憲政友会〉1921・11～22・6	11 原敬首相暗殺 ―この年より小作争議増大
1922	大正11		5 橋詰良一 大阪池田に家なき幼稚園開設。園舎をもたない幼稚園で野外保育を開始	加藤友三郎内閣 1922・6～23・9	3 少年法 7 日本共産党結成
1923	大正12		9 震災後、東京府、東京市、宗教団体等公私の諸団体、個人による託児所の設置盛ん	第2次山本内閣 1923・9～24・1	9 関東大震災
1924	大正13			清浦奎吾内閣 1924・1～24・6 第1次加藤高明内閣〈憲政会〉1924・6～25・8	
1925	大正14	10 文部省、「全国幼稚園ニ関スル調査」をおこなう	8 大阪市北市民館は保育組合をつくり露天保育運動	第2次加藤内閣 1925・8～26・1	1 日ソ基本条約が締結 3 普通選挙法 3 治安維持法
1926	大正15 昭和元	4 「幼稚園令」を公布 4 「幼稚園令施行規則」を制定	4 東京帝大セツルメント託児部開設 6 幼稚園令発布記念全国幼稚園大会 12 第1回全国児童保護事業会議、幼稚園令改正建議	第1次若槻礼次郎内閣〈憲政会〉1926・1～27・4	12 大正天皇没（即日改元）
1927	昭和2		4 岡弘毅、東京府社会事業協会保育分科会で「託児所令制定要綱（私案）」を公表	田中義一内閣〈立憲政友会〉1927・4～29・7	3 金融恐慌
1928	昭和3		―このころより全国に農繁期託児所急増 1 関西連合保育会結成（京阪神三市連合保育会、吉備保育会、名古屋保育会） 9 西窓学園セツルメント開設（桜楓会巣鴨託児所の後身）		2 第16回総選挙（最初の普通選挙） 6 張作霖爆死事件 6 治安維持法改正（死刑、無期刑追加）
1929	昭和4	4 「救護法」公布（1932年1月施行）		浜口雄幸内閣〈立憲民政党〉1929・7～31・4	10 世界恐慌
1930	昭和5		10 婦人セツルメント林町保育園開設（東京）		1 昭和恐慌（世界恐慌が日本にもおよぶ） 11 浜口首相狙撃され重症

1931	昭和6		2 子供の村保育園開設（東京） 10 東京で無産者託児所運動開始（荏原、亀戸、吾嬬無産者託児所設立）	第2次若槻内閣〈立憲民政党〉1931・4～31・12 犬養毅内閣〈立憲政友会〉1931・12～32・5	1 月刊『赤い鳥』創刊（第二次） 9 満州事変
1932	昭和7			斎藤実内閣 1932・5～34・7	3 満州国建国宣言 5 五・一五事件（犬養毅暗殺）
1933	昭和8	4「児童虐待防止法」公布 5「少年教護法」公布（1934年10月施行）	4 東京帝国大学セツルメントを中心に児童問題研究会結成 7『児童問題研究』創刊		3 昭和三陸地震
1934	昭和9		3 恩賜財団愛育会設立 5 中央社会事業協会「季節保育所施設標準」を発表	岡田啓介内閣 1934・7～36・3	
1935	昭和10				
1936	昭和11		10 保育問題研究会発足（会長 城戸幡太郎）	広田弘毅内閣 1936・3～37・2	1 ロンドン軍縮会議を脱退 2 二・二六事件 11 日独防共協定締結
1937	昭和12	3「母子保護法」公布（1938年1月施行）	10 保育問題研究会『保育問題研究』創刊 11 全日本保育連盟並大毎社会事業団主催による全日本保育大会、保育令制定および2か年間の幼稚園保育の義務化を建議	林銑十郎内閣 1937・2～37・6 第1次近衛文麿内閣 1937・6～39・1	7 盧溝橋事件、日中戦争開始
1938	昭和13	1 厚生省設置（内務省から衛生局、社会局が分離される形） 4「社会事業法」公布 12 教育審議会『国民学校、師範学校及幼稚園ニ関スル件』答申（幼稚園ニ関スル要綱）	11 恩賜財団愛育会愛育研究所設立		4 国家総動員法
1939	昭和14	6 奈良女子高等師範学校に奈良特設幼稚園保姆養成科を設置	4 大村鈴子戸越保育所を開設（保育問題研究会の協力を得て）	平沼騏一郎内閣 1939・1～39・8 阿部信行内閣 1939・8～40・1	
1940	昭和15		10 紀元二千六百年記念全国社会事業大会 ―昭和15、16年度、社会事業研究所・愛育研究所の共同で全国の保育施設調査実施（結果は1942年『本邦保育施設に関する調査』として公刊）	米内光政内閣 1940・1～40・7 第2次近衛内閣〈大政翼賛会〉1940・7～41・7	9 日独伊三国同盟締結 10 大政翼賛会結成
1941	昭和16	1「人口政策確立要綱」（閣議決定） 3 文部省「国民学校令」公布。「幼稚園令」を改定 4 小学校を「国民学校」と改称する 4 季節保育所設置に国庫補助開始	3 保育問題研究会「国民幼稚園要綱試案」公表	第3次近衛内閣〈大政翼賛会〉1941・7～41・10 東条英機内閣〈大政翼賛会〉1941・10～44・7	12 日本軍ハワイ真珠湾空襲、太平洋戦争へ

西暦	和暦	国の保育関連政策・行政（保育、教育、福祉など）	保育関係動向（地方、民間団体、個人など）	内閣	一般
1942	昭和17	2 重要事業場労務管理令（保育施設設置命令権）			4 米軍機本土初空襲（東京、名古屋、神戸など） 6 ミッドウェー海戦（戦局悪化の転換点）
1943	昭和18	3 戦時社会事業の強化拡充に関する厚生次官通牒 5 農繁託児所全国で5万か所を超える 6 「学徒戦時動員体制確立要綱」を閣議決定（工場地域や農村等の簡易または季節幼稚園や託児所の保育に女子学徒を従事させることとする）	5 東京市「戦時託児所使用条例」を定める。全国の都市に戦時の保育施設設置がすすむ		6 「東京都制」公布（7月1日施行、1947年「地方自治法」施行により廃止） 9 イタリア無条件降伏 10 学生、生徒の徴兵猶予停止（学徒出陣）
1944	昭和19	1 緊急国民勤労動員方策要綱（閣議決定） 6 国民学校初等児童の集団疎開（閣議決定）	4 東京都、幼稚園に休止命令 5 東京都全保育施設に休止命令「戦時託児所設置基準」 8 学童集団疎開開始 11 戸越保育所、愛育隣保館疎開保育開始	小磯国昭内閣〈大政翼賛会〉1944・7〜45・4	7 サイパン島陥落 ——この年秋から日本本土空襲の激化
1945	昭和20	3 「決戦措置要綱」を閣議決定。国民学校初等科（修業年限6年）を除き、学校における授業を4月から1年間停止 5 「戦時教育令」公布 10 GHQ「日本の教育制度ニ対スル管理政策」を指令	7 東京都「疎開保育所」の開設 12 東京都、疎開の引きあげにともない野外保育を開始	鈴木貫太郎内閣〈大政翼賛会〉1945・4〜45・8 東久迩宮稔彦内閣 1945・8〜45・10 幣原喜重郎内閣〈進歩・自由連立〉1945・10〜46・5	3 東京大空襲（東京東部に壊滅的被害） 4〜6 沖縄戦 5 ドイツ無条件降伏 8 広島、長崎に原爆 8 ポツダム宣言受諾（8月15日「玉音放送」） 9 日本が降伏文書（休戦協定）調印（連合国の占領下に入る）
1946	昭和21	4 米国教育使節団、報告書を発表（官僚統制の排除、教育の地方移譲、9年制義務教育、教科書民主化、男女共学措置の改善、育児学校（保育所）や幼稚園の設置を勧告）	10 民主保育連盟結成、会長 羽仁説子	第1次吉田茂内閣〈自由・進歩連立〉1946・5〜47・5	1 天皇が神格否定の人間宣言 11 「日本国憲法」公布
1947	昭和22	3 「教育基本法」「学校教育法」公布（幼稚園令廃止） 4 新学制（6・3・3・4制）による幼稚園が発足 12 「児童福祉法」公布	11 全国保育連合会結成、会長 倉橋惣三	片山哲内閣〈社会・民主・国民協同連立〉1947・6〜48・3	5 「日本国憲法」施行

西暦	和暦	保育関係	保育運動	内閣	社会
1948	昭和23	3 文部省『保育要領 ―幼児保育の手引き―』を発行 3 「児童福祉法施行令」「児童福祉法施行規則」公布 4 厚生省「保母養成施設の設置及び運営に関する件」通知 12 「児童福祉施設最低基準」公布・施行	7 全国私立幼稚園団体連合会発足 11 日本保育学会発足	芦田均内閣〈民主・社会・国民協同連立〉1948・3～48・10 第2次吉田内閣〈民主・自由連立〉1948・10～49・2	
1949	昭和24	3 第1回保母試験を開始		第3次吉田内閣 1949・2～52・10	7 下山事件、三鷹事件 8 松川事件 8 シャウプ勧告
1950	昭和25	9 厚生省「保育所運営要領」発刊 9 「学校教育法施行規則」を改正（幼稚園の教育課程は保育要領の基準によること）			6 朝鮮戦争はじまる 8 警察予備隊発足
1951	昭和26	3 「社会福祉事業法」公布、施行 3 文部省「幼稚園の指導要録について」通達 5 「児童憲章」制定 6 児童福祉法第5次改正、39条の規定（保育所の目的）に「保育に欠ける」の字句を挿入			9 日本国との平和条約調印（サンフランシスコ平和条約：1952年4月28日発効） 9 日米安全保障条約調印（1952年4月28日発効）
1952	昭和27	3 厚生省「保育指針」刊行 5 文部省「幼稚園基準」通達	5 全国社会福祉協議会連合会結成	第4次吉田内閣〈自由党〉1952・10～53・5	10 保安隊発足（警察予備隊を改編）
1953	昭和28	1 中央教育審議会発足 11 「学校教育法施行規則」改正（保育要領を「幼稚園教育要領」に改めるなど）	2 法政大学心理学研究会の乾孝らにより保育問題研究会が復活 6 東大職組ゆりかご保育園（共同保育のはじめ）	第5次吉田内閣 1953・5～54・12	
1954	昭和29	4 厚生省、保育所費用の全国統一徴収基準を作成し保育料徴収 6 「教育職員免許法」改正（園長の資格などを変更）	12 働く母の会結成（共同保育展開）	第1次鳩山一郎内閣〈民主党〉1954・12～55・3	3 ビキニ環礁で水爆実験（第五福竜丸の被ばく） 7 自衛隊改組（保安隊）
1955	昭和30	4 保育料徴収基準の設定（保育所） 10 「幼稚園幼児指導要録」改正 第3次鳩山内閣〈自民党〉1955・11～56・12		第2次鳩山内閣 1955・3～55・11	10 社会党再統一 11 自由民主党結党（55年体制が始まる） 12 原子力基本法
1956	昭和31	2 文部省『幼稚園教育要領』刊行 12 「幼稚園設置基準」制定（翌年2月1日施行）		石橋湛山内閣〈自民党〉1956・12～57・2	
1957	昭和32	5 厚生省「季節保育所設置要綱」策定 12 「学校教育法施行規則」改正（教頭の設置）		第1次岸信介内閣〈自民党〉1957・2～58・6	

西暦	和暦	国の保育関連政策・行政（保育、教育、福祉など）	保育関係動向（地方、民間団体、個人など）	内閣	一般
1958	昭和33	4 「学校保健法」公布 7 厚生省は保育所措置費国庫負担金交付基準を示し、保育単価制開始	12 大阪市「家庭保育実施要項」（家庭保育制度のはじまり）	第2次岸内閣 1958・6～60・7	
1959	昭和34	6 厚生省「保育所実態調査」を実施			9 伊勢湾台風 11 国連総会「児童権利宣言」採択 ――この年、新日米安全保障条約反対運動（安保改定阻止国民会議の統一行動などで盛りあがる（1960年まで）
1960	昭和35	6 文部省「幼稚園実態調査」を実施		第1次池田勇人内閣（自民党）1960・7～60・12 第2次池田内閣 1960・12～63・12	5 新日米安全保障条約強行採決 6 新日米安全保障条約発効 12 国民所得倍増計画閣議決定（高度成長政策）
1961	昭和36	3 厚生省「へき地保育所設置要綱」策定 3 文部省「幼稚園における給食の実施について」通達			6 農業基本法
1962	昭和37	3 中央児童福祉審議会に保育制度特別部会を設置 10 教育課程審議会に「幼稚園教育課程の改善について」諮問			
1963	昭和38	5 厚生省児童局「児童福祉白書」刊行 7 中児審保育制度特別部会中間報告「保育問題をこう考える」 9 教育課程審議会「幼稚園教育課程の改善について」答申 9 文部省「幼稚園教育振興7ケ年計画」発表 10 文部省「幼稚園教育要領」改定案中間発表 10 文部・厚生両省局長「幼稚園と保育所の関係について」通達		第3次池田内閣 1963・12～64・11	
1964	昭和39	2 「幼稚園教育要領」改定、告示 7 厚生省児童局、児童家庭局に改組 10 中児審特別部会第2次中間報告「いま保育に必要なもの」	11 全国社会福祉協議会「保育所保育要領」（試案）発表	第1次佐藤栄作内閣（自民党）1964・11～67・2	10 東京オリンピック
1965	昭和40	8 厚生省『保育所保育指針』刊行			5 東海発電所臨界到達（日本初の商業原子力発電所） 6 日韓基本条約を締結する

1966	昭和41	4 保育所緊急整備5か年計画（～1971年度） 12 「幼稚園設置基準」改正			――日本の総人口が1億人を突破する ――丙午 この年合計特殊出生率〈1.58〉
1967	昭和42	10 「児童福祉施設最低基準」一部改正（保育室、遊戯室の2階以上の設置を認可）		第2次佐藤内閣 1967・2～70・1	4 東京都、美濃部亮吉が都知事に就任（～1979年4月までの3期）
1968	昭和43	8 厚生省、小規模保育所の設置認可を通達 10 中央児童福祉審議会「当面すべき児童福祉対策」意見具申（乳児対策について）	――東京都の保育対策開始 ゼロ歳児保育、長時間保育、無認可保育所への助成		――東大紛争、日大紛争など学生運動の激化
1969	昭和44	4 厚生省、乳児保育対策の強化を通達 12 中央児童福祉審議会「保育所における乳児保育対策」答申	8 第1回全国民間保育団体合同研究集会（以後、毎年）		7 米国宇宙船アポロ11号月面着陸
1970	昭和45		8 第1回無認可保育所全国集会	第3次佐藤内閣 1970・1～72・7	3 日本万国博覧会（大阪千里丘陵） 6 日米安全保障条約自動延長
1971	昭和46	3 「幼稚園設置基準」改正 4 第二次保育所緊急整備5か年計画（～1975年度） 6 中央教育審議会「今後における学校教育の総合的な拡充整備のための基本的施策について」答申 6 中央児童福祉審議会「保育と教育はいかにあるべきか」中間報告 8 文部省「幼稚園教育振興10ケ年計画」策定 10 中央児童福祉審議会「保育所における幼児教育の在り方について」意見具申（6月発表の中教審答申への反論）			6 沖縄返還協定
1972	昭和47	6 文部省「幼児教育実態調査」の結果を発表		第1次田中角栄内閣〈自民党〉1972・7～72・12	2 札幌オリンピック 2 あさま山荘事件
1973	昭和48	11 中央児童福祉審議会「当面推進すべき児童福祉対策について」答申（多様化する保育需要についてなど）		第2次田中内閣 1972・12～74・12	1 田中内閣が福祉元年を宣言 10 第1次オイルショック（第4次中東戦争により原油価格が高騰）

西暦	和暦	国の保育関連政策・行政（保育、教育、福祉など）	保育関係動向（地方、民間団体、個人など）	内閣	一般
1974	昭和49	11 中央児童福祉審議会「今後推進すべき児童福祉対策について」答申（家庭保育と集団保育の関連など） 12 厚生省「障害児保育事業要綱」通達		三木武夫内閣〈自民党〉1974・12〜76・12	
1975	昭和50	7 女子教員、看護婦、保母等の育児休業法制定 11 行政管理庁勧告「幼児の保育及び教育に関する行政監察」	1 自治省、48年度市町村決算概況で赤字121団体都発表、自治体の人件費抑制策打ち出す 3 自治労など地方財政危機突破中央総決起集会 ――エンゼル110番開設 ――私立幼稚園の休廃園増加		1 ILO勤労婦人の機会均等と待遇の平等に関する報告書 7 沖縄国際海洋博覧会 ――国際婦人年
1976	昭和51	12 中央児童福祉審議会「今後における保育所の在り方」中間報告（男性保育者の認知、婦人の働くことへの主体的選択などを含む）	――ソニー、幼児開発協会と連携してトーキングカード販売開始	福田赳夫内閣〈自民党〉1976・12〜78・12	2 ロッキード事件
1977	昭和52	3 児童福祉法施行令22条改正「保母の規定は男子に準用」（男性保母を公認） 5 厚生省「乳児保育特別対策要綱」策定 11 文部省「幼児教育関係施設調査」の結果を発表 11 厚生省「保育需要実態調査」の結果を発表			9 ダッカ日航機ハイジャック事件
1978	昭和53	6 厚生省「保育所における障害児の受け入れについて」通知	9 子どもの手先の不器用さについて調査報告（日本心理学会） 10 小学生の体力下降（文部省52年度体力運動能力調査結果） 12 東京都「低成長社会と都政」発表、保育料引きあげ	第1次大平正芳内閣〈自民党〉1978・12〜79・11	5 成田空港開港 8 日中平和友好条約を締結する
1979	昭和54	4 養護学校義務制スタート	12 日私幼 幼稚園教育振興方策	第2次大平内閣 1979・11〜80・7	8 新経済7カ年計画 日本型福祉社会 12 国連女性差別撤廃条約（日本は1985年6月批准） ――国際児童年
1980	昭和55		――ベビーホテル問題 大きな社会問題に	鈴木善幸内閣〈自民党〉1980・7〜82・11	

1981	昭和56	2 厚生省「ベビーホテル一斉点検について」通達 7 厚生省「夜間保育の実施について」通知 10 厚生省「延長保育特別対策要綱」策定	――育児不安、育児ノイローゼが顕在化し始める		――国際障害者年
1982	昭和57			第1次中曽根康弘内閣〈自民党〉1982・11～83・12	
1983	昭和58	7 厚生省「ベビーホテル調査」の結果を発表		第2次中曽根内閣 1983・12～86・7	3 第2次臨時行政調査会最終答申 5 日本海中部地震
1984	昭和59	4 幼稚園教育要領に関する調査研究協力者会議発足（幼稚園教育要領の改訂の検討開始） 9 臨時教育審議会設置（臨教審） 10 文部省、幼稚園教育実態調査実施	5 東京都千代田区幼保一元化施設		3 グリコ・森永事件（～1985年、阪神地域を舞台にした企業脅迫事件）
1985	昭和60	6 臨教審第1次答申 9 教育課程審議会発足（幼・小・中・高の一貫性のある教育課程の改善を諮問）	――文部省、法務省、いじめ問題への対応はじめる		3 国際科学技術博覧会（科学万博） 6 男女雇用機会均等法（勤労婦人福祉法の改正）制定（1986年4月施行）
1986	昭和61	4 臨教審第2次答申 4 文部省、幼稚園教育要領に関する調査研究協力者会議取りまとめ「幼稚園教育の在り方について」発表	5 国の補助金等の臨時特例に関する法律（補助金削減一括法）成立	第3次中曽根内閣 1986・7～87・11	
1987	昭和62	4 臨教審第3次答申 5 社会福祉士及び介護福祉士法公布 7 臨教審第4次答申（最終）		竹下登内閣〈自民党〉1987・11～89・6	9 東京都狂乱地価で報告書作成 公共用地取得困難 10 新行革審は地価対策で答申
1988	昭和63	4 厚生省幼児虐待実態調査公表 9 保育所保育指針検討小委員会「保育所保育指針の検討状況について」を中央児童福祉審議会保育対策部会に報告			6 リクルート事件
1989	昭和64 平成元	2 文部省「幼稚園教育要領」（案）を発表 3 文部省『幼稚園教育要領』改訂、告示	7 秋田県雄和町幼児教育センター新設し幼保一体化方式実施 ――国連 子どもの権利条約	宇野宗佑内閣〈自民党〉1989・6～89・8 第1次海部俊樹内閣〈自民党〉1989・8～90・2	1 昭和天皇没（即日改元） 4 消費税施行 11 ベルリンの壁崩壊 12 日経平均株価が史上最高値（東証の大納会）
1990	平成2	3 厚生省『保育所保育指針』改訂、通知 3「幼稚園幼児指導要録」改訂	――1989年の出生率が判明「1.57ショック」	第2次海部内閣 1990・2～1991・11	3 不動産融資の総量規制 8 湾岸戦争（～1991年2月） 10 東西ドイツ統一

西暦	和暦	国の保育関連政策・行政（保育、教育、福祉など）	保育関係動向（地方、民間団体、個人など）	内閣	一般
1991	平成3	3 文部省「幼稚園教育振興計画（第三次計画）」策定		宮沢喜一内閣〈自民党〉1991・11～93・8	8 ソビエト連邦崩壊 ――この年に地価下落がはじまりバブル経済崩壊へ
1992	平成4	3 文部省「学校五日制の実施について」通知			
1993	平成5	3 文部省「幼稚園施設整備指針」策定 4 厚生省、これからの保育所懇談会「今後の保育の在り方について」を提言		細川護熙内閣〈非自民非共産連立〉1993・8～94・4	8 連立政権誕生（55年体制の終焉）
1994	平成6	5 子どもの権利条約の批准案可決・成立 12 「エンゼルプラン」策定（緊急保育対策等5ケ年事業）		羽田孜内閣〈非自民非共産連立〉1994・4～94・6 村山富市内閣〈自民・社会・さきがけ連立〉1994・6～96・1	6 松本サリン事件 ――国際家族年
1995	平成7	2 「幼稚園設置基準」一部改正			1 阪神・淡路大震災 1 地下鉄サリン事件 8 村山談話「戦後50周年の終戦記念日にあたって」
1996	平成8		7 堺市の学校給食で病原性大腸菌（O157）の集団食中毒が発生。保育所等でも予防策がとられるようになる	第1次橋本龍太郎内閣〈自民・社会・さきがけ連立〉1996・1～96・11 第2次橋本内閣〈自民党〉1996・11～98・7	
1997	平成9	4 文部省「預かり保育推進事業実施要綱」策定 11 文部省「時代の変化に対応した今後の幼稚園の在り方について」最終報告			5 神戸連続児童殺傷事件
1998	平成10	1 文部省、幼稚園教育要領改訂委員会発足 2 児童福祉施設において児童の保育に従事する者の名称を保育士と改める（翌年4月1日施行） 3 文部・厚生両省「幼稚園と保育所の施設の共用化等に関する指針について」共同通知 12 文部省『幼稚園教育要領』改訂、告示	3 厚生省研究により、乳幼児突然死症候群に関してうつぶせ寝などの危険を報告	第1次小渕恵三内閣〈自民党〉1998・7～99・10	2 長野オリンピック

1999	平成11	10 厚生省「保育所保育指針について」通知 12 「新エンゼルプラン」策定		第2次小渕内閣〈自民・自由・公明連立〉1999・10～2000・4	9 東海村JOC臨界事故
2000	平成12	4 『幼稚園教育要領』『保育所保育指針』実施 11 「児童虐待の防止等に関する法律」施行		第1次森喜朗内閣〈自民・公明・保守連立〉2000・4～00・7 第2次森内閣 2000・7～01・4	
2001	平成13	3 文部科学省「幼児教育振興プログラム」策定 11 「児童福祉法」一部改正（保育士資格の法定化、認可外保育施設の規制の新設など）	5 東京都の認証保育所制度が始まる 6 大阪教育大附属池田小学校で侵入者による児童殺傷事件。全国的に幼稚園、保育所における安全対策が強化されるきっかけとなった	第1次小泉純一郎内閣〈自民・公明・保守連立〉2001・4～03・11	1 中央省庁の再編により、文部省は文部科学省、厚生省は厚生労働省となる
2002	平成14	3 「幼稚園設置基準」一部改正（自己点検・自己評価及びその公表について） 4 厚生労働省「児童福祉施設における福祉サービスの第三者評価の指針について」通知 6 「教育公務員特例法」一部改正（10年経験者研修を義務化）			5 サッカーワールドカップ（日韓共催で開催） 9 日朝首脳会談
2003	平成15	7 「次世代育成支援対策推進法」制定 7 「少子化社会対策基本法」制定 11 保育士資格の法定化の施行		第2次小泉内閣 2003・11～05・9	
2004	平成16	6 「少子化社会対策大綱」を閣議決定 12 「発達障害者支援法」制定 12 「子ども・子育て応援プラン」策定	――幼稚園・保育所が要保護児童対策地域協議会（子どもを守る地域ネットワーク）の一員に組み込まれる		5 日朝首脳会談（拉致被害者5名の帰国） 6 佐世保小6女児同級生殺人事件
2005	平成17	5 文部科学・厚生労働両省「幼稚園と保育所の施設の共用化等に関する指針について（改正）」通知 5 「幼稚園設置基準」一部改正（幼稚園児と保育所児の合同活動並びに保育室の共用化） 12 文部科学・厚生労働両省合同検討会議「就学前の教育・保育を一体として捉えた一貫した総合施設について（審議のまとめ）」を公表	4 厚生労働省　乳幼児突然死症候群に関するガイドライン公表 ――合計特殊出生率最低の「1・26」に	第3次小泉内閣〈自民・公明連立〉2005・9～06・9	3 日本国際博覧会（愛知万博）

西暦	和暦	国の保育関連政策・行政（保育、教育、福祉など）	保育関係動向（地方、民間団体、個人など）	内閣	一般
2006	平成18	1 中央教育審議会「子どもを取り巻く環境の変化を踏まえた今後の幼児教育の在り方について」答申 6 「就学前の子どもに関する教育、保育等の総合的な提供の推進に関する法律（通称：認定こども園法）」制定 10 「認定こども園」発足 12 「教育基本法」全面改正		第1次安倍晋三内閣〈自民・公明連立〉2006・9～07・9	1 ライブドアショック
2007	平成19	6 「学校教育法」改正 8 「保育所保育指針の改訂（中間報告）」を公表		福田康夫内閣〈自民・公明連立〉2007・9～08・9	7 新潟中越沖地震
2008	平成20	1 中央教育審議会「幼稚園、小学校、中学校、高等学校及び特別支援学校の学習指導要領等の改善について」答申 3 文部科学省『幼稚園教育要領』改訂、告示 3 厚生労働省『保育所保育指針』改定、告示 3 文部科学省「幼稚園における学校評価ガイドライン」策定		麻生太郎内閣〈自民・公明連立〉2008・9～09・9	
2009	平成21	3 厚生労働省「保育所における自己評価ガイドライン」策定 4 『幼稚園教育要領』『保育所保育指針』実施 8 厚生労働省「保育所における感染症対策ガイドライン」策定	5 にっぽん子育て応援団発足	鳩山由紀夫内閣〈民主・社民・国民連立〉2009・9～10・6	9 民主党（連立）政権発足
2010	平成22	1 「子ども・子育てビジョン」策定 3 厚生労働省「保育士養成課程等の改正について（中間まとめ）」公表		菅直人内閣〈民主・国民連立〉2010・6～11・9	
2011	平成23	3 厚生労働省「保育所におけるアレルギー対応ガイドライン」策定 7 「子ども・子育て新システムに関する中間とりまとめについて」公表 10 「児童福祉施設最低基準」改正（翌年4月より「児童福祉施設の設備及び運営に関する基準」に名称変更等）		野田佳彦内閣〈民主・国民連立〉2011・9～12・12	3 東日本大震災 3 福島第一原発事故
2012	平成24	6 「障害者自立支援法」一部改正（通称：障害者総合支援法）に変更 8 「子ども・子育て関連3法」制定		第2次安倍内閣〈自民・公明連立〉2012・12～14・12	12 自民党（連立）政権復活

2013	平成25			12 特定秘密保護法（特定秘密の保護に関する法律）可決、成立
2014	平成26	4「放課後児童健全育成事業の設備及び運営に関する基準」制定 4「家庭的保育事業等の設備及び運営に関する基準」制定 4 内閣府、文部科学省、厚生労働省『幼保連携型認定こども園教育・保育要領』告示 7「幼稚園設置基準」一部改正	第3次安倍内閣 2014・12～	
2015	平成27	4「子ども・子育て関連3法」施行 4『幼保連携型認定こども園教育・保育要領』実施		9 安保法制（我が国及び国際社会の平和及び安全の確保に資するための自衛隊法等の一部を改正する法律）可決、成立

❖ 参考文献等について

本年表は、本書本文の内容にもとづき作成したが、ほかに既存の関係年表を参照し補足した。参照したおもな年表は、次のとおりである。

・一番ケ瀬康子他『日本の保育』「日本保育年表」ドメス出版、1962
・日本保育学会『日本幼児保育史第6巻』「日本幼児保育史年表」フレーベル館、1975
・文部省『幼稚園教育百年史』「幼稚園教育百年史年表」ひかりのくに、1979
・池田敬正他『日本社会福祉総合年表』法律文化社、2000
・岩波書店編集部『近代日本総合年表（第四版）』岩波書店、2001

❖ 著者紹介

汐見稔幸（しおみ・としゆき）　白梅学園大学・短期大学名誉学長

――第1章

1947年生まれ。東京大学大学院教育学研究科博士課程満期退学（教育学修士）。東京大学名誉教授。日本保育学会会長。

松本園子（まつもと・そのこ）　白梅学園大学名誉教授

――第2章、第3章第2節（1）、（4）～（6）、第4章第2節、第5章第3節、第6章第1節、第3節（1）～（4）①～②、④

1947年生まれ。お茶の水女子大学大学院家政学研究科児童学専攻修了（家政学修士）。

髙田文子（たかだ・ふみこ）　白梅学園大学教授

――第3章第1節、第4章第1節、第3節（1）～（2）、第5章第2節（4）、第6章第3節（4）③、第4節

1961年生まれ。東北大学大学院教育学研究科博士課程満期退学（教育学修士）。

矢治夕起（やじ・ゆき）　淑徳大学短期大学部教授

――第4章第3節（3）、第5章第1節、第2節（1）～（3）、第6章第2節

1961年生まれ。日本大学大学院文学研究科博士課程満期退学（文学修士）。

森川敬子（もりかわ・たかこ）　フリージャーナリスト

――第3章第2節（2）～（3）、第7章

1966年生まれ。一橋大学法学部卒業（法学学士）。元朝日新聞記者。

（著者略歴は、初版発行時のもの）

［制作協力］
装幀　大路浩実
本文デザイン　aica
本文DTP　坂本芳子

History of Early Childhood Care and Education in Japan

日本の保育の歴史

子ども観と保育の歴史150年

2017年12月24日　初版第1刷発行
2020年9月26日　初版第2刷発行

著　者　汐見稔幸・松本園子・髙田文子
矢治夕起・森川敬子

発行者　服部直人
発行所　㈱萌文書林
〒113-0021　東京都文京区本駒込6-25-6
Tel. 03-3943-0576　Fax. 03-3943-0567
http://www.houbun.com
info@houbun.com
印刷・製本　シナノ印刷株式会社

ISBN978-4-89347-255-7　C3037